史料が語る三井のあゆみ

――越後屋から三井財閥――

三井文庫 編

吉川弘文館［発売］
公益財団法人 三井文庫［発行］

『史料が語る　三井のあゆみ』刊行にあたって

公益財団法人三井文庫理事長
末松謙一

本書は、このたび公益財団法人三井文庫が、開設五〇周年を迎えたことを記念して刊行するものであります。

三井文庫の歴史は、古く明治三十六年（一九〇三）に三井本館内に置かれた三井家編纂室に遡ります。この編纂室が三井文庫と呼称を改め、三井の歴史編纂に取り組みましたが、敗戦後の財閥解体に伴って活動の休止を余儀なくされました。その後、日本経済の復興を背景として、関係各社から三井文庫を再建すべきであるとの声が高まり、三井関係の二十一社を賛助会社とし、三井家同族会のご協力をいただいて、昭和四十年（一九六五）五月、財団法人として三井文庫の歴史が新たにスタートいたしました。以来、三井の歴史に関する貴重な史料を保存・収集し、これを広く社会に公開するとともに、学術的な研究に取り組んでまいりました。また三井家伝来の美術品等の寄贈を受けて、昭和六十年（一九八五）には、三井文庫別館（文化史研究部門）を開設しました。その後、平成十七年（二〇〇五）十月に同部門を日本橋の三井本館に移転し、三井記念美術館を開設いたしました。

財団法人として五〇周年を迎えるにあたり、当三井文庫では記念事業を計画いたしました。本書はその一環で、三井高利以来の三井の歴史を、この五〇年の研究の進展を踏まえて平易に解説するものでありまして、三井関係各社からも、かねて要望する声が高かったものです。この様にして編纂されました本書を皆様のお手元にお届けすることができますことを大変喜ばしく思います。

いささか私事めきますが、財団発足当時、初代の理事長は、私にとっては出身母体三井銀行の大先輩に当たる佐藤喜一郎氏でした。五〇年の時の流れを目のあたりにする思いがし、感慨深いものがあります。

財団法人の運営を支える賛助会社は、開設五〇周年を迎えた本年には、五〇社に及んでおります。これまでの関係各社や、関係者の皆様のご支援に心より感謝申し上げるとともに、今後とも三井文庫の活動にご理解・ご協賛を賜わりますよう、何卒よろしくお願い申し上げます。

『史料が語る　三井のあゆみ』刊行に寄せて

三井家同族会理事長
三井八郎右衛門

三井では、江戸時代から、記録を後世に伝えることを重視してきました。明治三十六年には、三井家同族会の中に三井家編纂室を設置、大正七年にこれを三井文庫と改称して、史料収集と家史編纂に取り組んでおりました。しかし、第二次世界大戦後の財閥解体のあおりを受けて三井文庫は活動停止を余儀なくされます。当時は、三井各家の活動が制限され、如何ともし難かったと伝え聞いております。幸い、三井グループ各社のご支援により、昭和四十年に、三井文庫は財団法人三井文庫として再発足することになり、その際には、三井家同族会としても協力を惜しまず、外部へ預けていた史料を寄贈するとともに、中野区上高田にあります野方墓所の一画を用地として提供いたしました。そのようにして再出発した三井文庫が、史料館としての確かな足跡をしるして五十周年を迎えたことを、大変嬉しく存じます。

三井文庫には、私ども三井同族に関わる多くの史料が保存されていますが、三百年以上に渡り、先人達が書き残した文書が残っているというのは、大変恵まれています。それらの史料を利用し、三井の家と事業に関して、『三井事業史』をはじめとする貴重な文献が三井文庫内外の研究者による熱心で丁寧な研究により積み重ねられてきております。しかし、実際のところは、現物の史料を手に取って読むことは至難であり、浩瀚な『三井事業史』を読み通すことは容易ではありません。今回、三井の家と事業の歴史を、重要な史料を紹介しながらコンパクトにまとめた『史料が語る 三井のあゆみ』が刊行されることは、多くの方々にとり三井の歴史が身近な存在になることと、私どもも大変歓迎しております。

本書を一読し、江戸時代以来、三井が、日本の経済・社会において大きな影響力を持つ存在であったことを再認識するとともに、三井文庫が所蔵する三井関係史料を通じて、日本の歴史との深い関わり合いが明らかになることに感動を覚えました。高利以来、三井家と三井の事業に関わってきた人々が残してきた諸記録を、こうした形で広く皆様のお手元にお届けできることに、喜びと誇りを感じております。

はしがき

公益財団法人三井文庫常務理事・文庫長
由井常彦

本書は財団法人三井文庫の開設五〇周年を記念し刊行するもので、これまでの活動成果を踏まえ、広く一般の読者を対象に、三井の歴史を史料を通じて平易に解説するものである。三井は言うまでもなく江戸時代の豪商で、明治以降は日本経済の巨人というべき存在であるから、必要に応じて関連する日本・世界の経済の大きな動向にも触れている。また本書は、三井記念美術館において開催する記念特別展「日本屈指の経営史料が語る　三井の３５０年」（平成二十七年春開催）の図録をも兼ねるものとした。

本書第Ⅰ部では、高利の越後屋から財閥までの時代を中心に、三井の歴史を概説する。第Ⅱ部では三井文庫の活動を軸に、三井の歴史編纂と史料について記述する。

現在の三井文庫の歴史は、昭和四十年（一九六五）五月の財団法人発足に始まる。前身の三井家編纂室は、明治三六年（一九〇三）に設置されているから、三井の歴史資料の収集・保存・整理、それを用いた歴史研究の活動は、敗戦後に若干の休止期はあるものの、一〇〇年以上の歴史を持っていると言える。三井文庫の所蔵史料は、三〇〇年以上にわたり継続する巨大な事業体に関する経営史料という、世界的にみても稀有な、質量ともに特筆すべき史料群である。この史料は、戦前は原則非公開であったが、財団法人開設後は、一般公開を原則とし、戦後の学界における経済史・経営史の発展に、大きく寄与してきたと自負している。また三井高利に始まる近世の史料に加え、三井関係各社の歴史資料の収集にも継続して取り組んでおり、収蔵資料は一〇万点を越えて、なお現在も増加している。

ここで、三井のあゆみを簡単に振り返っておくと、三井の歴史は「元祖」三井高利に始まる。高利は伊勢国・松坂の生まれ。一四歳で江戸に出て兄の店で修行し、二八歳でいったん松坂に戻り、金融業などをいとなんで資本を蓄えた。延宝元年（一六七三）、五二歳で江戸に出店し、名高い「現金掛け値なし」の商法に代表されるイノベーションによって大成功を収めた。天和三年（一六八三）には駿河町に移転して、今につづく事業の拠点とした。幕府の御為替御用を引き受けて、大坂から江戸への送金業務を開始したことを契機に、金融業にも本格的に進出し、京・江戸・大坂の三都にまたがる店舗網を整備し、三井の事業基盤を築いた。

元禄七年（一六九四）に高利が亡くなった後も、息子たちは共同で事業を続けた。彼らが高齢になり初期の重役が引退する時期を迎えると、以後の三井の存続を見据えて家と事業を統轄する大元方を設置し、三井の事業を呉服部門と金融部門に再編成した。享保七年（一七二二）には、高利の長男・高平の名で家訓「宗竺遺書」を作り、さらなる結束をはかるため、「身上一致」の原則や、存続のための堅実な経営方針を明文化した。

この後、呉服部門の売り上げは一八世紀半ばにピークを迎えた。一八世紀後半の三井の呉服部門「越後屋」は、売上額・奉公人数・売場面積などの面から見て、世界トップクラスの小売店であった。金融部門も幕府や藩の多くの御用を引き受け、幕府から預かった公金を商人に貸し付けるなど、幅広い事業を展開し近世を通じて成長を遂げた。

幕末の開国を迎えると、三井も時代の激動に巻き込まれる。横浜開港に際して横浜店を設置し、横浜における幕府の金融の一翼を担う一方で、薩摩藩にも接近した。

新政府樹立後、三井は新政府へ多額の資金を献納し、後の大蔵省にあたる金穀出納所での出納事務に従事し、新政府の財政を担うことになる。時代の激動を乗り切った三井は、事業のあり方を大きく変貌させていく。政府と密接な関係を築き、財政・金融政策と連携することで、新たな時代に立ち向かった。明治九年には、日本最初の私立銀行である三井銀行と、世界に店舗ネットワークをもつ総合商社へと雄飛する旧三井物産が設立され、近代的な事業基盤を形成していった。また、明治二十二年には、官営三池鉱山の払下げをうけ、戦前日本のエネルギー産業をリードする三井鉱山の発展がはじまった。

その一方で、近代化の中でも近世以来の同族の財産共有制を維持するため、明治三十三年（一九〇〇）、宗竺遺書にかわる三井家の最高規範「三井家憲」を制定した。また、十数年に及ぶ試行錯誤のうえ、持株会社＝三井合名会社を明治四十二年（一九〇九）に設立し、その三井合名会社が三井銀行・三井物産・三井鉱山をはじめとする傘下会社を所有・統轄する体制を整えていったのである。

日本経済がブームに沸く第一次世界大戦期以降、三井は重化学工業分野に本格的に進出するとともに、損害保険、生命保険、信託など、新たな金融事業にも乗り出していく。その結果、三井は日本最大の財閥としてきわめて大きな経済力を発揮するようになる。その後、戦時体制下にさらに規模を拡大していくが、まもなく敗戦を迎え、ＧＨＱの占領政策により、三井は財閥としての歴史に終止符をうたれた。しかし、周知のように日本は見事に経済の復興と再建に成功し、旧三井財閥を構成ないし関連する諸企業が三井グループを形成し、今日に至っている。

このように革新を重ね存続に意をつくした三井の道程からは、今日あらためて学ぶべきことが多いと思われる。多くの方に本書を手に取っていただき、三井の先人たちが歩んだ長い発展と苦難の道のりをたどり、また歴史における史料の重要さを感じて頂ければ幸いである。

なお末筆となりますが、史料の本書への掲載をご許可いただいた三井家同族会、三井八郎右衛門氏、三井高尚氏、株式会社三井住友銀行、および写真をご提供くださった株式会社三友新聞社の皆様に御礼を申し上げます。

目次

例言

第Ⅰ部　三井のあゆみ

第Ⅱ部　三井の修史と史料

例言

一、第Ⅰ部では、見開きごとに一つのテーマを扱い、重要な史料もしくは画像一点を掲げ、これを導入として、関連する歴史を解説する形式をとった。テーマごとに独立して読むこともでき、また通読すれば、三井の歴史について一通り理解できるように構成した。

一、史料の図版にはキャプションを付し、史料の性格を解説した。また第Ⅰ部の各テーマ冒頭の図版には、必要に応じて「史料の読み」・「現代語訳」・「記事について」の解説をつけ、内容の理解の助けになるようにした。「史料の読み」の用字は、現行のものを用いた場合がある。図版の一部分を読解する際は、図版に朱線で範囲を示した。「現代語訳」では、必要に応じて逐語訳、もしくは大意を記した。

一、本文中に登場する語句・人名・できごと等で、他のテーマにおいて詳しい説明がなされている場合は、「(→テーマ番号)」と記して、参照すべき箇所を示した。

一、本書は、財団法人三井文庫開設五〇周年・三井記念美術館開設一〇周年を記念して、平成二十七年(二〇一五)五月より三井記念美術館において開催される特別展Ⅰ「三井の文化と歴史 後期 日本屈指の経営史料が語る 三井の３５０年」に連動している。同展において展示した史料についてはできるだけ網羅し、図版と解説を掲載するようにした。

一、本書の執筆に際しては、文章は平易を旨とし、用字・用語はなるべく現代通用のものを使用した。内容に関しては、一次史料および三井文庫内外の研究文献に依拠し、最新の研究成果についても取り入れるよう努めた。なお煩雑となるので、参考文献の名称は省略した。

一、地名その他の固有名詞は旧名をそのまま用いたが、その用字は現行のものを使用したところがある。

一、年月日については、新暦導入以前(明治五年十二月二日まで)は旧暦、それ以降は新暦で表記した。

一、人物の年齢は、近世(項目21まで)は数え年、近代(項目22から)は満年齢で表記した。

一、三井各家の呼称は時代ごとに異なるが、本書では『三井事業史』本篇所載の略系図で用いた呼称を使用した。

一、本文中で言及する会社のうちには、その会社形態が変遷を遂げる場合がある(例「合名会社三井銀行」→「株式会社三井銀行」)が、煩瑣を避けるため、特に必要がある場合を除いて、会社形態は省略して表記した(例「三井銀行」)。なお、三井物産の場合、昭和二十二年十一月に解散した三井物産と昭和三十四年に誕生した現在の三井物産には法的には継続性はなく全く別個の企業体である。本書では、前者を「三井物産」、後者を「(現)三井物産」と表記した。

一、本書の企画・編集・執筆は、公益財団法人三井文庫社会経済史研究室があたった。各部分の執筆者については、巻末の執筆分担を参照されたい。

一、図版に掲げた史料は、特に注記しない限り、公益財団法人三井文庫(三井記念美術館含む)が所蔵、もしくは保管しているものである。史料の呼称には通称・略称を用いた場合がある。

第I部 三井のあゆみ

作者不詳「駿河町越後屋正月風景図」

01

「元祖」三井高利

三井高利夫妻像（たかとしふさいぞう）

高利（宗寿《そうじゅ》）と妻・かね（寿讃《じゅさん》）の肖像画。高利が最晩年、病床にある時期に描かれたと推定されている。手に数珠を持ち、中世以来の伝統的な夫妻像の形式で描かれている。
高利夫妻の図像は、後世に写しがたびたび作られ、高利夫妻の子孫や、大きな功績をあげた奉公人たちに与えられたので、少しずつ図像の異なるものがいくつも現存する。ここに掲げたのは、高利の嫡系である北家に伝えられた絹本で、他の図像のもとになったと考えられており、後に商人の象徴として理想化される前の、在世中の高利の姿をよく伝えていると思われる。

「商人の大祖」

近世以来、三井の「元祖」とされるのは、三井高利《たかとし》である。伊勢国・松坂で八人兄弟の末子として生まれたのは、元和八年（一六二二）とされる。一四歳から江戸に出て修行し、二八歳でいったん松坂に戻った後、五二歳で江戸と京に店を開き、抜群の商才によって驚異的な成功をおさめ、近世の日本を代表する商人となった。

高利の生涯や人柄は、後に子供たちによって書き記された（→04、06）。商売以外の道楽は不要と述べて事業に打ち込み、人を知ることを好んだ。若いころ飯炊き男を店の重役に抜擢したと伝わる。奉公人扱いの名人で、珍味はわずかでも必ず全員に分け与えたという。三男・高治《たかはる》が記した「商売《しょうばい》記《き》」（→04）には、「三井一家はもとより商人の大祖」「士農工商の一つの棟梁《とうりょう》」との世上での評価が記される。商人出身で同時代の大作家・井原西鶴《いはらさいかく》は、多数の商人に取材したベストセラー『日本永代蔵《にっぽんえいたいぐら》』の中で、高利を「大商人の手本」「世の重宝」と称賛している。のち京都に住み、元禄七年（一六九四）に没した。

高利の事業は、一四歳で江戸に下るとき携えていた一〇両分の木綿からはじまったが、その遺産は銀四三二〇貫余、金換算では約七万二〇〇〇両余に達したと推計される（左上図）。同年の幕府歳入の約六パーセントにあたる額で、高利一代で築いた資産の巨大さがわかる。

妻と子供たち

高利の妻・かね（寿讃《じゅさん》）は、松坂の豪商・中川家の出ながら質素で、慈悲深く非常に慕われ、後に夫とともに「元祖」と称された。奉公人が早朝に出発するときは早起きしてもてなし、下男や小僧の親戚でも訪れて来れば必ず会ったという。

二人はともに健康で長生きし、十男五女をもうけた。特に息子たちはそれぞれ商才にすぐれ、高利を助け事業を発展させ、継承していった（→06）。

高利のことば

前述の「商売記」は、高利の言葉を多数のせる。自身の経験や古今の逸話を引いて、商売の心得を述べたもので、子供たちや奉公人たちが折に触れて聞かされた言葉を、高利の没後に集め、書き残したものであろう。そのいくつかを紹介しよう。

平和のありがたさ　乱世では金銀や荷物も運びがたい。家を建てるにも地ならしが第一だ。平和を保つ天下人への感謝を日々忘れてはいけない。

商いの本《もと》は養生にあり　『論語』でも、身を守るよう説く。神にもまず子孫息災・延命を祈るのだ。

新法を工夫すること　商いの道では、どんなことでも、新しい方法を工夫すべきである。

重職者を選ぶこと　上の者が下の者を順々に、適切に選べば、大きな組織であっても混乱しない。主人は幹部さえうまく選任すればよい。

真似されることは利益　追随者が増えると、名が広まるので、かえって自分の利益になる。

商売の情報を集めよ　奉公人はどんな噂も報告し相談せよ。十に一、二が役立てばよい。来店した商人には酒を飲ませ、商売先の噂話をさせよ。逆にこちらは買付け先で酒を飲んではならない。

大当たりの危険　鉱山・新田開発、公共の大工事の請負などで一度に大もうけした商人は、没落も早い。苦労し骨を折った商人こそ、子孫が長く繁栄するものだ。

客を利することが長期的な利益　昔ある商人に商品を高く売りつけたが、捌けなかったらしく注文がなくなった。こうしたことは、双方の損である。また、客の支払いが滞ったら、思い切って帳消しにすれば、得意客になってくれるものだ。

勤勉　高貴な門跡は毎朝早起きしお勤めをする。大名の参勤交代は一日の出発の遅れも許されない。商人は成功すると勤勉を忘れ、潰れてしまう。

節約　利子の累積を思えば、わずかな無駄遣いもすべきでない。奉公人でも富豪になれる。また節約する方が、一〇倍の額を稼ぐより確かである。

小遣いと勘定　小遣いを勘定なし（収入を考えず）に使う商人は下、勘定して使うのは中。上々の商人も、勘定なしに使う。商売の好不調に左右されず、必要な額だけを使うからである。

人の女房は大黒《だいこく》、男は夷《えびす》と心得よ　妻は福の神、男は野蛮人。家の盛衰は妻にかかっているのだ。

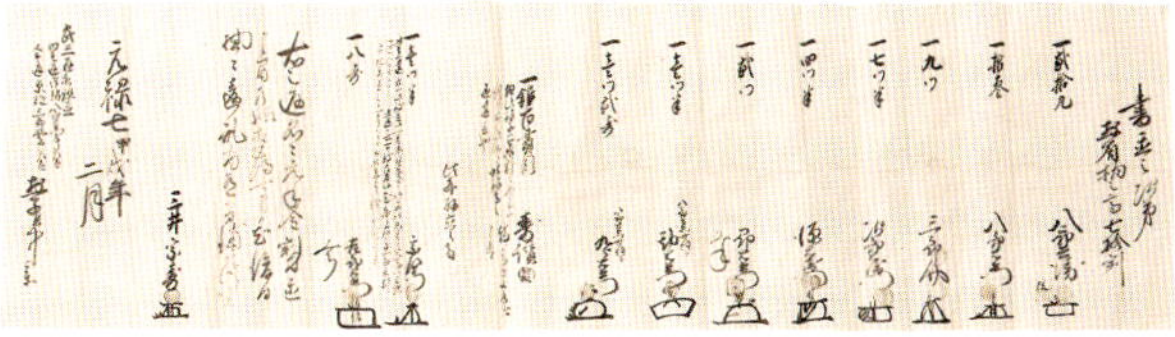
元禄七戌年
二月

宗寿《そうじゅ》居《こ》士《じ》古《こ》遺言《ゆいげん》　高利（宗寿）が、死の数ヶ月前に作成した遺言状。膨大な資産を、多数の子供たちで分割する比率を記したもの。子供たちが自分の持ち分の下に署名している。実際には、子供たちは結束して共同で事業を続けた（→06）。

高利所用の品々　十徳（上）・染付壺（左下）・水入（右下）。こうした品々は子孫に伝えられたほか、大きな功績をあげた重役に、褒美として与えられた。

02 松坂の高利

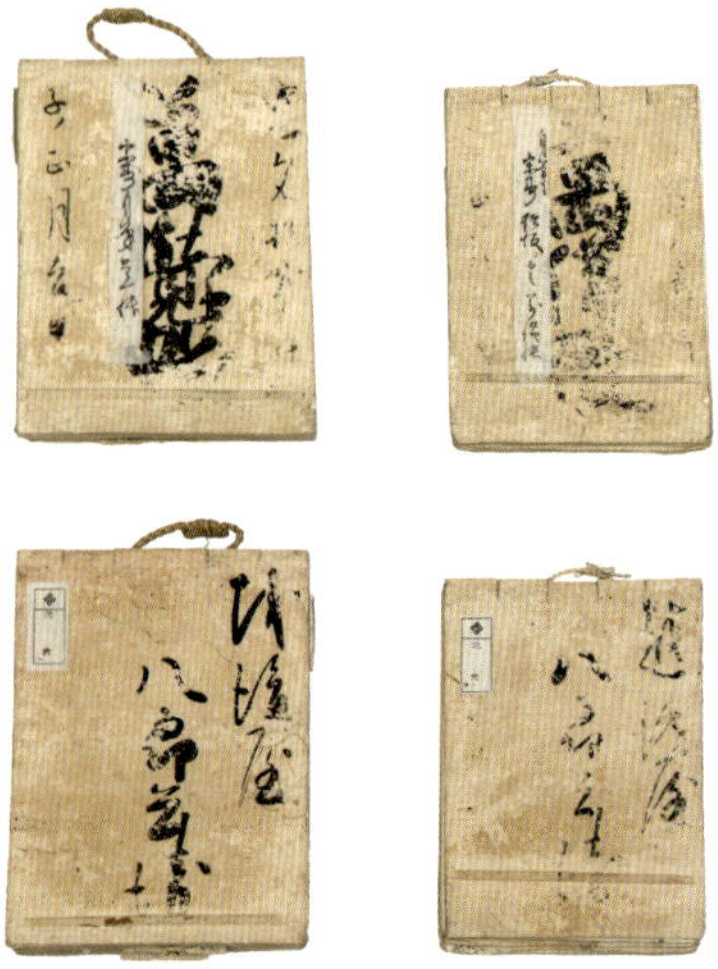

上　万借帳（右）・万覚帳（左）表紙
下　同　裏表紙

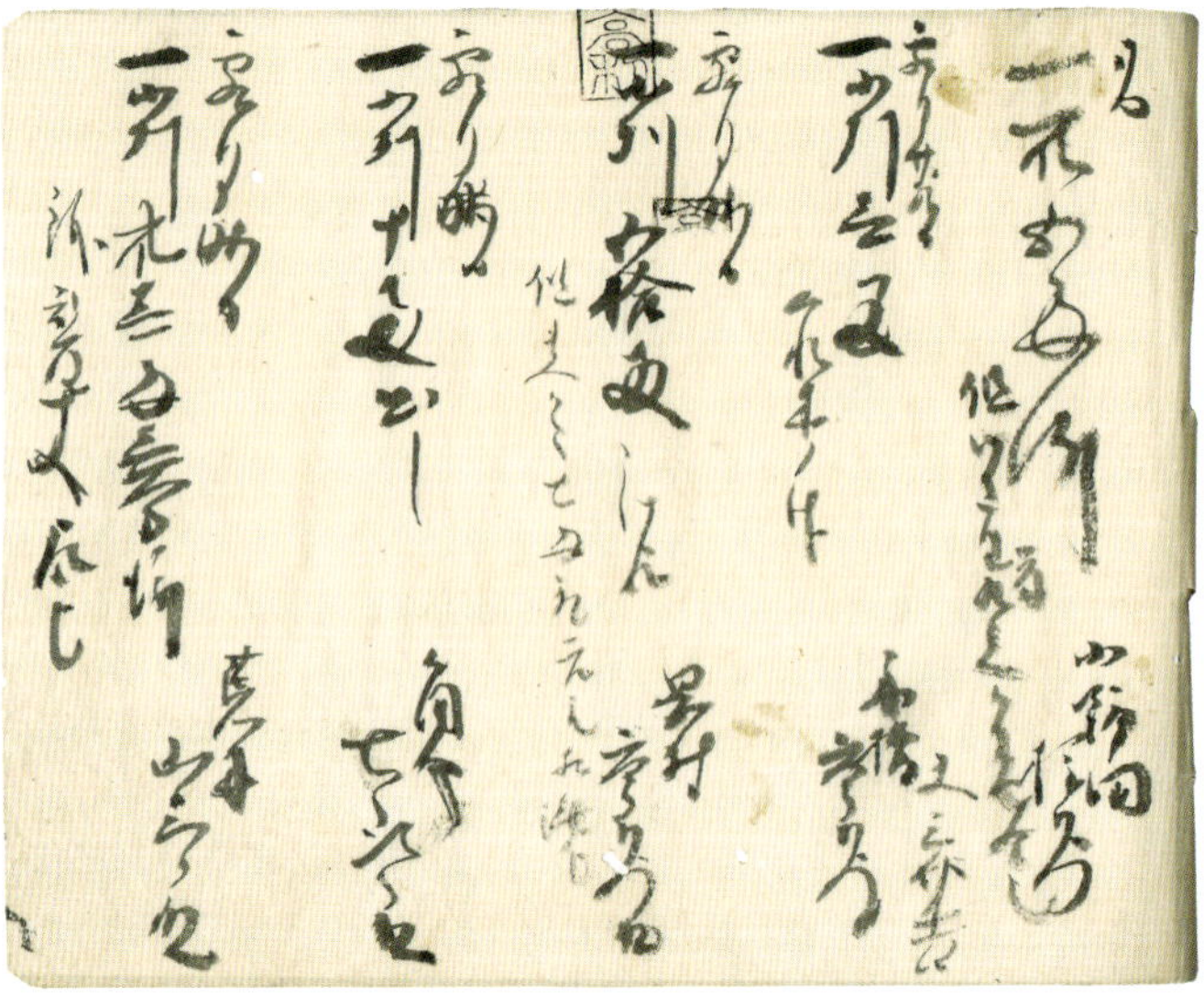

万借帳（よろずかりちょう）

伊勢松坂時代の高利（当時40代末）が、みずから記した帳簿。表紙には題と年代が記され、裏表紙には高利が「越後屋八郎兵衛」と署名している。ごく小さな帳面だが、現存する三井の経営帳簿としては最も古く、寛文9年（1669）からの商取引、主として貸借関係が記される。寛文11年（1671）からの「万覚帳《よろずおぼえちょう》」とともに、江戸進出前後の事業について具体的に知ることができる、きわめて貴重な史料である。表紙に細い板を埋め込んだ珍しい装丁は、高利作製の冊子に共通する特徴。

一度は用済みとなり、各頁がバラバラにほどけていたが、後に子孫が創業期の記録を整理した際に、原状を推定して綴じ直されたものとみられる。総領家である北家で大切に保管されてきた。三井の修史・史料保存活動の、もっとも初期の成果でもある。

近年三井文庫所蔵となり、公開されるとともに、頁順の復元がしなおされ、内容の理解が深められた。

史料の読み

①　同日
一卅五両　渡し　　小野田
　但、いさわ富九兵へかわせ金也　　権左衛門
　　　　　　　　　　　　　　　　　使三介吉
（二口略）
②　霜月晦日
一小判十両　出し　　角や
　　　　　　　　　　七郎次郎殿
③　霜月晦日
一小判卅壱両壱分　渡し　　荒木
　銭弐百十文取申候　　　　山三郎殿

記事について

高利の松坂《まつさか》時代、寛文十二年（一六七二）の、出金を記載した箇所から引用した。この頁には五口の取引が載る。①の取引先は、松坂の豪商・小野田家（通称射和蔵《いざわぐら》）。射和の富山家《とみやまけ》（大黒屋）への為替金を渡したとある。いずれも江戸に店をもつ、伊勢を代表する豪商で、高利の姉妹の嫁ぎ先でもあった。二件を略して、②の取引先は、やはり松坂の豪商で、戦国時代から全国で海運業を営み、徳川家とも関係の深かった角屋《かどや》。③の取引先は、やはり松坂商人・荒木家である。上部中央には高利の印もみえる。

こうして松坂時代の高利が取引を行っていた近隣の商人は、近世商業では大きな存在であった。

伊勢商人・松坂商人

伊勢国（現在の三重県）は、古来商業と流通の一大中心であった。右の史料にみえる角屋《かどや》の一族に

は、東南アジアで活躍した商人もいた。近世に入ると、鎖国政策によりこうした海外貿易は制限されてゆき、そうした情勢のもとで、伊勢商人たちは新たな市場・江戸に早くから進出し、近江商人とならぶ江戸商業の担い手となっていった。

高利の生地である松坂《まつさか》は、豊臣秀吉の時代に発展した、やや新しい都市で、松坂商人たちはやはりこの時期に競って江戸に出店し、木綿・紙・茶など消費物資を扱う一大勢力となりつつあった。

徳川家がもたらした泰平と鎖国の時代、社会・経済の激動と、それに対応した豪商たちの躍動の中で、高利は成長し、経験を積んでいった。

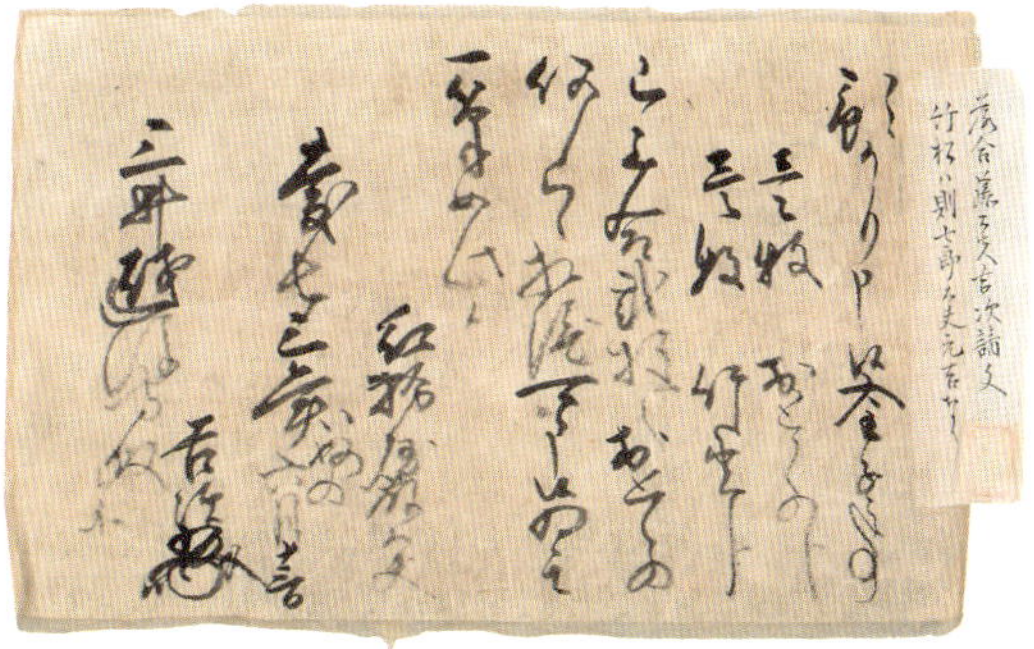

三井越後守《えちごのかみ》宛《あて》紅《べに》粉《こ》屋《や》藤《とう》太《だ》夫《ゆう》預り手形 慶長3年（1598）、高利の祖父・高安《たかやす》に宛てられた借金証文。文末に、「三井越後守殿」との宛先がみえる。高利の父祖の史料は、この一通しか現存していない。

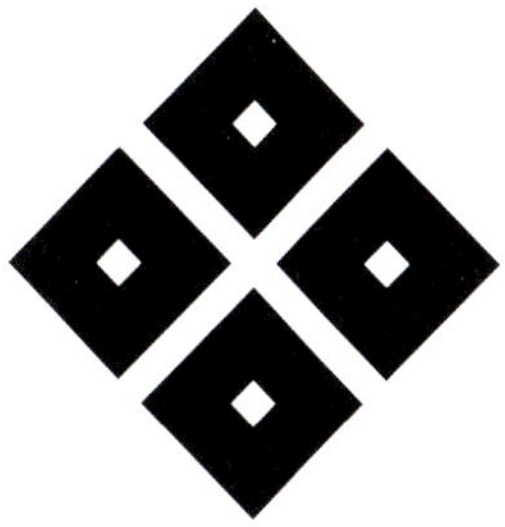

三井家の家紋・四《よ》つ目結《めゆい》
鎌倉時代から続いた武家の名門、近江の佐々木六角氏と同じ紋である。三井十一家（→06）で、それぞれ微妙に形が異なる。これは総領家である北家の紋。

三井家のルーツ

近世の系図では、三井家はもと近江（現在の滋賀県）の佐々木六角氏に仕える武士で、高利の祖父・高安《たかやす》の代に織田信長に脅かされ、伊勢に移ったとされる。この高安の代からは、確かな史料が残されている（左上図）。町人として生き、伊勢の豪商たちと縁戚であった高安を、近世の三井では、「元祖」高利に対し「家祖」と呼んだ。三井の屋号として名高い「越後屋」は、この高安が越後守《えちごのかみ》と名乗ったことに由来し、彼の子の代から使われた。

一族の事業

高安の子、高利の父である高俊《たかとし》は松坂で酒・味噌を商い、質屋もいとなんだ。実際に経営したのは、妻の殊法《しゅほう》だった。殊法は激しい性格の非常に商才ある人物で、後に「三井家商いの元祖」といわれ、その薫陶をうけた高利ら三人の息子は、いずれも一流の商人となった。

高利の長兄・俊次《としつぐ》は京・江戸で成功した商人で、末弟の高利やその年長の子供たちは、少年時代にまずこの俊次の江戸の店に勤め、経験を積んだ。

次兄・重俊《しげとし》は、兄・俊次を助けて江戸で活躍した。高利は、この次兄が母に付き添うため松坂に戻ると、かわりに長兄の江戸の店を預かり、さらに次兄が早世すると、母のために松坂に戻った。

松坂での雌伏

松坂に戻った高利は、老母の面倒をみながら、もっぱら金融業にはげんでいたらしい。領主・紀州徳川家などの武士や近在の農村に貸付をおこなっていたことが、右に紹介した「万借帳《よろずかりちょう》」「万覚《よろずおぼえ》帳《ちょう》」にみえている。

こうして資産をたくわえながら、高利は息子たちの成長を待ち、江戸・京に進出する構想を練っていたと伝えられる。これに反対していた長兄・俊次が延宝元年（一六七三）に没すると、満を持して、江戸と京に自分の店を開いたのである。

家伝記《かでんき》 享保7年（1722）作成。「家祖」高安から書き起こし、高利の一族について記す。「商売記」（→04）とならぶ草創期についての根本史料。

03 江戸進出

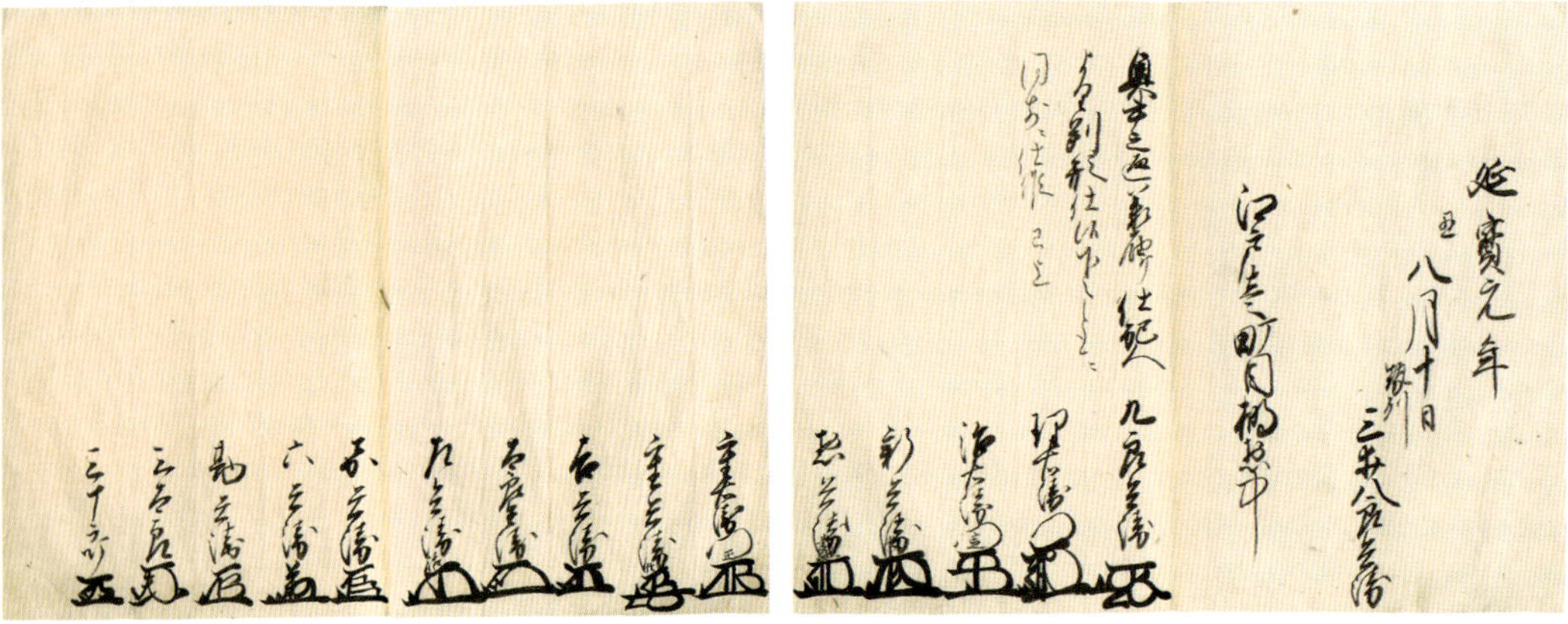

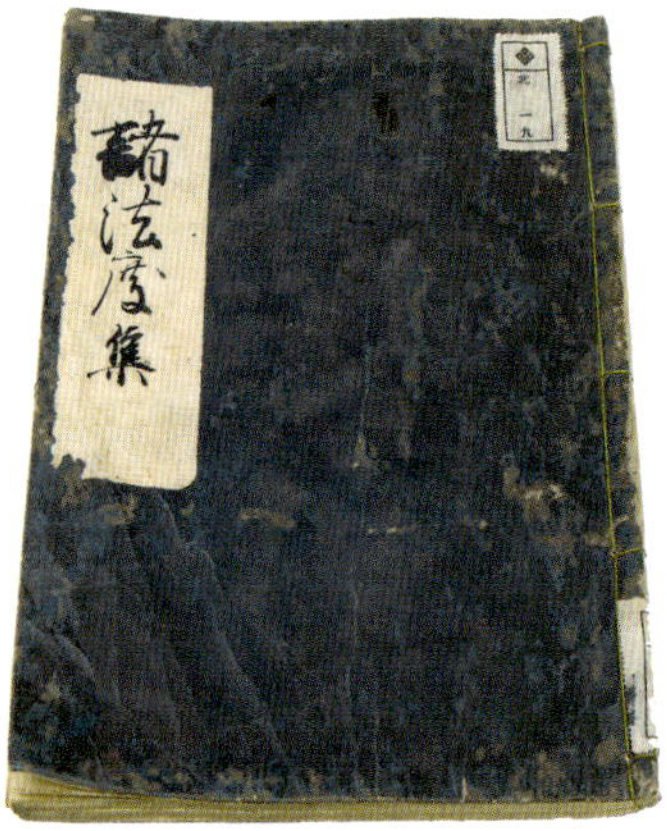

諸法度集（しょはっとしゅう）

高利が、江戸の本町一丁目に初めて自分の店を出した際に、伊勢松坂で作成して交付した、店の規則。総領家である北家に伝わった。

延宝元年（1673）8月10日付で出されており、江戸出店の時期を示す根拠ともなる史料である。延宝改元は9月のことで、店の一同で署名して高利に送るために江戸で清書される際、元号を書き改めたと推測されている。

名称に「集」とあるのは、その後3年間で2回出された規則を合わせて収録しているためである。

武士相手の掛売り禁止、各種の帳面の規程、住み込みである奉公人たちの生活全般など、細かな規則が記され、出店直後の事業の様子について知ることができる。

記事について

ここで紹介するのは、末尾の部分である。「延宝元年丑八月十日」との日付、「勢州 三井八郎兵衛」と松坂にいる高利の署名があり、宛先は「江戸壱丁目棚（店）惣中」、つまり江戸の本町一丁目に出した店の全従業員である。続いて、「仕配（支）人」（重役）以下すべての奉公人が、申し渡された内容について承知したと記され、全員の署名と花押が記される。

連署しているのは、九郎兵衛、理右衛門、治右衛門、新兵衛（之重）、惣兵衛（貴総）、重右衛門、重兵衛、吉兵衛、太郎兵衛、左兵衛、嘉兵衛、六兵衛、勘兵衛、三太郎、三十郎、の計一五名。

後世には巨大な存在となる三井だが、初期の規模はこのくらいであった。

高利出店す

松坂で資金をたくわえていた高利が、本格的に江戸に進出し、呉服の販売をはじめたのは延宝元年（一六七三）、五二歳のときであった。

高利が開いた店は、本町《ほんちょう》一丁目（現・中央区日本橋本石町）、間口九尺（約二・七ｍ）のささやかなものであった。しかし構想は大きく、商品の仕入れも直接行おうと考え、同時に仕入店を京都に置き、二一歳の長男・高平《たかひら》を置いて専従させた。江戸には、二〇歳の次男・高富《たかとみ》と、かねて目を付け、兄の店に預けてあった理右衛門らの奉公人を配し、みずからは松坂を拠点に、事業を指揮した。

三井の暖簾印「丸に井桁三《いげたさん》」 成功を収めた高利は、独自の暖簾印を使うようになった。「（江戸の）丸の内に三井」の意で、高利がみた夢のお告げによったと伝えられる。古くは「井筒に三」と呼んでいた。上は、元文元年（1736）の引札《ひきふだ》（→14）用の版木から起こした形。

江戸と京

江戸は中世には小さな村であったが、天下を制した徳川家の本拠地として急激に発展し、多数の幕臣、全国の大名の妻子・家臣が住んだ。また参勤交代の制により、大名たちも定期的に江戸に滞在した。彼らの生活を支えるため、商工業者の移住も進み、膨大な物資が江戸へはこばれる体制もできあがりつつあった。江戸は一七世紀を通じ、世界最大級の巨大都市へと成長していくのである。

高利が店を開いた本町一丁目は、徳川家康が最初に開発した由緒ある町で、古くから京都・大坂の商人が出店しており、高利の親類の店もあった。

後にこのころの江戸について、高利の三男・高《たか》治《はる》は著書「商売記」（→04）で、商いの規模は小さいが、利益は大きかったと振り返っている。

いっぽう京都は、古代以来の政治・経済の中心で、高利の時代にも、手工業や金融においては依然として最高の地であった。呉服は様々な原料と複雑な工程からなる、当時としては最高級の工業製品で、京都が一番の産地であった。

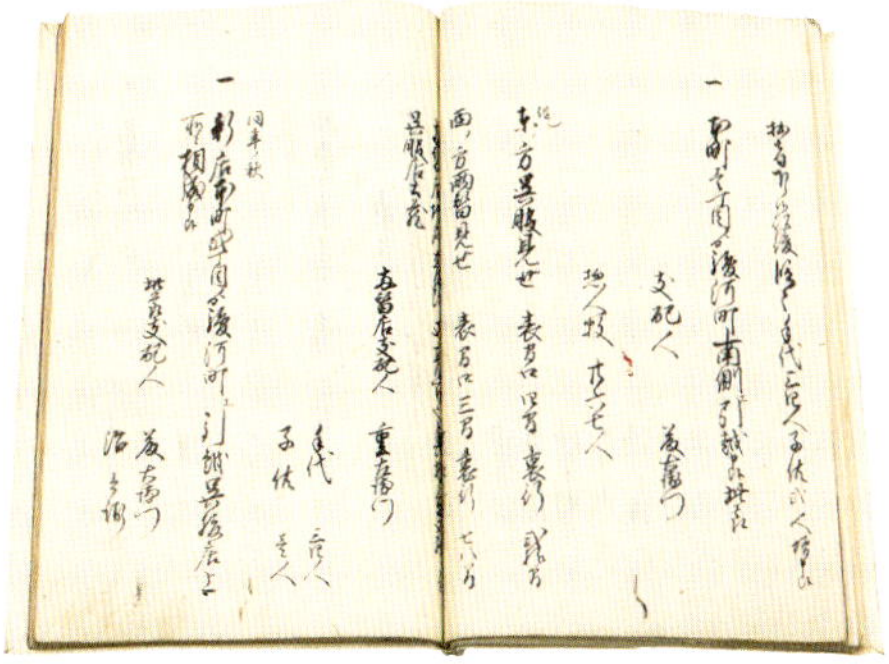

脇田藤右衛門扣《わきたとうえもんひかえ》 初期の江戸の重役であった脇田が、享保13年（1728）に統轄機関である「大元方」（→10）の要請に応えて提出した、江戸の諸店の沿革。創業期についての貴重な証言である。図版は、駿河町移転について記した箇所。3行目に「支配人　藤右衛門」とある。

駿河町移転

高利の事業は、当初から大きな成功をおさめたが、同業者たちの激しい反発をまねいた。「商売記」には、便所を高利の店の台所に向けて作られる、という嫌がらせを受けたことが記されている。

このため高利は、天和三年（一六八三）、前年の大火事をきっかけに、店を駿河町《するがちょう》（現・中央区日本橋室町）に移した（左図）。いざ開店すると、客が詰めかけて大群衆となり、移転は大成功であった。「商売記」は、「千里の野に虎を放ったような勢いであった」と記す。この地が、現在にいたるまで、三井の事業の拠点となった（左図）。

こうした高利の成功をもたらしたのは、数々の商売上の工夫であり、新商法であった。

駿河町越後屋正月風景図 一九世紀、作者不詳。後に左右両側に三井の店が立ち並んだ駿河町は、江戸の名所の一つとなり、この図のように奥に富士山と江戸城を配する構図で好んで描かれた。現在の右側は三井本館、左側は日本橋三越本店。

04

「現金掛け値なし」

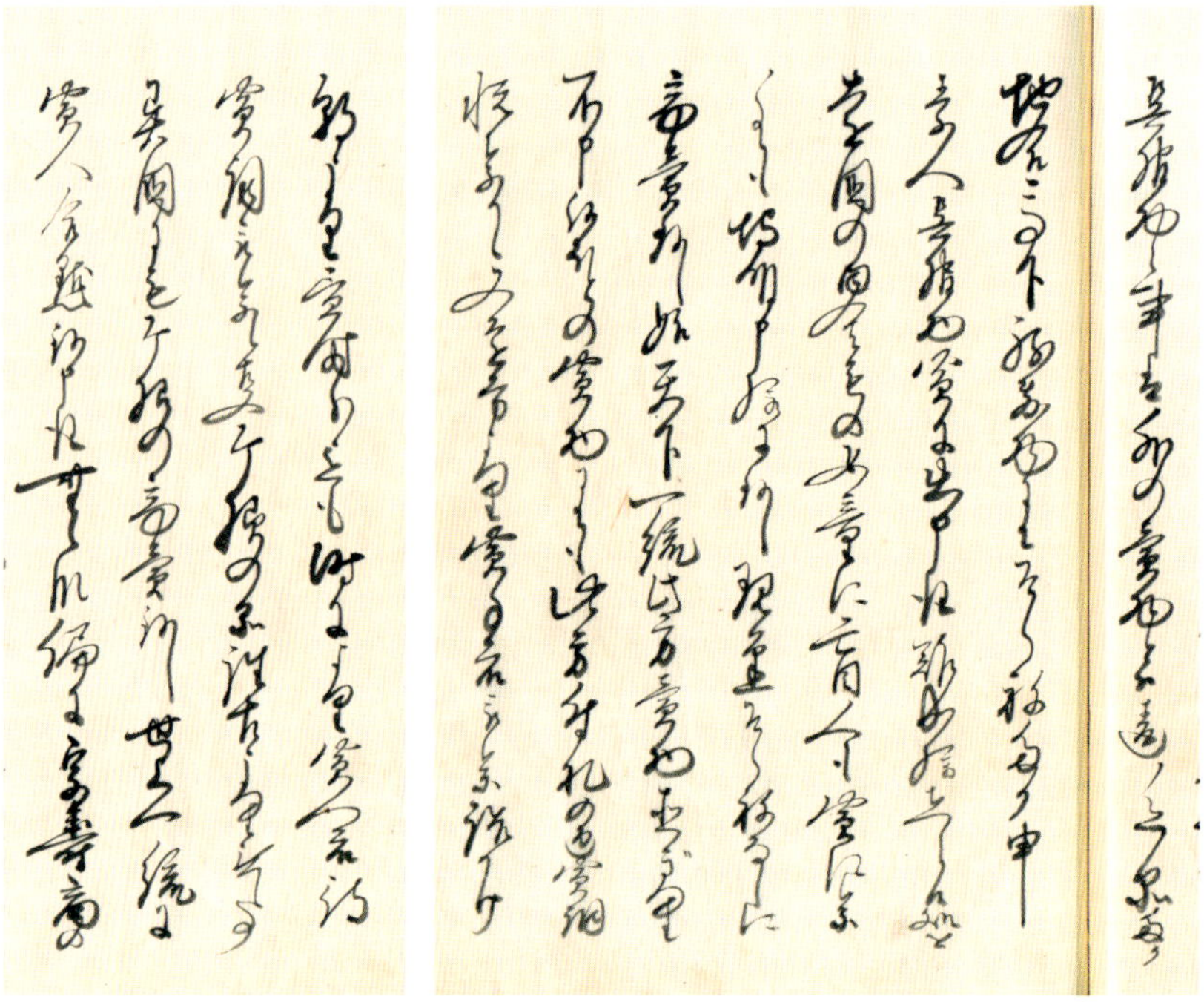

商売記（しょうばいき）

高利三男・三井高治《たかはる》（→06）作。享保7年（1722）に完成し、総領家である北家に伝えられた本。享保期に作られた一連の記録の一つで、創業期の事業や高利の言行について記す。高治自身による教戒も付記される。高利の代は、帳簿などの書類の保存にまで手が廻っておらず、この記録が最も詳しく当時の事業を伝える。

高利の商才を讃え、子孫に伝えることを主な狙いとし、記載事項の選択にも取捨がなされていることがわかっているが、高治は十代から父・高利の指揮下で事業の第一線にあった人物であり、記された内容は信頼できると考えられている。

史料の読み 呉服物之事者、外の売物とハ違、色品多ク、地合高下紛敷物にて、そらね多ク申、素人呉服物買に出申儀難成様在之候処を、遠国の田舎もの、女童に盲人も、買に参候ても埒明申様に致し、現金そらねなしに商売致し始、天下一統、此方売物直（値）ぎり不申、何ほとの買物にても此方付札の通買調悦参り候、又遠方より買手衆被参詰かけ、朝より昼時分迄も時により買人衆待、買調被参候事、ヶ様の品往古より無之事、異国にもヶ様の商売致し、世上一統に買人合点致申儀無之段（後略）

現代語訳 呉服は他の商品と違い、種類が多く、生地の品質も紛らわしいもので、（値切り交渉を前提に）偽りの値段を言うことが多く、素人が買うことは難しかったのを、遠い地方の人や女の子、目の不自由な人が来店しても大丈夫なようにし、現金払い・偽りの値段なし、の商売を始めた。天下の人が皆、我々の商品を値切らず、いくらの買物でも我々のつけた値段通りに買物をして、喜んでいらっしゃった。また遠くからお客様が来て詰めかけて下さり、午前中でも時によっては順番を待って買物をされた。このようなことは昔にもなかった。外国にも、こうした商法によって客がみな納得するという例はなかった。

三井の看板文句

近世の三井のキャッチフレーズといえば、大成功を収めた商法「現金《げんきん》（・安売り）・掛《か》け値《ね》なし」である。この文言は宣伝チラシ（「引札《ひきふだ》」、→14）や、後世好んで絵に描かれた店の看板に記され（左図）、同時代から広く知られた。この商法は、近世を通じて、事業の根幹として認識されていた。

「現金掛け値なし」とは

右にみた記事によれば、それまで呉服は適正価格が分かりづらく、知識と交渉力のない人には買いづらかったところを、どんな客も同じ値段で買える方式とし、大繁盛となった、という。従来の呉服販売は、武士などの富裕な顧客と安定した関係を結び、その屋敷まで商品を持参し、そのつど交渉して値段を決め、支払いは期末に一括する方式（「屋敷売」「掛売《かけうり》」）であった。初めこうした得意先をもたなかった高利父子は、縁戚の松坂商人・伊豆蔵《いずくら》が行っていた店頭販売（「店前《たなさき》売」）を導入し、現金払いとする工夫（「現金売」）によって、不特定多数の顧客を相手とした。さらに値引き交渉を前提に値段を高めにつける慣行（「掛け値」）を改め、価格を固定して、呉服に詳しくない客でも納得して買えるようにした。

成長する江戸で

高利父子の新商法は、市場の変化にたくみに対応したものであった。江戸は新たな政治の中心として人口を急激に伸ばしており、高級服飾品である呉服に対する巨大な需要が生まれていた。高利の商法は、江戸で急速に増えていた人びと、具体的には、高い地位や収入は得たが、まだ呉服の知識や定まった取引関係は持たない人びとを、たくみに顧客として摑んだものであったと考えられる。

様々な新商法

右に紹介した「商売記」には、新商法を奨励する高利の言葉や（→01）、実際の様々な工夫が記録されている。例えば、他の商人は毎年判で押したようにきまった仕入をするのが慣例であったのに対し、高利は仕入値の安いものがあれば、江戸での注文によらず大量に仕入れさせ、その価格に応じて江戸での販売価格を細かく調節し、薄利多売を押し進めた。

次男・高富《たかとみ》（→06）も新商法の工夫を様々にこらし、また江戸出店時以来の奉公人の理右衛門も、各地の呉服商相手の商売（「諸方商人売」）を始めるなど、商売上の工夫がさまざまにこらされた。

巨大な成功

高利父子は短期間で大成功を収め、江戸出店から一〇年で売上高は五倍に伸びた。

その成功は華々しいものであった。はやくも元禄元年（一六八八）には、大作家・井原《いはら》西鶴《さいかく》が高利をモデルとする商人を登場させて絶賛し（→01）、商品の種類ごとに専門の担当を置くこと、布地の切り売り、羽織などの即時仕立てなどの商法を紹介している。

高利父子のあまりにめざましい成功は、同業者たちの激しい反発をまねき、また出身地・松坂の領主である紀州徳川家に続いて、将軍家や幕府高官たちも、三井に注目するようになってゆく。

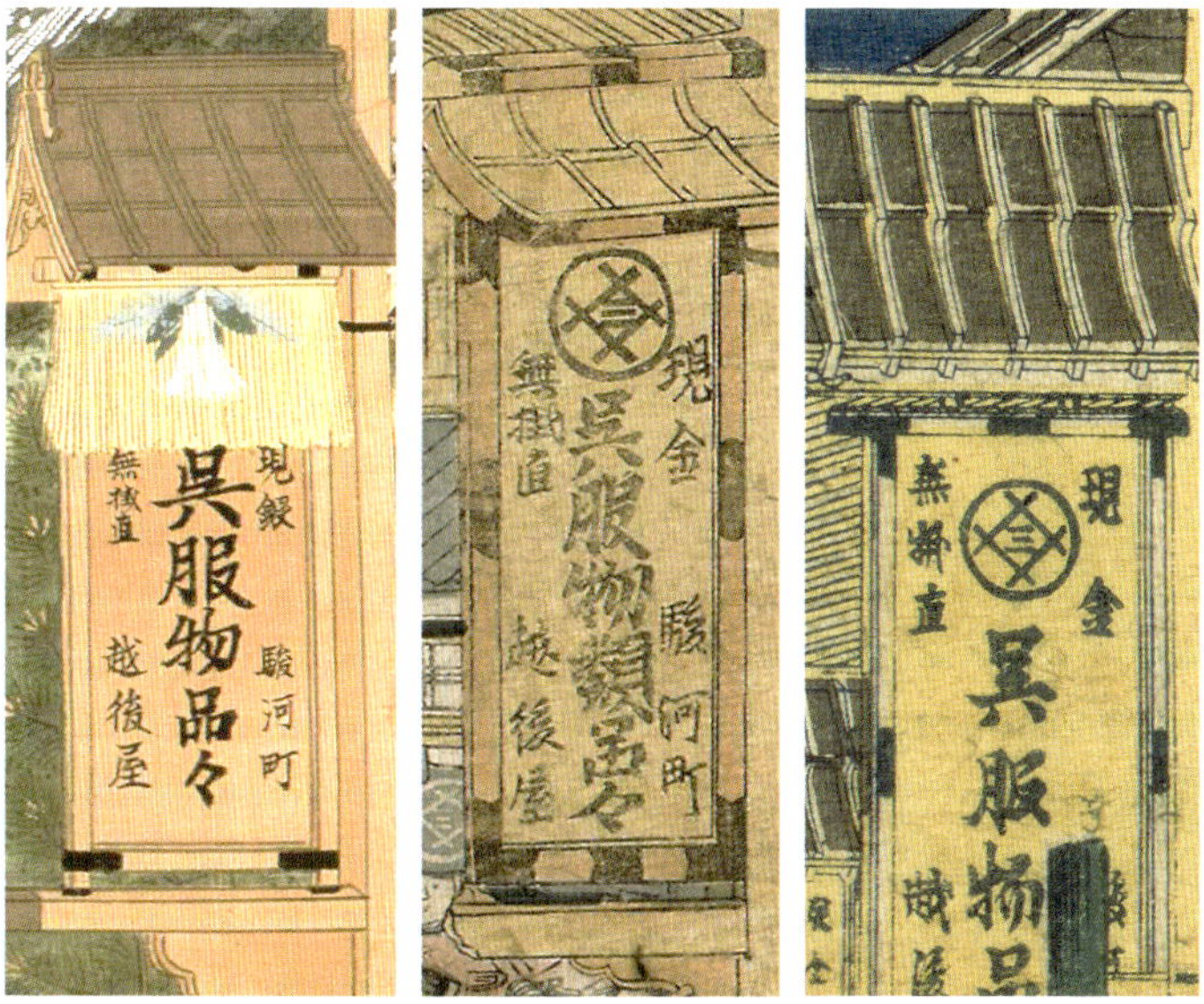

描かれた看板文句　19世紀の浮世絵に描かれた、駿河町の江戸本店の看板。この店先は江戸の名所であり、多くの絵に描かれた。「現金（銀）無掛直《かけねなし》」と記されているのが分かる。

右：葛飾北斎「富嶽三十六景 江都駿河町三井見世略図」部分

中：二代喜多川歌麿「駿河町越後屋」部分

左：作者不詳「駿河町越後屋正月風景図」（→03）部分

05 幕府御用の引き受け

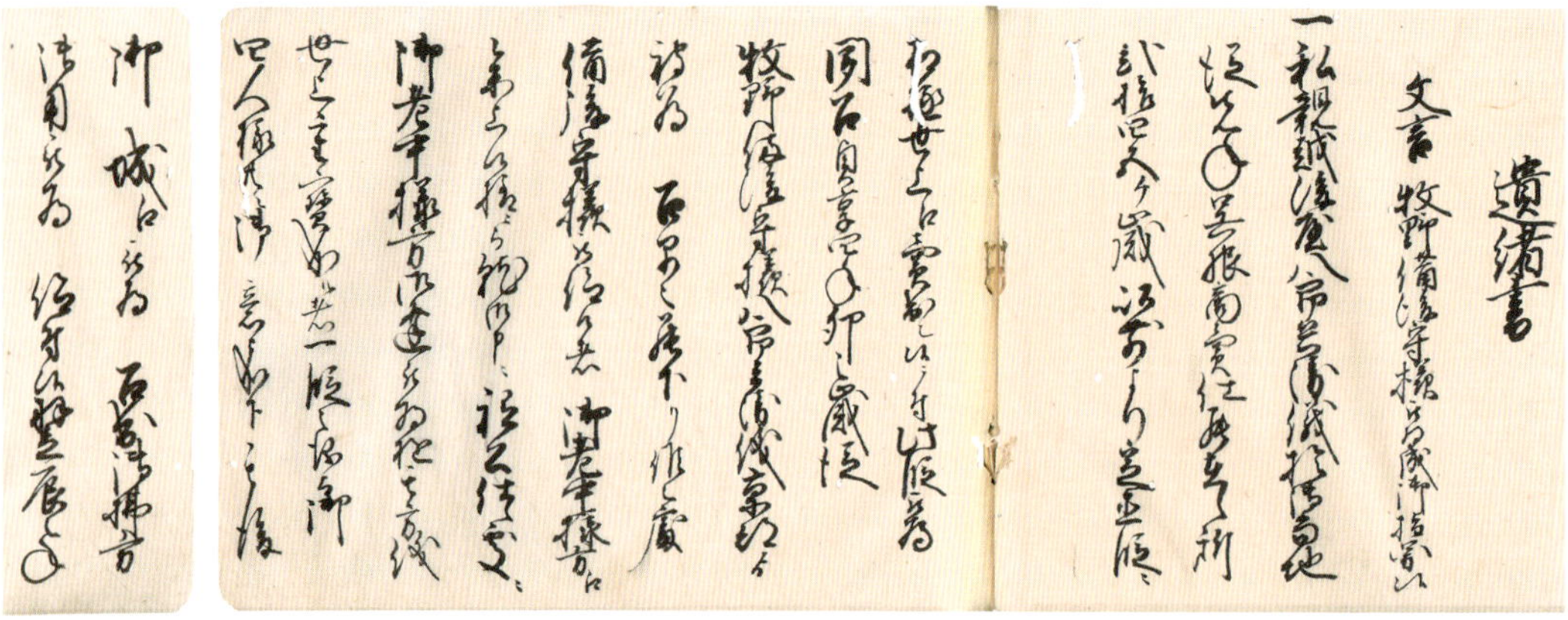

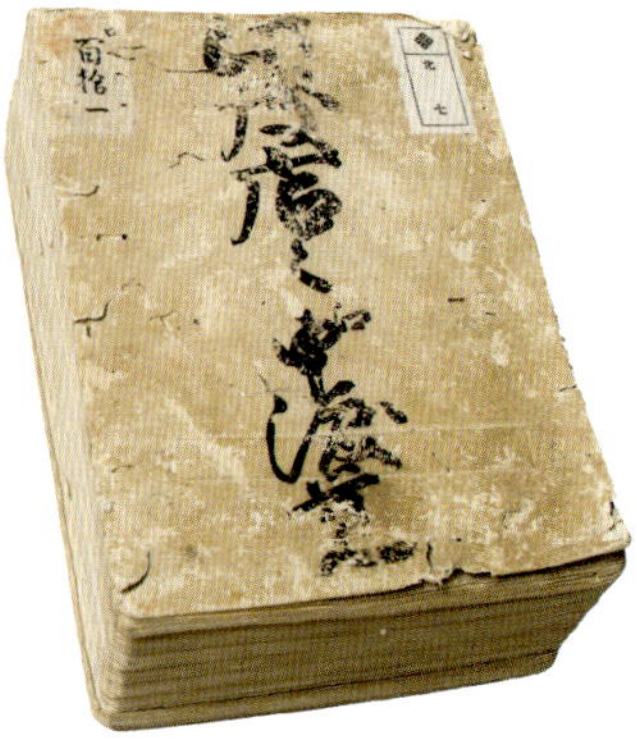

此度店々江申渡覚（このたびたなだなへもうしわたすおぼえ）

高利の次男・高富《たかとみ》（→06）が作成した、江戸の諸店にあてた分厚い規則。総領家である北家に伝わった。宝永3年（1706）ごろの作成と推定されている。当時の高富は事業を統轄する地位にあり、この史料は来るべき世代交代に備えて、各店舗の事業のあり方を規定しておこうとしたもの。内容は非常に詳しく、重役の職務や商品の等級、書類の取り扱いにまで及び、細かく規定されている。

高利の在世中については、息子たちが様々な記録を書き残しているが、息子たち自身が中心となった、高利没後の成長期について記したものはかえって少なく、たいへん貴重な史料である。

史料の読み

遺（由）緒書

文言　牧野備後守様被為成御指図候

一私親越後屋八郎兵衛儀、於御当地従先年呉服商売仕罷在候所、弐拾四五ヶ歳以前より定直段ニ相極、世上江売出シ候ニ付、此段被為聞召、貞享四年卯之歳、従牧野備後守様八郎兵衛儀京都より被為召、早々罷下り候之処、備後守様被仰候者、御老中様方江参上候様ニと就御申ニ、祇公仕候処ニ御老中様方御逢被為遊、其方儀世上重宝成ル者一段之儀と、御四人様共御意被成下、其後御城江被為召出、御払方御用被為仰付候（後略）

現代語訳

由緒書

（注記）文言については牧野成貞様が指示なさった。

一つ、私（高久）の親である高平は、この江戸で以前から呉服商売をしており、二四、五年前から定価を決めて世間に販売し、このことをお聞きになって、貞享四年（一六八七）に牧野様が高平を京都からお召しになり、早速江戸に下ったところ、牧野様が老中様方に御挨拶に参上せよと仰せなので、伺ったところ、四名の老中様が面会してくれ、おまえは世の中の役に立つもので結構であると、四名ともに仰せになり、その後江戸城へ召し出されて、払方御納戸の御用を命じられた。

幕府の御用（呉服）

三井は貞享四年（一六八七）、高利の長男・高平《たかひら》（→06）の名で幕府の御用商人となった。右の史料は、元禄十四年（一七〇一）に高平から次の世代へ御用を引き継いだ後、幕府に提出した書面の写しで、御用を引き受けた経緯を記す。

はじめは将軍が下賜するための衣服を扱う払方《はらいかた》御納戸《おなんど》、すぐに将軍の衣服も扱う元方《もとかた》御納戸の御用も引き受けた。仲立ちとなったのは、五代将軍綱吉の寵臣・牧野成貞《まきのなりさだ》であった。囲碁好きの牧野は、高利と同郷の本因坊道悦《ほんいんぼうどうえつ》から、三井について聞き知っていたと伝えられる。

「商売記」（→04）によれば、三井への嫌がらせは、たびたびの訴訟に加え、「浪人を雇って夜に石火矢をしかけ、奉公人もろとも全滅させる」との怪文書が近隣に出回るなど、駿河町移転後もエスカレートしていたが、三井が御用商人となって収まったという。三井は牧野家に深い恩義を感じ、成貞の没後も近世を通じて特別の扱いをした（→18）。

幕府の御用（為替）

さらに元禄三年（一六九〇）、幕府の財政をつかさどる勘定所の御用も、高平と弟・高伴《たかとも》（→06）の名で引き受けた。三井などの商人が、幕府の公金を大坂で預かり、為替を組んで、納期までに江戸で上納する御用で、「大坂御金蔵銀《ごきんぞうぎん》御為替御用《おかわせごよう》」といった（→16）。幕府は、重要な財源である年貢米を大坂で金銀にかえ、江戸まで馬で運んでいた。為替によってこの手間を省くことにしたのである。

三井では数年前に、よく似た御用を甲府徳川家に願い出ていた。幕府御用の引き受けに際しては、勘定所の実力者・荻原重秀《おぎわらしげひで》の力があったらしい。

これにより三井は、恒常的に幕府から巨額の資金を預かって運用できるようになった。

金融部門の発展

三井ではすでに駿河町移転の際（→03）、両替店を併設していた。当初は呉服業の補助的な存在であったが、幕府の御為替御用を引き受けたことを契機に、貸付や為替をおこなう金融部門が発展していった。これに対する従来の呉服部門の諸店舗は、宝永二年（一七〇五）「本店一巻《ほんだないちまき》」として（→12）、金融部門の諸店舗は最終的に享保四年（一七一九）「両替店一巻《りょうがえだないちまき》」（→16）として、それぞれまとめられた。この二つが、近世の事業の両輪となった（→10）。

店舗網の拡大

こうした御用の引き受け、事業の発展に伴って、店の拡充、新設も続いていた。駿河町移転時、通りの南側（現三越）に呉服店と両替店を置いたが、すぐ手狭となり、両替店を北側（現三井本館）に移した。その隣に、綿・木綿など大衆衣料を扱う綿《わた》店《だな》（後の向店《むこうだな》）を置いた。元禄十一年（一六九八）には綿店と呉服店の場所が入れ替わり、江戸の名所となる駿河町の景観が成立した（→03）。

京都では、仕入店を大幅に拡充し、また貞享二年（一六八五）、西陣の織屋に資金を前貸しして織物を直接・計画的に仕入れる上之店《かみのたな》を新設した。翌年には新町に両替店を置き、その奥に高利が住んだ。元禄九年（一六九六）には糸絹をあつかう糸店を置いた。

大坂では、元禄四年（一六九一）に呉服の販売店を高麗橋一町目に置いた。あわせて御為替御用をになうため、両替店が置かれている。

発祥の地である松坂には、伊勢の木綿を仕入れる松坂店があった。

こうして三井は、三都に多くの店をもち、幕府とも密接な関係をもつ大商人として、確固たる地位を築いた。

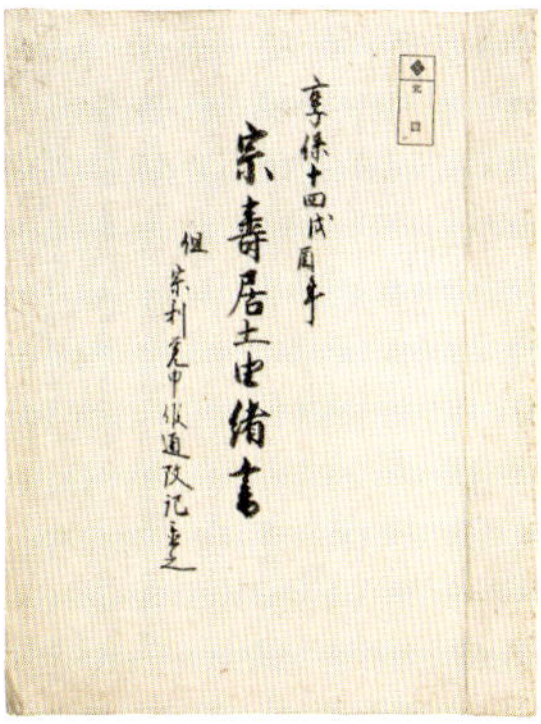

宗寿居士由緒書《そうじゅこじゆいしょがき》　高利の四男・高伴《たかとも》（→06）、晩年の享保14年（1729）の著。御用引き受けの経緯に詳しい。

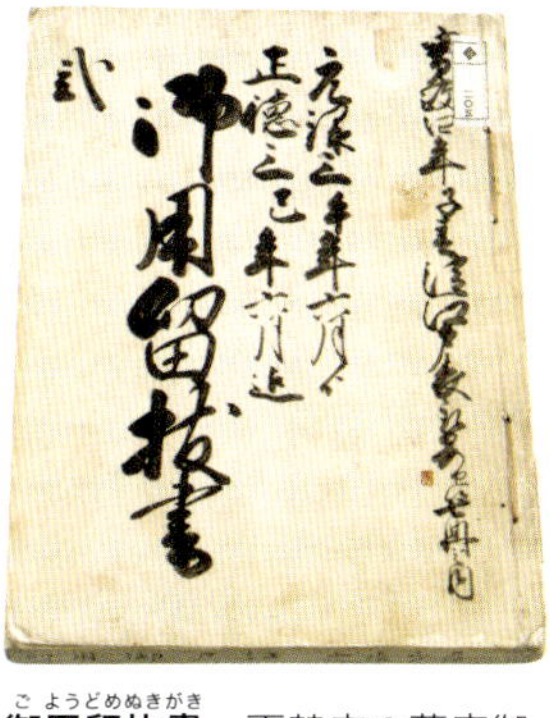

御用留抜書《ごようどめぬきがき》　両替店の幕府御用の記録抜粋。江戸両替店にあったオリジナルは焼失し、京両替店にあった写しだけが残った。

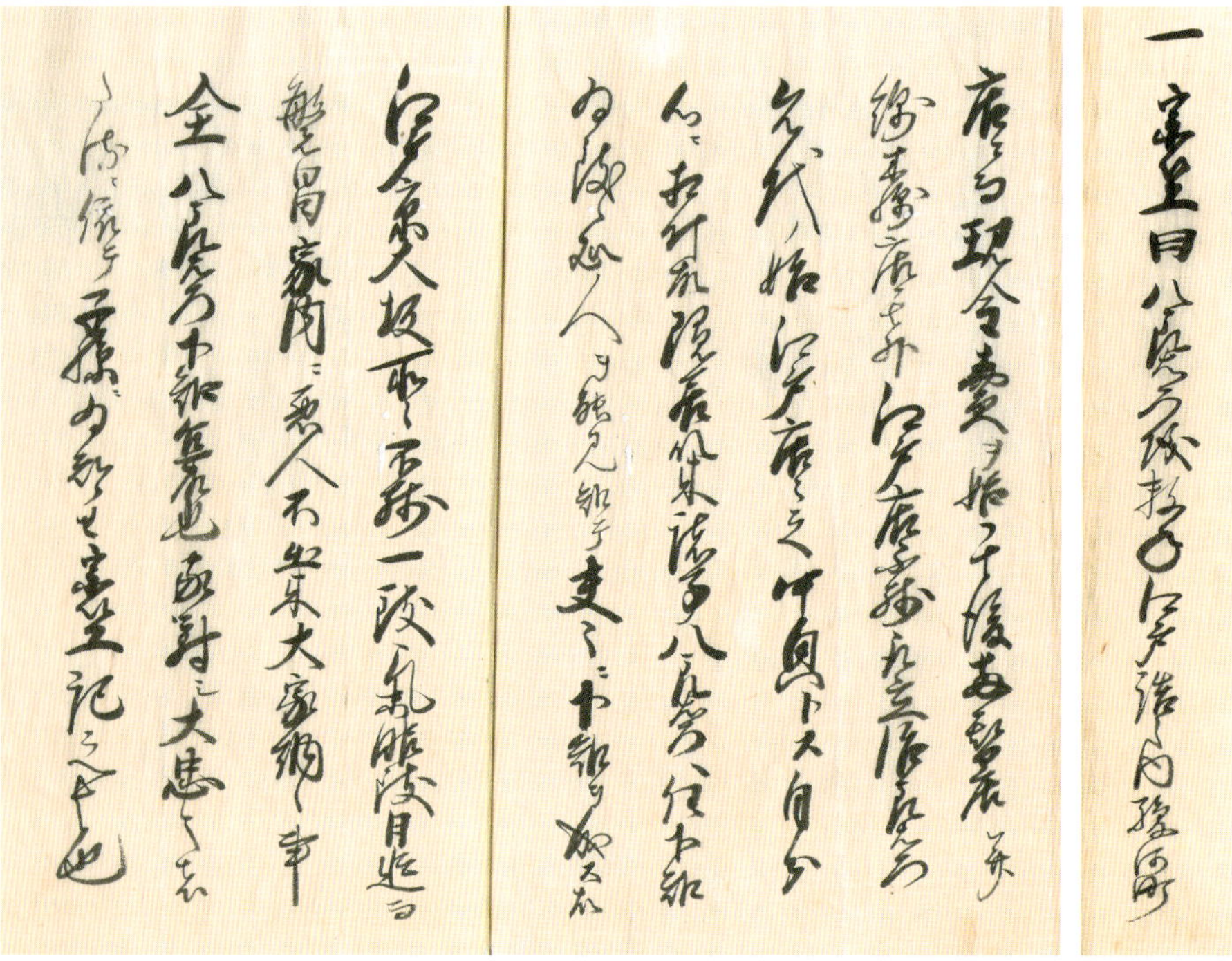

06 高利の子供たち

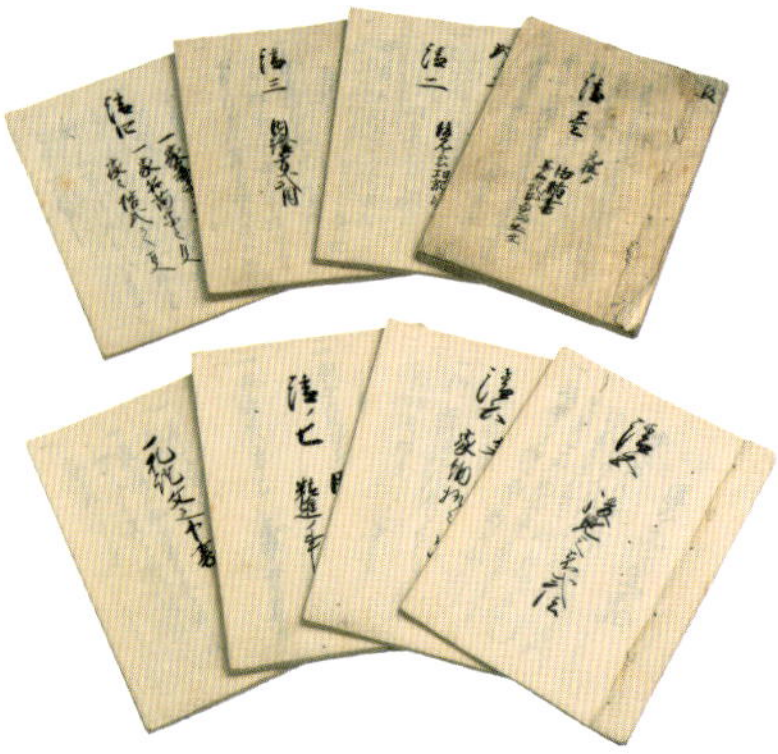

高富草案（たかとみそうあん）

宝永4年（1707）ごろ作成。高利の次男・高富による家法の草案。清書本が一部のみ伝わった。引用した記事など、ごく一部に兄の高平が記した部分がある。内容は高利の祖父・高安（→02）以来の系譜から始まり、一族の歴史から事業の方針、財産共有制まで、多岐にわたる。享保7年（1722）に成立し、以降の規範となった家訓「宗竺遺書」（→09）は、この内容をうけつぎ発展させたもの。不況下にまとめられた「宗竺遺書」とは異なる部分が多々みられ、事業や経営思想の変遷を知る上でも興味深い史料である。

史料の読み

一宗竺曰、八郎右衛門儀数年江戸詰之内、駿河町店ニ而現金売ヲ始、其後両替店幷綿木綿店其外江戸店不残取立、治郎右衛門名代ノ始、江戸店々之中興トス、自分心ニ相叶故、隠居以来諸事八郎右衛門へ任、下知為致候処、人ヲ能見知テ、夫々ニ下知ヲ成ス故、江戸・京・大坂所々不残一致気服致、日追而繁昌、家内ニ悪人不出来、大家納候事、全八郎右衛門下知宜故也、家対シ大忠之者たるニ依テ子孫ニ為知らせ、宗竺記之者也

現代語訳

高平いわく、高富は数年の江戸勤務の間に、駿河町の店で現金売りを始め、その後は両替店・綿店など江戸の諸店を残らず取り立て、（重要な名である）「次（治）郎右衛門」を名乗る初めであり、江戸の諸店の中興の祖である。私（高平）の心に叶ったので、隠居後はすべて高富に任せて指揮させたところ、人をよく見知ってそれぞれ指示をするので、江戸・京都・大坂の諸店は残らず一致し心服して、日を追って繁盛し、悪人も出ず、大人数の三井家がよく治まった。すべて高富の指揮が良かったためである。三井家に対し大功をあげた者なので、子孫に知らせるため、高平これを記す。

記事について

高利の子供たちの業績と人物を記した部分から、次男・高富についての記事。ここだけは高富の原文に、長兄・高平が書き足している。

高利の死と息子たち

高利には多くの子がおり、特に息子たちは、父を助け活躍した。元禄七年（一六九四）、高利は七三歳で没したが、息子たちは結束し、共同での事業経営を続けた（左下図）。彼らの業績や人物は、「高富草案」や「商売記」（→04）に詳しい。

高利の長男・三井高平《たかひら》（宗竺《そうちく》）　晩年の姿。高利を初代とし、高利・高平の嫡系である北家は「総領家」とも称され、常に重きをなした。

高平《たかひら》（一六五三〜一七三七）長男、北家《きた》二代（左図）。京都の仕入店を任され、粗末な格好で奔走、人々の信用を得た。仕入値を抑え、江戸での安売りを支えた。人格者であり、激しいいやがらせにあった時期（→03、05）にも、同業者以外からの評判はよかったという。父の没後は一族をまとめ、五〇歳で隠居したが、兄弟で最も長く生き、晩年に家訓「宗竺遺書」（→09）を著した。細心な反面、大様で人の意見をよく聞き、人の善悪をよく見分けたという。彼がはじめ名乗った八郎右衛門は、三井を代表する名となった。

高富《たかとみ》（一六五四〜一七〇九）次男、伊皿子《いさらご》家初代。早くから江戸の諸店を支配。病気がちながら覇気にあふれ構想力があり、商売一筋の生活で、新商法を工夫し、駿河町移転でも活躍。兄・高平の隠居後は京都で事業を指揮したが急逝し、高利十一男・高勝《たかかつ》が跡を継いだ。

高治《たかはる》（一六五七〜一七二六）三男、新町《しんまち》家初代。若い日の病身を克服し、京都で仕入れに奔走。父・高利の没後、その新町の居宅を受け継ぐと、隣接する京両替店を差配、丁寧な仕事ぶりで大いに発展させた。正直で兄たちには従順、一つのことに集中するたちであったという。

高伴《たかとも》（一六五九〜一七二九）四男、室町《むろまち》家初代。高富の後、江戸に常駐し、江戸両替店を発展させた。実直、丁寧、厳格な性格で、幕府の御為替《おかわせ》御用（→05）の祖と評される。複雑な帳簿の体系も、彼の工夫という。

高好《たかよし》（一六六二〜一七〇四）六男。贅沢を好んだが、店頭販売で他を圧する手腕を発揮し、のち京都で仕入に従事。やや若く没し、高利十男・高春《たかはる》が養子となって小石川家を立てた。

高久《たかひさ》（一六七二〜一七三三）九男、南《みなみ》家初代。実直で物に動じない頼もしい人物で、物事をよく見極めるたちであった。幕府御用の収支を大きく改善。兄たちと年が離れ、次世代の一族の中心として期待されたが、長兄・高平より早く没した。

三井十一家

高利の子孫（三井同苗《どうみょう》という）は、後に一一もの家をなし、その全体で資産と事業を共有するのが伝統となった。上記の息子たちの六家を「本家」という。これに続いて女系の「連家《れんけ》」五家があった。初代は高利長女千代の夫・孝賢《たかかた》（松坂家）、高利孫みちの夫・高古《たかひさ》（永坂町家）、高平四女たみの夫・小野田孝俊《たかとし》（小野田家）、高平孫りくの夫・家原政俊《まさとし》（家原家）、高利四女かち（長井家）。松坂家と永坂町家は松坂の名家となり、都市行政にも加わった。他の九家は京都に居宅があった。

幕末維新期には小野田家・家原家・長井家が分離された。明治二十六年（一八九三）、これを引き継ぐ三家が立てられ、十一家に復した。北家から出た高尚《たかひさ》の五丁目家、小石川家から出た高明《たかあきら》の本《ほん》村町《むらちょう》家、伊皿子家出の高信《たかのぶ》の一本松町家である。

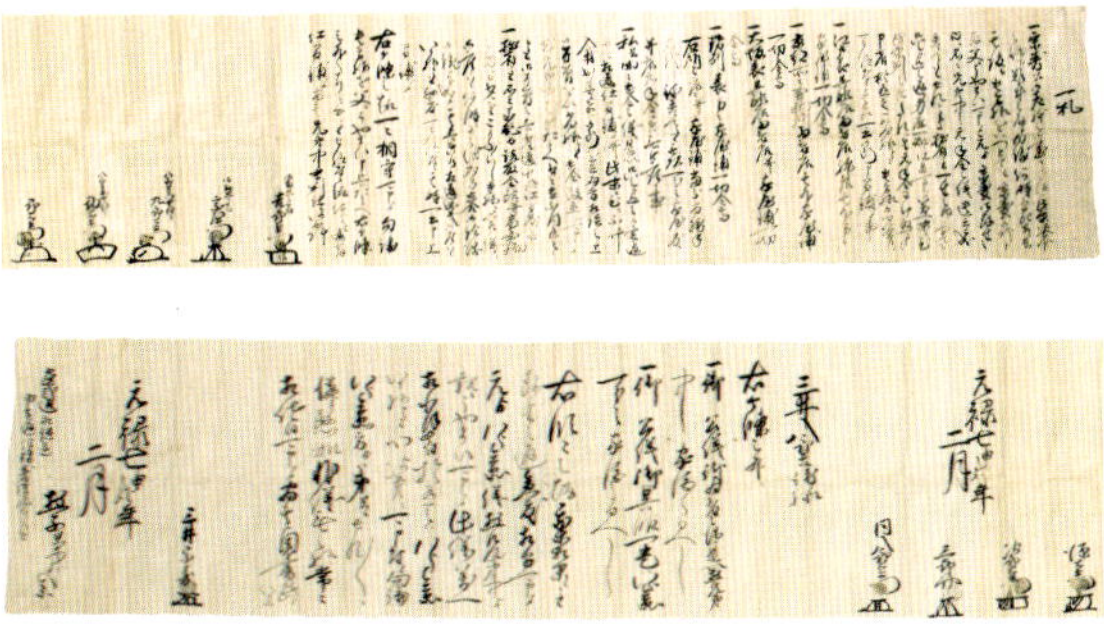

一札《いっさつ》　高利の遺書（→01）と同時に作られた。長兄・高平あてに兄弟たちが出した誓約書で、父・高利の没後も、高平をその代わりとして仰ぎ、資産・店舗を分割せず、従来通りに事業を続けることを誓っている。本来は一つづきのものを分割して示した。

07 事業の統合と「大元方」

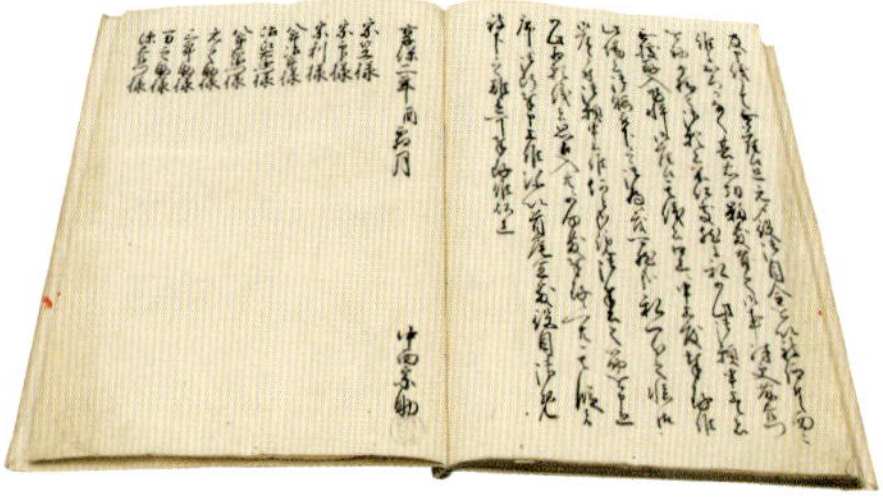

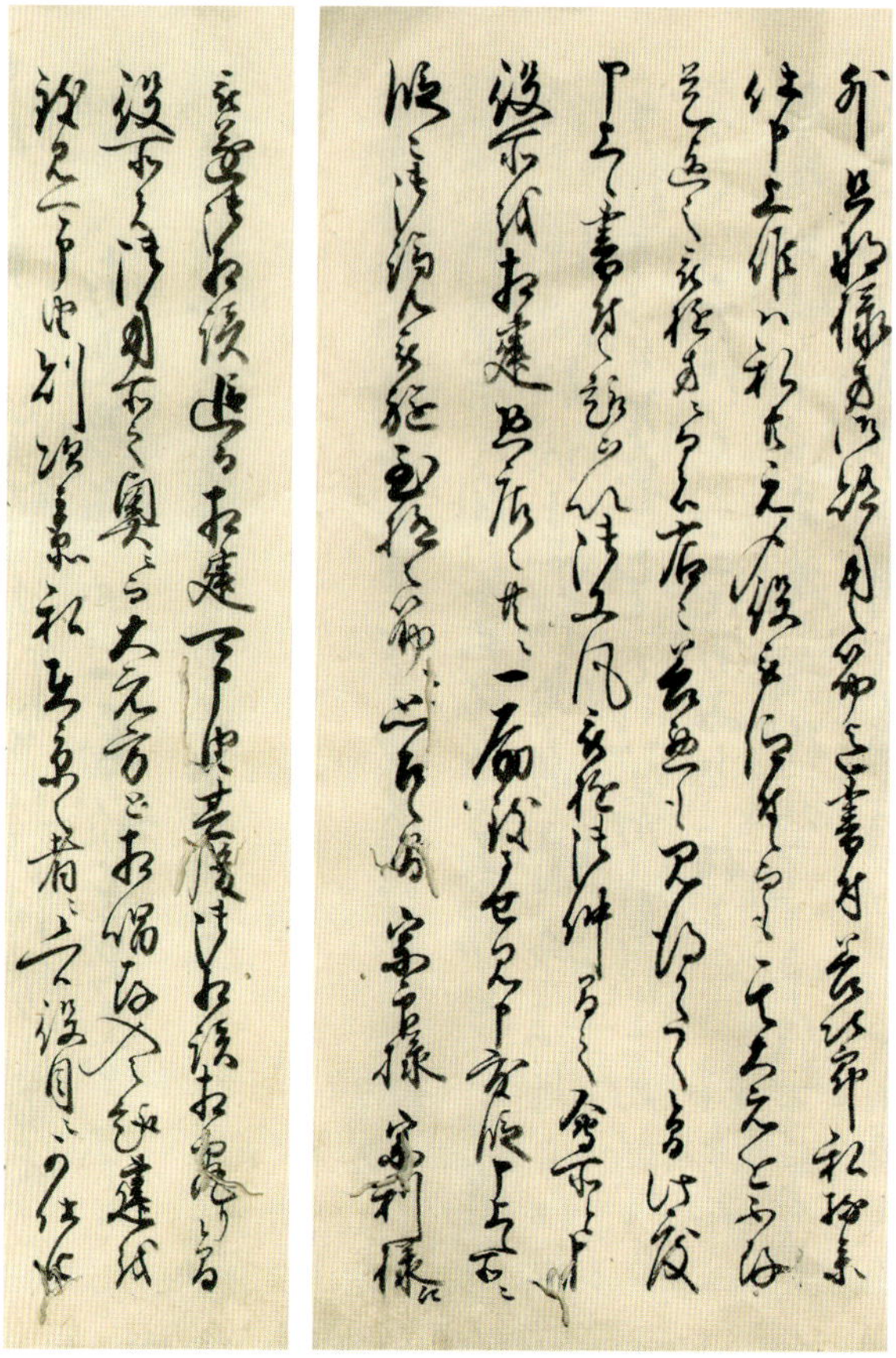

中西宗助覚（なかにしそうすけおぼえ）
享保2年（1717）作成。
中西宗助は、近世の奉公人を代表する一人。貞享4年（1687）から奉公し、若くして本店の重役となり、事業の統合と新たな体制づくりを推進し、多大な業績を残した。この史料は、みずからの進退を賭して、三井の一族に対し、改革の徹底を進言したもの（左上は末尾の署名と宛先の部分）。大元方で保管されていた原本。
自身の勤務歴についても詳しく記されており、事業の変遷や奉公人の役割も知ることができる。特に事業の統合については、推進者による大変貴重な証言となっている。

史料の読み

（二字目から）旦那様方御賄用之筋迄書付、善次郎・私持参仕、申上候ハ、私共元〆役被仰付候而も、其大元を不存、是迄之被遊方ニ而者、店々善悪も見得かたく候間、此度申上候書付之趣ヲ以御工風被遊、御仲間之会所と申役所を相建、惣店々共ニ一励致させ見申度段、申上候所ニ、段々御覧被遊、至極之筋ニ思召候間、宗印様・宗利様江被遂御相談、追而相建可申由、其後御相談相究り候間、役所者御用所之奥ニ而、大元方と相唱、存入之趣建を致見可申由、則次兵衛・私在京之者ニ候へハ役目ニ可仕由

現代語訳

（各店の収支や）三井一族の生活費をリストにし、小林善次郎と私（中西宗助）が（高平のもとへ）持参して、説明した内容は、「我々は元締という重役であるが、大元を知らず、従来の体制では各店舗の善し悪しも判断しがたいので、今回申し上げる趣旨により工夫して頂き、『お仲間の会所』という役所を設置し、全店舗をいっそう励ませてみたい」と申し上げたところ、（高平は資料を）ご覧になり、「大変もっともなので、（弟の）高治・高伴（→06）と相談し、追って設置しよう」とおっしゃった。その後、ご相談がまとまり、役所は御用所の奥に置き、「大元方」と名付け、その設計を、在京の重役である松野治（次）兵衛と私（中西）に命じるとのことだった。

初期の重役たち

右にみたのは、近世の三井を特徴づける組織である「大元方《おおもとかた》」が設立された経緯を振り返った記事である。高平ら兄弟を説いて、その設置を推進した中西宗助らは、初期の重役であった。

高利は奉公人の抜擢、育成に優れていた（→01）。激しい嫌がらせ（→03、05）の中、奉公人たちの動

揺を抑えきったのは、江戸出店から数年目に雇われた七左衛門という支配人だったという。

その後、各店で有能な奉公人が育ってゆき、次第に彼らが各店の運営を担うようになっていった。右の記事にみえる京本店の中西宗助・小林善次郎に京両替店の松野治兵衛、江戸本店の脇田藤右衛門（→03）、綿《わた》店の開主善兵衛などが代表的な人物である。彼らはそれぞれの店で腕を振るって事業を大いに発展させ、各店の「開山」「中興」と呼ばれた。その功績によって彼らの子孫は取り立てられ、奉公人中の名門となってゆく。

事業の統合

高富が没し、その他の兄弟たちも老いると、重役たちが各店に割拠して「我物に仕る」状況となり、巨大化した事業全体の統轄は困難になっていった。また苦労を知らない若い世代は贅沢を好み、その支出のコントロールも新たな課題であった。高利の子供たちが維持してきた、一族一体となっての事業経営が、近い将来に危機に瀕することが懸念されるようになったのである。

こうした状況が、大元方設置の背景にあった。その下にすべての店を編成しなおして全事業の一体化を図り、また三井同苗の出費をも包括的に管理しようとしたのである。宝永六年（一七〇九）末には、大元方と各店の財務上の関係が定められ（下図）、翌宝永七年から大元方の記録がつけられはじめた（左下図）。

しかし各店の重鎮の抵抗は根強いものがあり、その後二〇年ほどの時間をかけて、店舗網と決算制度が整備されてゆく。各店は呉服業の「本店一巻《ほんだないちまき》」と金融業の「両替店一巻《りょうがえだないちまき》」に組み込まれ、各店が蓄積していた資産を大元方がすべて吸収し、改めて各店へ営業資金を融資する体制が整えられていった（→11）。

統轄機関「大元方」

大元方は三井同苗と奉公人の重鎮の合議制で、三井同苗と全ての事業を統轄し、全資産を集約・管理した（→10、11）。その設立にあたり、各店に資産状況の精査・報告を徹底させたところ、大元方が最初に掌握できたのは、総額で銀八八六四貫あまり（金にして約一五万両弱）であった。貨幣の価値は下がっているものの、高利の没時（→01）の倍額である。これは同時代の幕府が西日本で一年に支出した金銀の約五六パーセントにあたる。多くの商家が後継者に人を得ず没落していく中で、高利は次世代の育成に成功していたといえよう。

この後、厳しい不況が到来し、高利なき後を支えた子供たちや重役たちが没してゆくと、三井は危機の時代を迎えることになる。

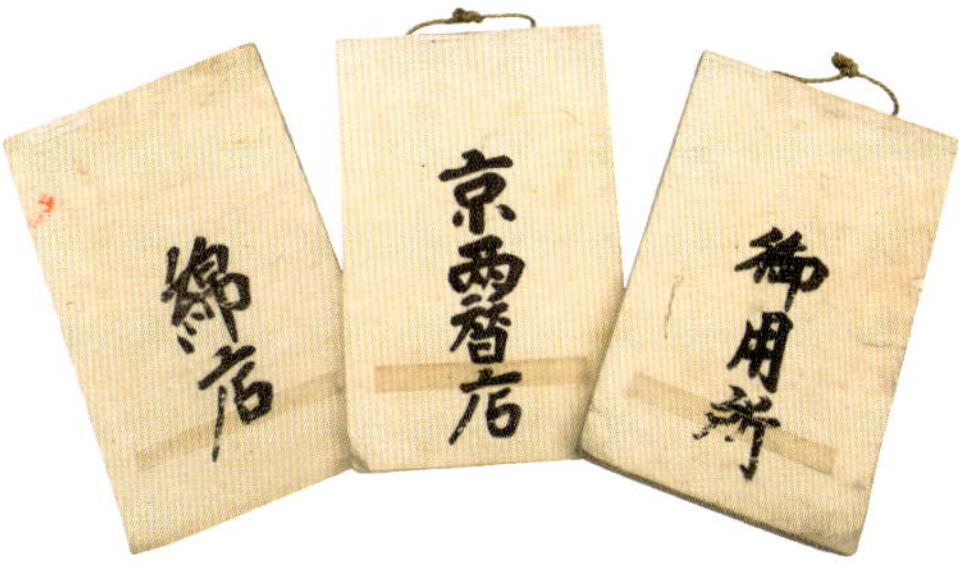

規矩録《きくろく》　宝永6年（1709）12月作成。大元方の設置に伴い、そのもとでの各店のあり方を定め、各店に通告したもの。同時に7店分が作られたことが分かっており、この3冊が現存する。

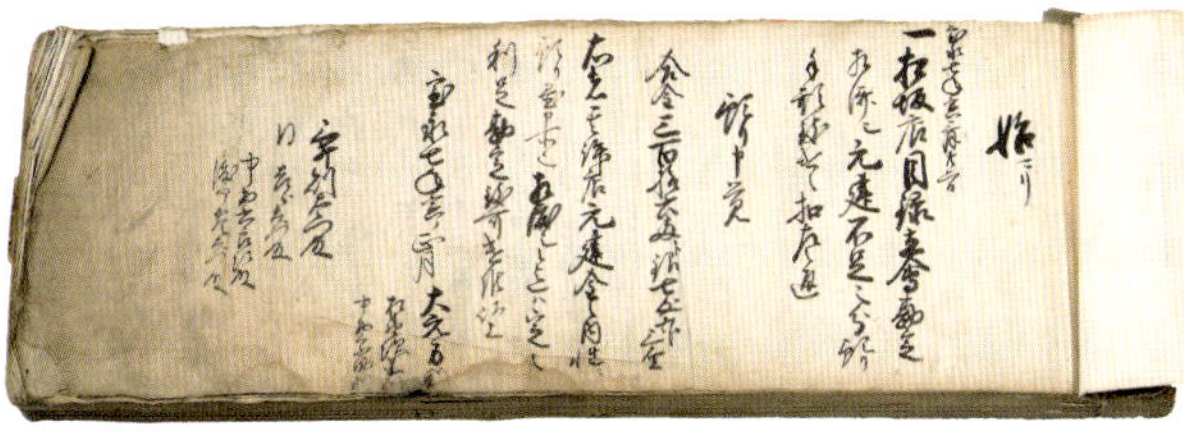

聞書帳《ききがきちょう》　大元方からの通達事項などを記録したもので、大元方の最初の記録。上はその冒頭。まず「始マリ」とあり、宝永7年（1710）1月付の通達書類の写しが載る。後には「寄会帳《よりあいちょう》」という記録が作られるようになる。なお、情報記録の「聞書」（→21）とは異なる。

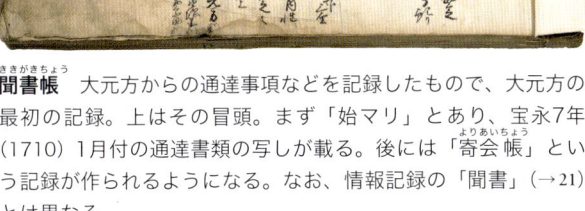

08
危機と記録の時代

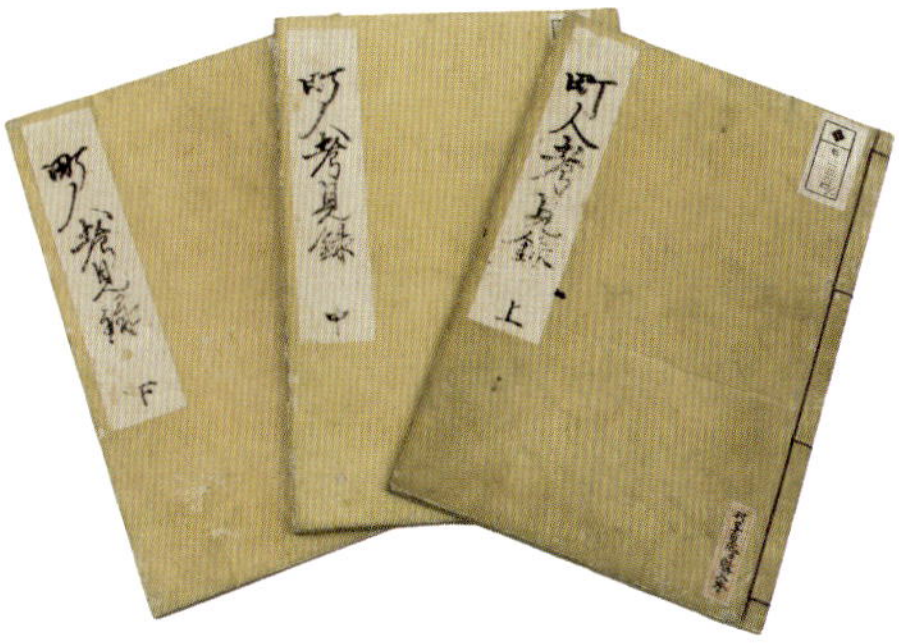

町人考見録（ちょうにんこうけんろく）
北家三代・高房《たかふさ》（左図）の著。享保13年（1728）に成立。没落した大商人約50家について、父・高平（→06）から聞き取り、事業や没落のさまをまとめたもの。警句や教戒も含まれる。奉公人の重鎮・中西宗助（→07）の勧めで作られた。
語り手の高平は当時70代後半で、記憶に基づいて数十年前のことを述べている部分もあるものの、詳しい記録にとぼしい近世はじめの商業について、長年にわたり実際の商況に接してきた優れた商人が観察した、非常に貴重な史料として知られる。既に近世から、写本がひろく流布していた。ここに掲げた本は、末尾に高房の署名捺印があり、岩波書店『日本思想大系』の底本とされたもの。

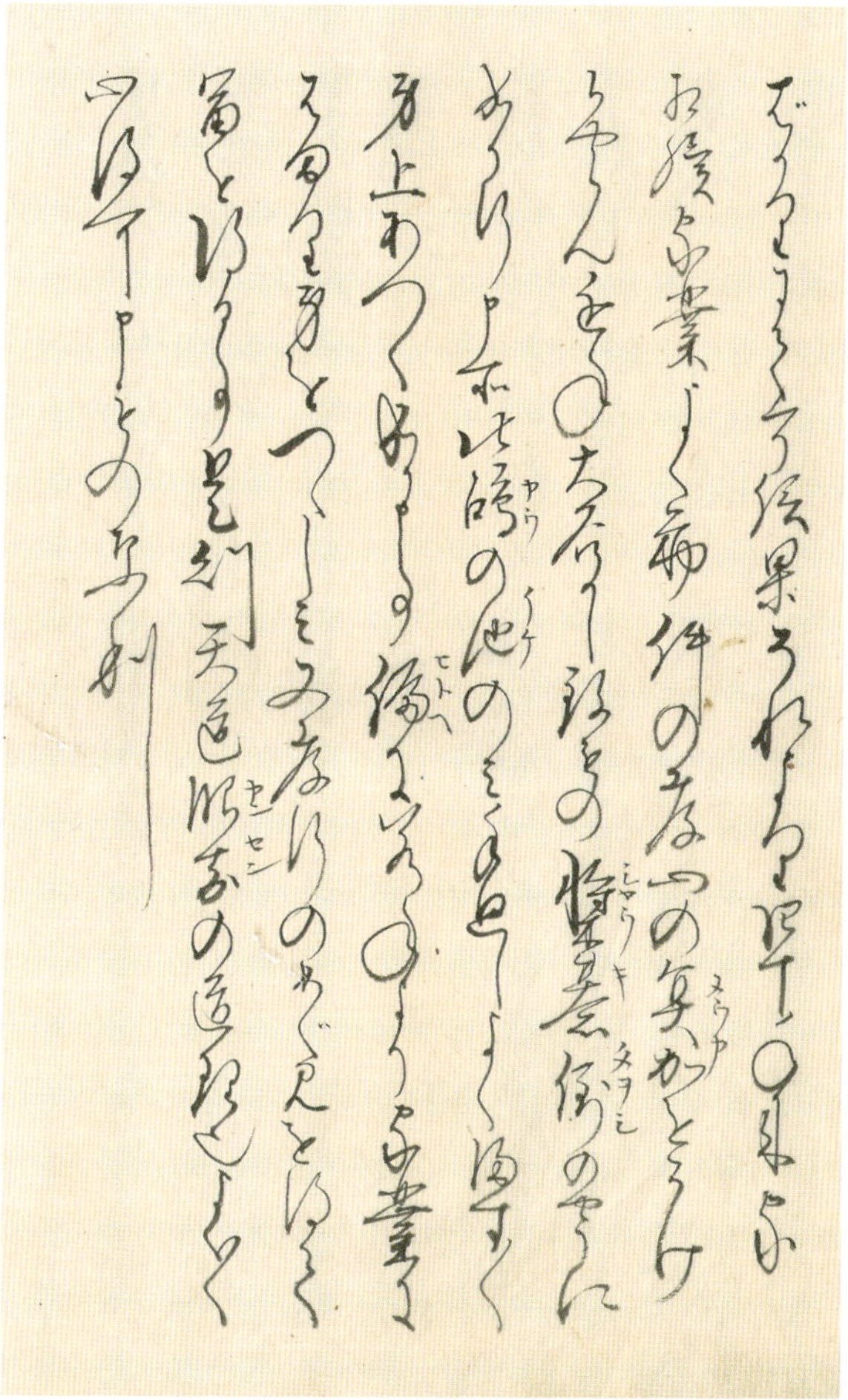

史料の読み
（一行目途中から）四十年来家相続、家業よく勤、件の孝心の冥加《メウカ》をうけ候やらん、近年大名かし致もの、将碁倒《シヤウキタヲシ》のやうに成り行申所、此鴻《カウ》の池《イケ》のミ手廻しよく、ます丶丶身上あつく成申事、偏《ヒトヘ》に若年より家業にはまり、身をつ丶しミ、又孝行のめぐみを得て富を得る事、是則天道眼前《カンセン》の道理也、よく丶丶心得可申ものなり

現代語訳
（両替商の鴻池善右衛門は）四〇年間、家を保ち、家業をよく勤め、親孝行であった功徳であろうか、近年は大名貸をしていた商人は将棋倒しのようになっているのに、この鴻池だけは手廻しがよく、ますます富裕になっている。ひとえに若いころから家業に専念し、身を慎み、孝行の功徳で富を得ることは、すなわち天の道、目にみえる道理である。よく心得るべきである。

記事について
没落した商人を多数とりあげた最後に、逆に良い例として、三井と同じ両替業を営む大坂の大商人・鴻池《こうのいけ》（日本生命保険や三和銀行のルーツ）の三代目・宗利をとりあげた箇所。

享保改革と不況

高利が没した元禄期（一七世紀末）には、貨幣が増鋳されてインフレ傾向がつづき、三井もそれに乗って発展した。しかし物価上昇などへの批判が強かったので、幕府は正徳期（一七一〇年代）に貨幣の量を減らす改鋳を行い、デフレ状況となった。つづく八代将軍吉宗による享保改革では、物価の引き下げ、華美の禁止、債務関係の訴訟の制限が実施され、都市部ではきびしい不況となった。

「米価安の諸色高」

この時期は気候が温暖湿潤で豊作が続き、近世社会における最大の商品である米の価格は安かった。しかし従来はそれに連動していたその他の物価（「諸色《しょしき》」）はむしろ上昇し、大きな問題となっていた。この事態は、年貢米を換金して消費物資を買う大名たちの財政を直撃し、さらにウンカの襲来によって西日本で大凶作となったことが追い打ちをかけた。巨額の資金を大名たちに貸し付けていた大商人たちは、次々と没落していった。

経営姿勢の変化

三井では高利の子供たちや初期の重鎮たちが次々に没しており、内外に危機を迎えることになった。三井同苗や奉公人は不況を深刻にうけとめ、倹約や事業上の打開策が模索されていく。

こうした時期に作られた「町人考見録」は、不況下で新世代を教育するためのものと考えられる。豊富な失敗事例を解説する言葉からは、かなり慎重な経営姿勢がみてとれる。利益は高いがリスクを伴う事業への警戒、従来の事業内容の堅持、現金保有重視、御用引き受けによる奢りの警戒などは、同時期に高平の遺言の形で作られた家訓「宗《そう》竺遺書《ちくいしょ》」（→09）と共通する。

三井高房《たかふさ》（1684―1748） 北家三代。高利の嫡孫。父・高平の没後、一族を統轄する「親分」（→09）に就任。子が多く、2連家（→06）を増設した。茶、香、絵画、歌などにも長じた。

規則の成文化・文書体系の整備

この時期には他にも、家の歴史や店の規則などが多数作られ、その後の規範となった（右下図）。営業書類も体系化された。近世を通じて書き継がれた多くの記録（左下図）が、この時期に始まる。

同じように、冒頭図版の解説でふれた鴻池家や、競争相手の大丸《だいまる》こと下村家（→14）、銅山経営で知られる住友家など他の大商人も、家訓や規則を定めている。こうした動きは、幕府をはじめ社会全体でみられた。危機の時代に、父祖の歴史と思想に立ち返って結束をはかるとともに、堅実な姿勢を成文化し、子孫に残したのである。

歴史編纂のはじまり

さらに従来の歴史が調べられ、記録された。高利に接したことがなく、創業・発展の苦労を経験していない世代に伝えるためであった。黎明期の文書が整理され（→02）、古い重役には覚書を提出させ（→03）、「家伝記」（→02）・「商売記」（→04）が編纂された。遠い祖先の研究も始まった。三井における最初の修史・編纂時代ともいえ、現在明らかになる初期の歴史は、ほぼこの時代に整理・作成された記録に拠っているのである。

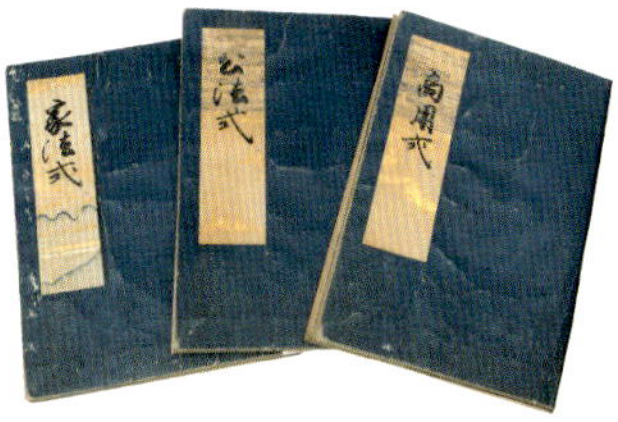

家法式（左）・公法式（中央）・商用式（右）。享保期に制定された代表的な規則。それまで出された規則の内容を取捨選択し、まとめ直されている。本店のもので、正月・5月・9月に奉公人に読み聞かされていた。他にも多数の規則類が、享保期に作られた。

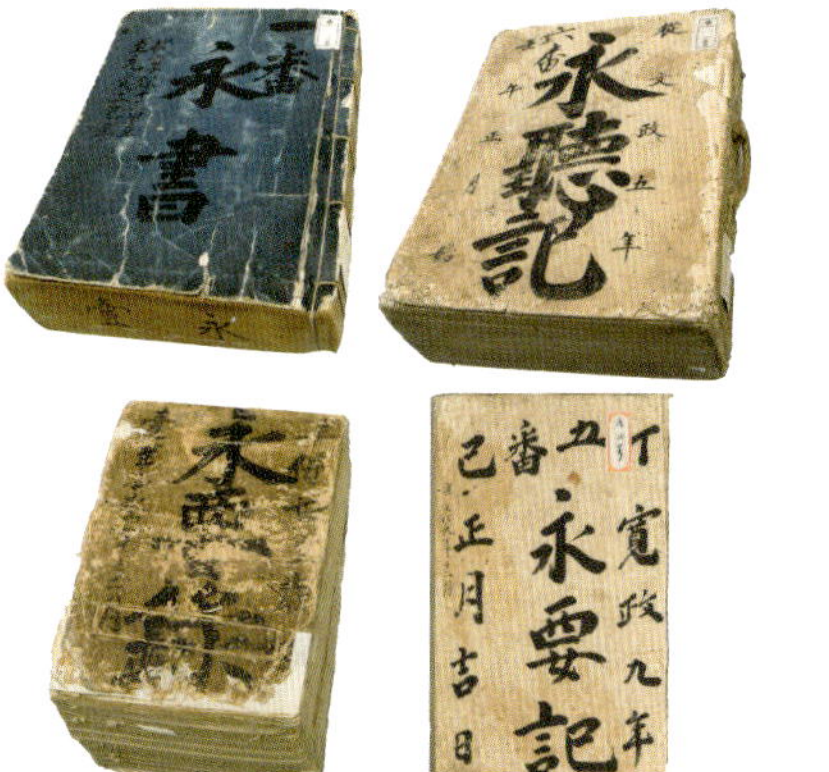

「永」のつく記録類　京本店「永書」（左上）・江戸本店「永聴記」（右上）、京両替店「永要録」（左下）、江戸両替店「永要記」（右下）。各店で書き継がれた、永久保存用の記録類。

09 家訓「宗竺遺書」

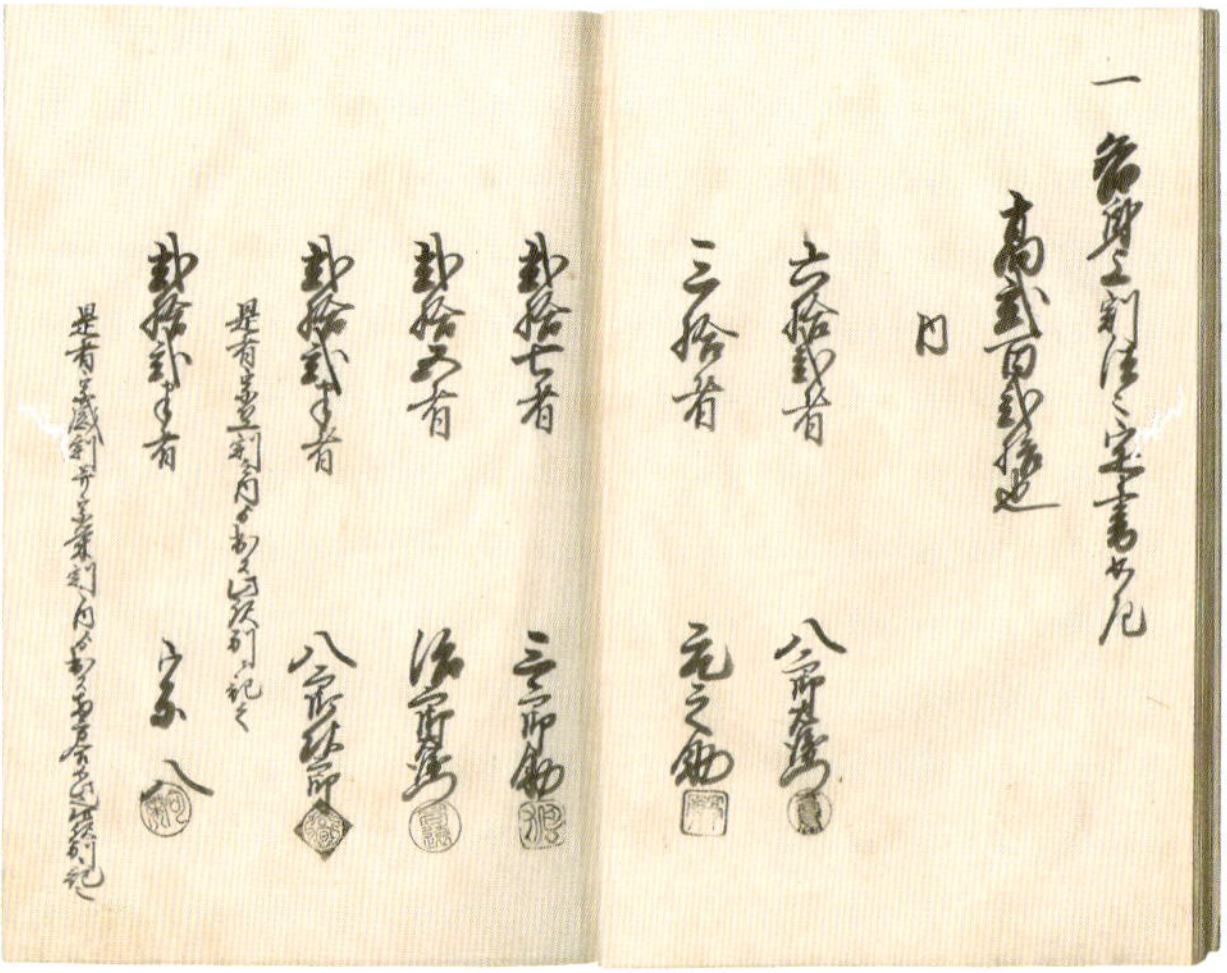

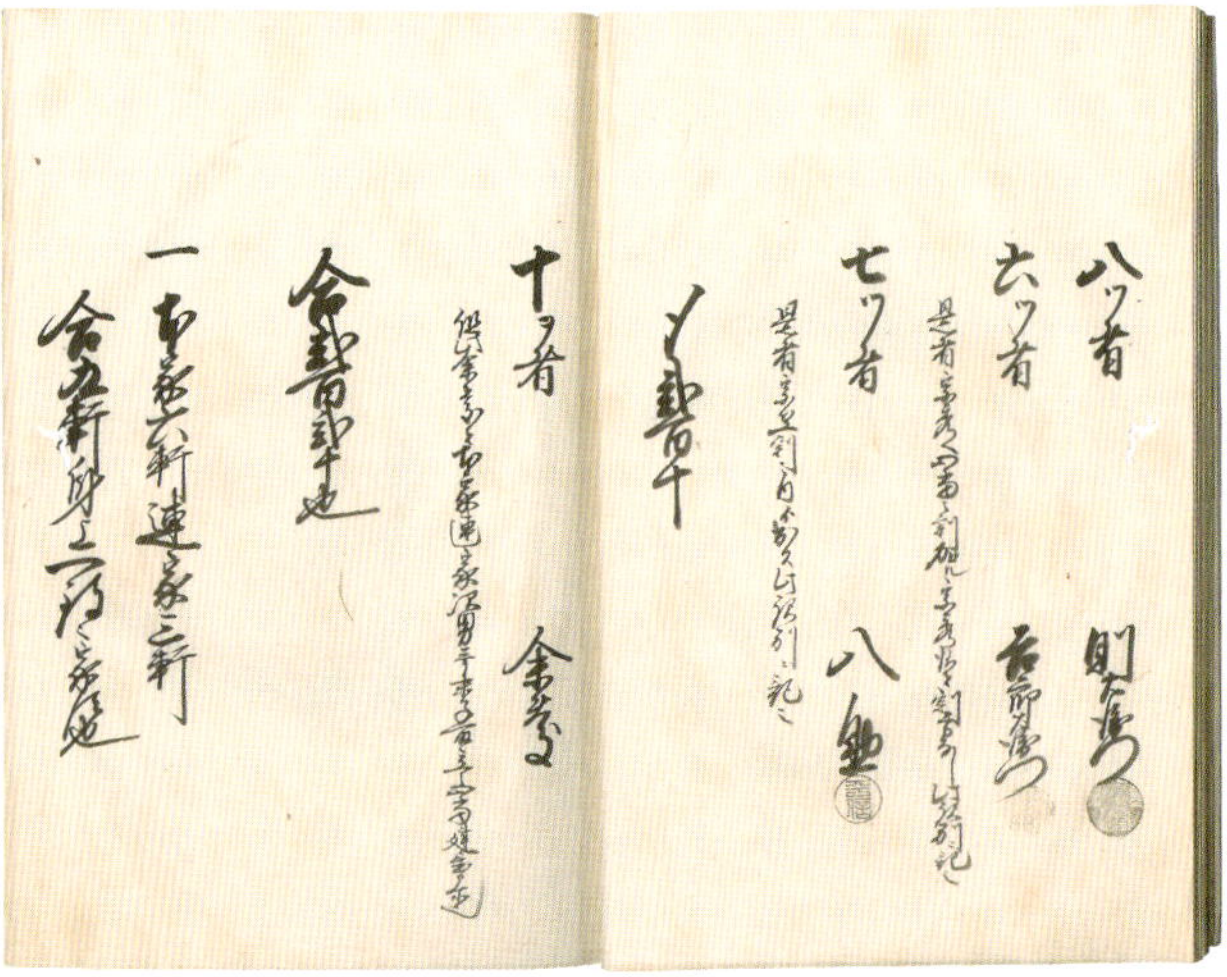

宗竺遺書（そうちくいしょ）
享保7年（1722）、高利の長男・高平《たかひら》（→06）の古稀の年に、その遺言のかたちで定められた家訓。「家伝記」「商売記」など、老境にはいった高利の子供たちが作成した一連の文書の頂点をなすものである。これらと同じ箱に納められて封がされ、高平の嫡系である北家に伝えられた。同じセットを収めた箱が、本来は北家と京両替店、松坂の3か所にあったらしい。近代には、「三井家憲」（→37）とともに特製の箱に納められ、三井家同族会が管理していた。

記事について

三井の全資産について、本家・連家（→06）ごとに、権利を持つ割合を定めた箇所。各家の持ち分は、全体を二二〇分割して、

本家
北家三代・高房《たかふさ》（八郎右衛門） 六二
伊皿子家二代・高勝《たかかつ》（元之助） 三〇
新町家二代・高方《たかなを》（三郎助） 二七
室町家二代・高遠《たかとう》（治郎右衛門） 二五
南家初代・高久《たかひさ》（八郎次郎） 二二・五
小石川家初代・高春《たかはる》（宗八） 二二・五

連家
松坂家二代・高邁《たかゆく》（則右衛門） 八
永坂町家初代・高古《たかひさ》（吉郎右衛門） 六
小野田家二代・孝紀《たかただ》（八助） 七

さらに将来新たな家を取り立てるために一〇（実際に家原家・長井家が取り立てられた）。そして、「本家六軒・連家三軒、合わせて九軒、身上一致の家法なり」（図版末尾）と、全財産を共有することを明記した。一方で各家の権利の比率も明確にした。各家の基本的な生活費はこの比率によって計算され、大元方から支給されたのである。

三井の規範

高利はまとまった家訓を残さず、子供たちの晩年、高利の遺志を踏まえるという体裁で制定された「宗竺遺書《そうちくいしょ》」が、近世の三井の家と事業を規定するものとなった。近世を通じて、重要な局面では、結束の象徴、立ち戻るべき原点として、この

書がたびたび呼びさまされた（下図）。また奉公人たち向けに、三井同苗に関する部分を除いた抜粋版の「家法式目」が作られ、各店で毎年一・五・九月の三回、読み聞かされていた。

以下、「宗竺遺書」に記された内容をみていこう。全体の冒頭では、高平たち兄弟（→06）は仲むつまじかったが、これからの三井同苗は実の兄弟ではない、という現実認識から出発し、心を一つにし、身を慎み、上下和して家業に励むべきことが強調され、人それぞれの心を組み取り、自分を知って事をなせ、と述べられている。

「身上一致の家法」

近世の三井は、短い時期（→10）をのぞき三井同苗で財産・事業を共有した。高利の息子たちの申し合わせ（→06）に始まり、「宗竺遺書」にいたって「身上一致《しんじょういっち》の家法」「兄弟一致の家法」として明文化された。多数の店の有機的な結合が事業の基幹であり、一体としての継承が必要とされた。

こうした体制を保つため、三井同苗の範囲を明確にするとともに、各家の上位に「親分」を置くとされた。高平から年長の弟たちへ順に継承すると定められたが、高平が最も長生きしたので、その子・高房、次にその子・高弥《たかひさ》（下図）が就任した。

そのほか、生活費の規定、分家や隠居など、三井同苗のあり方が事細かに定められている。商売の全局面に精通するように、幼少時から各店を廻って商売の修行を積む順序も、詳しく定められた。

事業体制と危機への備え

親分に続く重職として、統轄機関である大元方の構成員が定められている。また奉公人から「元《もと》〆《じめ》」とよぶ最高幹部を選任するとされ、奉公人をよく選び、大切にする重要性が強調される。

事業の内容に関しては、高利が推奨していた新商売（→01）や、かつては有望な事業であった大名への融資を制限している（恩人の牧野家、領主の紀州徳川家は例外）。常に現金五万両を穴蔵に備蓄するよう定める（左上図）。守りの経営との印象であるが、これはデフレによる不況の中で、存続を優先する立場で記されているためであろう。

「身上一致」を崩す時の方法や、「諸国大変」となり商売が不可能となったら発祥の地の松坂に引込むとの規定もあり、最悪の事態をも想定し対策を講じておこうとする用心深さがみてとれる。

繁栄の時代へ

こうして強い危機意識のもとに家訓を制定した三井は、享保期を生き延び、元文元年（一七三六）に幕府が貨幣を改鋳すると、これを巧みに利用して、急激な成長をなしとげ、繁栄の時代を迎えた。

千両箱（左上・右上）と万力（下）　現金銀を備蓄するためのもの。商家の大敵であった火災・盗難に備え、銅の容器に収め、さらに地下の穴蔵に格納した。たいへんな重量となり、昇降には万力を用いた。維新期には一朱金・一朱銀を納めたという。

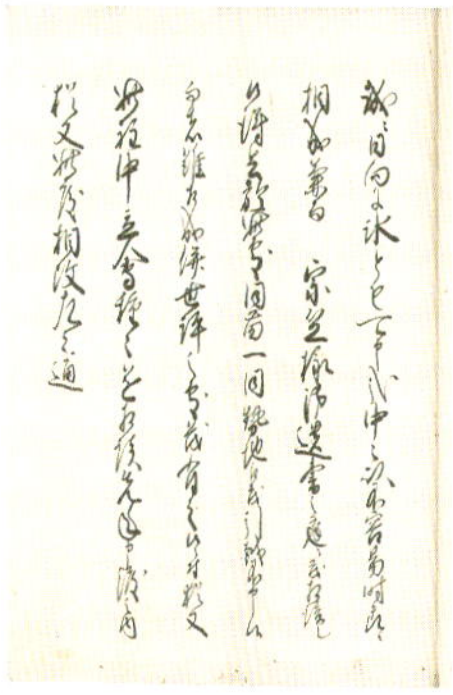

申渡書　嘉永2年（1849）7月、大元方が発した改革の宣言。危機的状況に際し、宗竺遺書に言及している（2行目）。

三井高弥《たかひさ》（1719−1778）　没後に円山応挙が描いた座像。新町家三代。北家三代高房の子。明和7年（1770）から親分をつとめた。

10 大元方1 一族と店舗の統轄

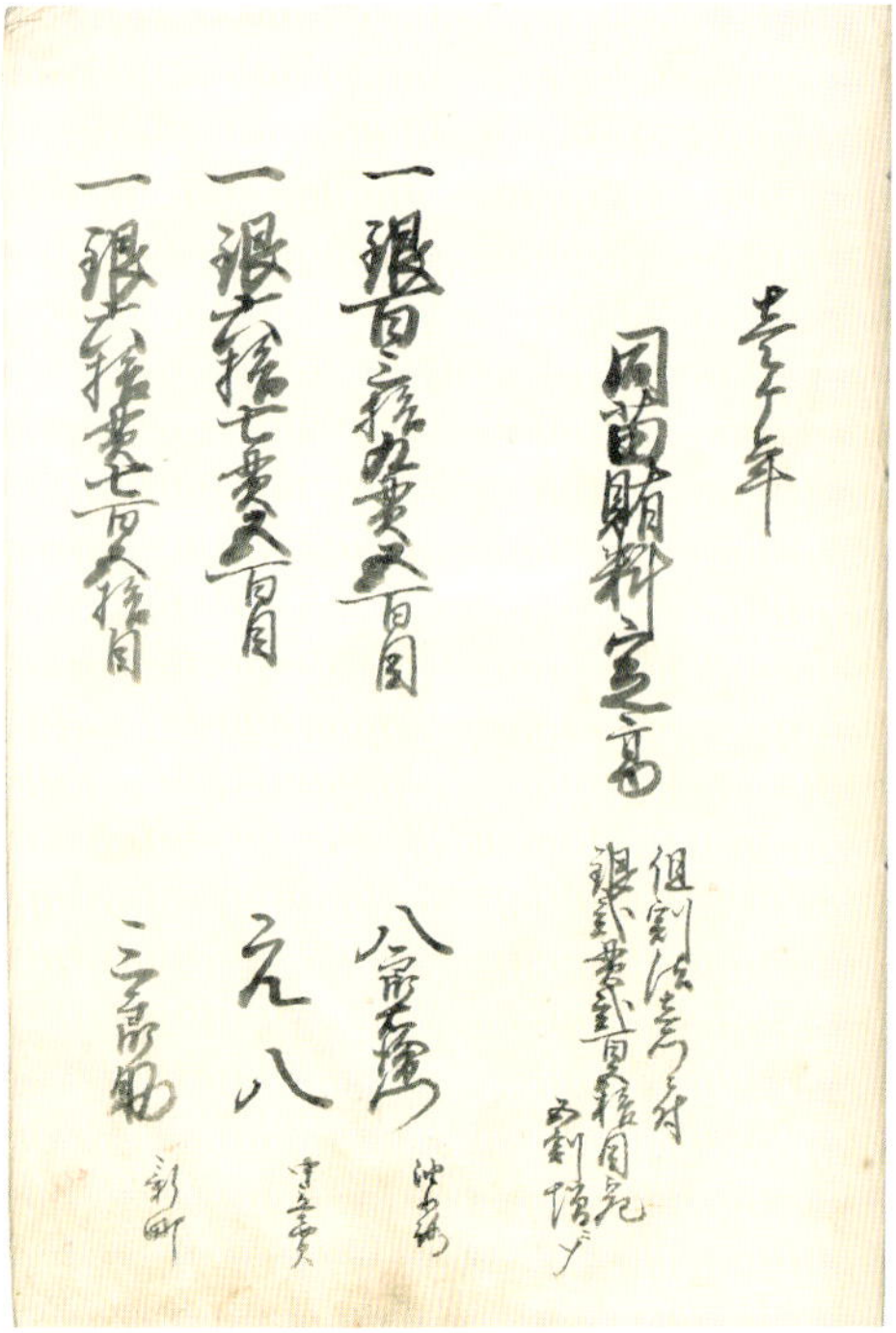

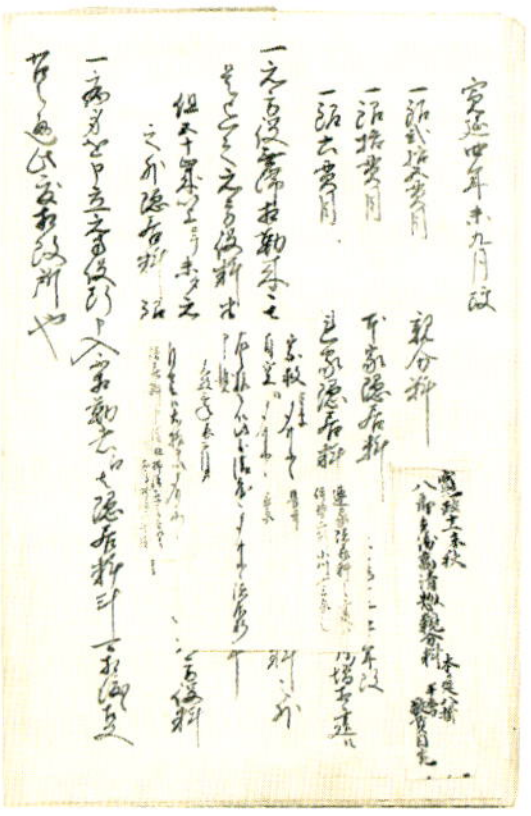

大元方定式（おおもとかたじょうしき）
三井同苗《みついどうみょう》の生活費や冠婚葬祭の費用、屋敷の建築費をはじめ、重役手代《てだい》の給与や退職金などをとりきめたもの。享保7年（1722）に一度作成され、寛保4年（＝延享元年、1744）に改定された。この史料は寛保4年のものである。表紙の状態から使い込まれた様子が見て取れる。内容も追加修正を記した貼紙の付いている項目が多い（右写真）。景気の変動など、現実の状況に対応して支給額や項目を変更しており、部分的な改正を繰り返しながら使われていたことがわかる。

史料の読み（冒頭左図）

壱ケ年
同苗賄料定高
但割法壱ツニ付
銀弐貫弐百五拾目宛
五割増ニして
一銀百三拾九貫五百目　八郎右衛門　油小路
一銀六拾七貫五百目　元八　中立売
一銀六拾貫七百五拾目　三郎助　新町

記事について

三井同苗の生活費（賄料《まかないりょう》）の金額を定めた部分で、「宗竺遺書《そうちくいしょ》」（→09）の配分比率に従って決められている。ここでは京都油小路《あぶらのこうじ》の八郎右衛《はちろうえ》門《もん》（北家《きたけ》四代・高美《たかはる》）が銀一三九貫目余、中立売《なかだちうり》の元八《もとはち》（伊皿子《いさらご》家二代・高勝《たかかつ》）が銀六七貫目余、新町《しんまち》の三郎助《さぶろうすけ》（新町家三代・高弥《たかひさ》）が銀六〇貫目余となっている。三井同苗に支給される費用を管理していたのは「大元方《おおもとかた》」という統轄機関だった。

大元方とは

三井は呉服部門（「本店一巻《ほんだないちまき》」）と金融部門（「両《りょう》替店一巻《がえだないちまき》」）の二つの事業部門をもっていた。また三井同苗は六本家、五連家からなる十一家で構成されていた（→06）。この三井同苗が両事業部門を共有する原則になっていた。これを「身上一致《しんじょういっち》」という。多数の家で資産を共有し、複数業種・多数店舗を維持するためには、事業と三井同苗を統一的に支配するしくみが必要だった。そのための機関が京都におかれた大元方であった。

大元方では月に二回、会合（「寄合《よりあい》」）を開催し、数名の三井同苗と重役ら（元方掛《もとかたがかり》という）の話し合いによって、様々な事項を決定していた。

営業店との関係

大元方は呉服部門と金融部門を資金的に支配していた。大元方は運転資金をそれぞれの部門に貸し、それぞれの部門は指定された利子率に応じて利益金を上納する原則であった。また三年に一度総決算をし、全利益金の内、十分の一を奉公人《ほうこうにん》へのボーナス（褒美銀）として配分。残りを全て大元方に集約する原則だった（→11）。

寄合の議題には奉公人や店に関するものが多い。奉公人については重役人事、隠居・相続願い、別家《べっけ》（→19・20）の借金願いなどが、営業店についてはルールの制定や改定、各営業店との金銀貸借、利益金上納などが話し合われていた。

三井同苗との関係

三井同苗も大元方による統制を受けていた。三井十一家には「宗竺遺書《そうちくいしょ》」（→09）の規定に従って、家産に対する権利の比率が設定されていた。冒頭で紹介したように、三井同苗は配分比率に応じた生活費の支給を受け、他にも隠居料《いんきょりょう》、子女の必要経費、屋敷の建築費、婚礼費用、旅費などを受給していた。寄合ではこれらの支給の判断や、隠居願いなどについても話し合われた。

「安永の持分け」

三井は「身上一致」を原則としていたが、一時期、その原則を崩したことがあった。安永三年（一七七四）、本店・両替店の営業不振や、不良資産の増加、同苗借財の累積、同苗の不和等が重なり、事業部門を本店一巻、両替店一巻、松坂店《まつさかだな》の三グループに分け、三井十一家も三つのグループを形成して、持ち分けることになった（「安永《あんえい》の持分《もちわ》け」）。大元方も三井同苗と事業を統轄する機能を一時的に失う。三井が再び一致したのは二四年後の寛政九年（一七九七）だった（「寛政一致《かんせいいっち》」）。しかしこの後、会計制度上は完全に旧に復することはなく、呉服店部門と金融部門それぞれの自立性は高まっていった。

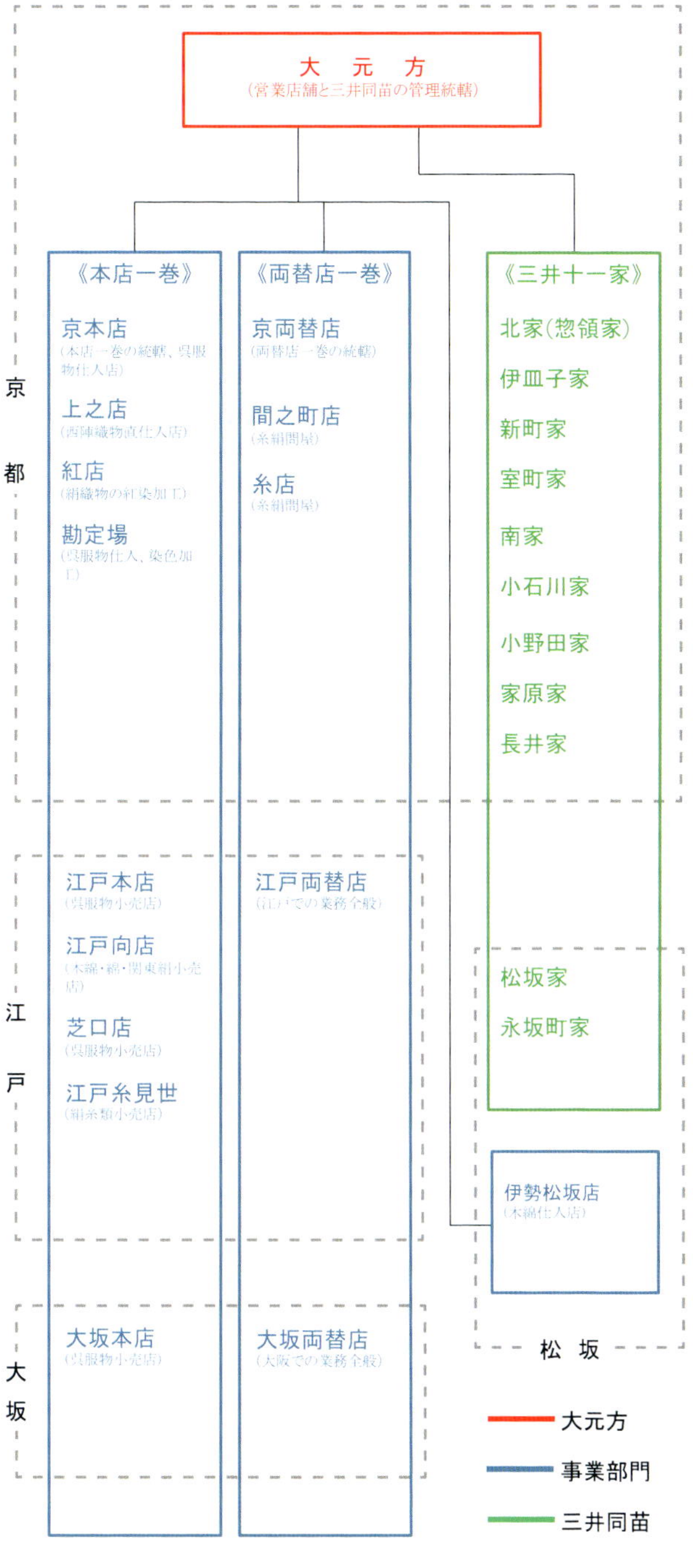

11

大元方2　利益の集約

大元方勘定目録（おおもとかたかんじょうもくろく）

大元方で年に2回作成した決算帳簿で、三井の全事業の資産と収支を記載したものである。大元方の資本、資産、負債の傾向などの変化を追うことのできるもので、三井の事業に関する史料の中でも最重要史料のひとつである。決算日は概ね7月14日と極月《ごくげつ》（12月）晦日《みそか》である。一冊ずつは横に長い冊子状で、折りたたまれて和紙製の袋に入れられており、さらに10冊程度まとめて木箱に収められている。驚くほど保存状態が良く、当時から最重要書類だったことをうかがわせる。ごく一部欠落しているものの、宝永7年（1710）から明治6年（1873）まで約160年分の記録が残っている。

「大元方勘定目録」の項目

「大元方勘定目録《おおもとかたかんじょうもくろく》」は、①「預《あずか》り方《かた》」（資本・負債）と「貸《か》し方《かた》」（資産）、②「入方《いりかた》」（収益）と「払方《はらいかた》」（費用）、③「元建差引《もとたてさしひき》」（資産の増減と不動産の合計）の三項目ある。また、総資産を一度集計したあとに、④三井十一家各家の総資産に対する権利をもつ額を計算している。①は今日の貸借対照表、②は損益計算書に相当する。①②それぞれの差額である延銀《のべぎん》（当期利益金）は合致し、複式簿記の形態になっている。ただし、現在「貸方《かしかた》」「借方《かりかた》」とされる項目を「預り方」「貸し方」と表現したり、安永年間までは①とは別に③で不動産を記載しているなど、現在の簿記とは異なっている点もある。④は「宗竺《そうちく》遺書《いしょ》」の配分比率（→09）に基づいており、「大元方勘定目録」の特徴の一つといえる。ただし、実際に十一家で資産を分配するわけではない。

「大元方勘定目録」の構成

例えば、大元方の総資産が額面上最大となる安永三年（一七七四）は次のようになっている。

①の「預り方」は紀州藩《きしゅうはん》への大名貸に対する利子の積立として一万五〇二四両余・銀二貫八七八匁余など、合計銀八万一九八九貫七九六匁余。「貸し方」は大名貸のための京 両替店《きょうりょうがえだな》への貸出として五万六〇九四両余・銀二五八貫目余など、合計

八万二〇六三貫五〇八匁余。ここには大名貸で発生した多額の不良債権も含まれる。「預り方」と「貸し方」を差引して七三貫七一一匁余の繰延銀《くりのべぎん》が生じている。

②の「入方」は各店舗から上納金として三三三両余・銀一〇六貫六六〇匁など、合計銀五三八貫七六匁九分三厘九毛。「払方」は三井同苗《みついどうみょう》の生活費（賄料《まかないりょう》）として二七二両余・銀一六一貫五七八匁余など、合計四六四貫三六五匁余。「入方」と「払方」を差引して七三貫七一一匁余である。①と②の差引は一致する。

③の「元建差引」は前季の総資産五万二五貫七九六匁余と、今季の繰延銀七三貫七一一匁余を合計する。これに不動産八三七二貫二五〇匁を加えた五万八四七一貫七五八匁余（一両＝銀六〇匁で換算して九八万両余）が総資産である。

決算のしくみと利益金の蓄積

三井は呉服部門の本店一巻《ほんだないちまき》と金融部門の両替《りょうがえ》店一巻《だないちまき》に分かれており、それぞれの京都店がそれぞれの部門を管理・運営し、これらを大元方で統轄していた。決算のしくみも、各営業店はそれぞれの部門の京都店に決算帳簿を提出し、京都店でそれらの決算を行って大元方に提出し、大元方は呉服部門と金融部門の決算と自己の収支を含めて総決算を行い、「大元方勘定目録」を作成する形になっていた。

大元方は、各営業店に対して営業利益金を積み立てさせておき、三年ごとに決算して大元方に上納させていた（「三年勘定《さんねんかんじょう》」という）。安永年間以前の大元方は、三年勘定によって各営業店の全利益金を集積していた。

資産の推移

宝永七年（一七一〇）から明治五年（一八七二）までの大元方の総資産の推移をのせた（下図）。大きく三つの時期に区分できる。

①宝永七年から安永三年（一七七四）　最初の急増は大元方成立後、各営業店から利益を集積したことによる。享保三年（一七一八）の金銀の切り換えによって、帳簿上の金額を半分以下に引き下げるが、その後のこぎり刃のように資産が増大している。三年勘定により呉服部門と金融部門の利益金を順調に集積したためである。グラフのピークはすでに書いたように安永三年である。

②安永三年から寛政九年（一七九七）　「安永《あんえい》の持分け《もちわけ》」（→10）で資産を分割し、不良資産を整理した結果、大元方の資産は激減した。残ったのは持ち分け前の二〇％程度である。この期間、呉服部門と金融部門からの上納金は減少し、三年勘定も無くなった。

③寛政九年から明治五年（一八七二）　寛政一致《かんせいいっち》（→10）後、全事業の資産は大元方に再集結した。しかし各営業店からの上納金が定額固定化されるなど、全事業の資産を把握する大元方の機能は大きく後退した。明治初期まで資産額は漸増しているが不良資産も多く含む。高額な現金が必要な時に両替店からの借入金で補うこともあった。

文化年間（一八〇〇年代）以降、三井同苗による外部からの借金が急増し（→21）、大元方は借財の処理に追われた。さらに幕末期の大元方の経営は本店一巻の経営不振や、度重なる御用金（→21）の賦課によってますます困難になっていった。

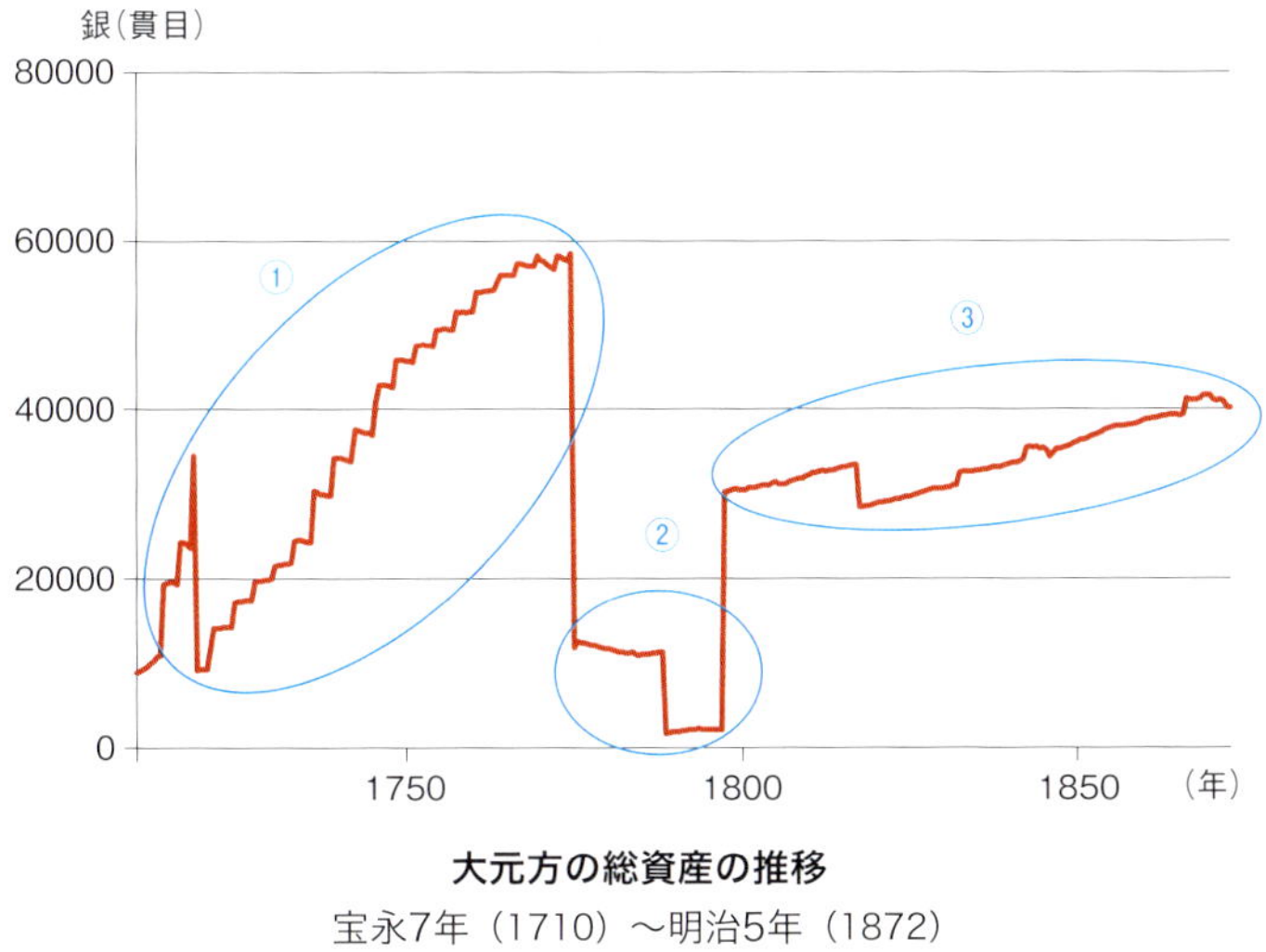

大元方の総資産の推移
宝永7年（1710）～明治5年（1872）

12 呉服店1　事業の構造と推移

江都京都浪花三店絵図（えどきょうとなにわさんたなえず）

京・江戸・大坂の越後屋を描いた掛軸。一幅に一店ずつ描いており、右の軸から京、江戸、大坂である。作者や作成年は不詳だが19世紀前半のものと考えられている。同じ時期の京・江戸・大坂の店を同時に描いた絵画は珍しい。京都の店は統轄店かつ仕入店ゆえに店頭はおとなしく、逆に販売店の江戸・大坂は暖簾《のれん》を出すなど、派手な店構えである。

三都と商品流通

一八世紀に入る頃から、京都・江戸・大坂（三都）に商品が集まるようになっていた。京都は原料や半完成品の集荷地・加工地として、江戸は大都市の消費に応えるための商品の入荷地として、大坂は全国の多種多様な商品の集散地として、全国の流通網の結節点となっていた。

この三都を頂点とする商品流通を支えたのは都市の問屋だった。都市問屋は、生産資金を生産者に貸し付けて商品を生産させ、多くの職人を雇い入れて加工を行わせ、完成品を大都市に送って販売していた。都市問屋は江戸時代の商品流通の要であり、その流通網は全国を覆っていた。

また、あらゆる問屋は同業者の仲間を作っていた。仲間を組んだ問屋は結束して、幕府公認のもと仲間以外の問屋を排除し、仕入・輸送から価格設定にいたるまで商品流通を支配していた。

越後屋の店舗網

三井の呉服部門である三井越後屋（以下、越後屋）は小売店舗として一般に知られているが、絹織物（呉服）を取り扱う呉服問屋でもあった。越後屋では京都にある京本店《きょうほんだな》で絹織物を仕入れて加工を行い、江戸の営業店である江戸本店《えどほんだな》・向店《むこうだな》・芝口店《しばくちだな》と、大坂の大坂本店《おおさかほんだな》に送って販売していた。越後屋の営業店の中でも江戸本店は、敷地面積、売上額、奉公人数等で最大規模を誇っていた。京都には西陣織を京本店に供給する上之店《かみのたな》、紅染加工を担う紅店《べにだな》、御用呉服を扱う勘定場《かんじょうば》があり、江戸には糸物屋である糸見世《いとみせ》などの店舗もあった。これら呉服部門は「本店一巻《ほんだないちまき》」と呼ばれている。江戸・大坂にある「本店《ほんだな》」と呼ばれている店は、各地の営業の中心である本店《ほんてん》ではなく、呉服部門の一営業店なのである。

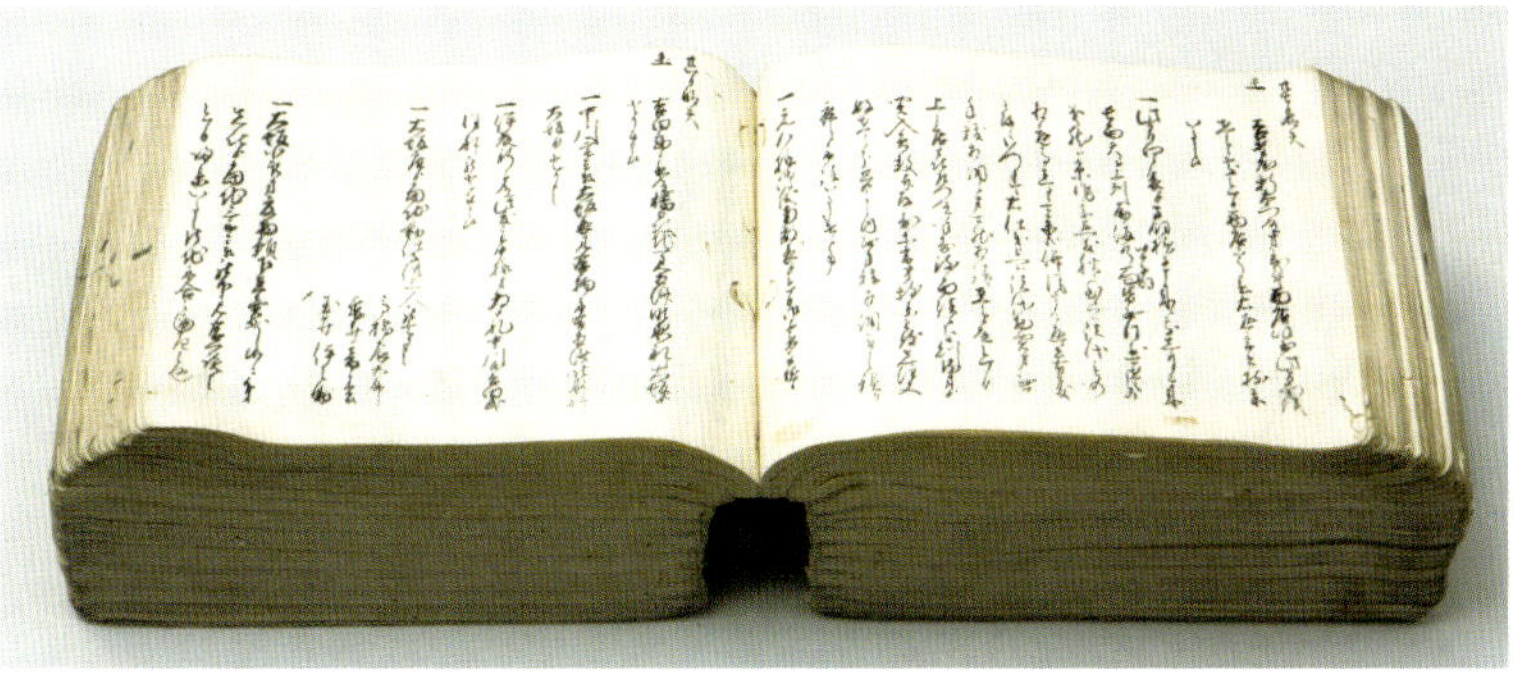

名代言送帳《みょうだいいいおくりちょう》　京本店の重役が記録していた業務日誌の一つ。元文2年（1737）から明治4年（1871）まで約140年の記録が28分冊で残っている。奉公人の動向や、各営業店の経営の状況や火事の罹災状況など様々な内容が日付順に記されている。京本店には「永書《えいしょ》」というシリーズの日誌もあり、これらは呉服部門の動きを追える基礎史料である。

　京本店は仕入を行う店であると同時に、これらの八つにおよぶ店舗の統轄を行っていた。江戸駿河町の江戸本店が越後屋の販売店として広く知られているが、京本店が呉服部門の指揮系統の中心であった。

　越後屋は、京都や江戸で呉服問屋仲間や木綿問屋仲間に加入していた。ここには大丸《だいまる》、恵比須屋《えびすや》、白木屋《しろきや》なども加わっていた（→14）。

越後屋の売上

　ここで、呉服店である越後屋ならではの記録として呉服部門全体の売上額をみてみよう。享保十四年（一七二九）から文久元年（一八六一）まで、約一三〇年にわたる商品売上額をまとめた（下図）。大きく二つの特徴を抜き出した。

　①呉服部門の売上額が増加する。延享二年（一七四五）は幕末のインフレ期を除いて、越後屋の売上額のピークだといわれている。たとえば江戸本店の売上額は銀一万三八〇〇貫目で、全期間を通じて最高値である。江戸向店や大坂本店の売上額も多い。越後屋の長い歴史の中で、比較的早い段階で最高潮に達していた。これは元文年間の貨《か》幣改鋳《へいかいちゅう》（→18）の物価上昇に乗じ、大安売りを宣伝して大きな収益をあげたことなどによる。

　これ以降、売上額は減少するものの、天保年間（一八三〇年代）までは横ばいを続けている。

　②売上額が落ち込んでいる。これは天保の改革の奢侈《しゃし》禁止令によって豪華な呉服の売れ行きが低迷したことなどによる。

　この後、幕末のインフレで額面上の売上額は激増するが、実質をともなわないものであった。

　なお支出についてみてみると、①の時期以降、掛《かけ》売《うり》（ツケ）の増加で未回収金が累積し、火事で何度も店舗を焼失し（→21）、莫大な再建費がかかるなど、越後屋は経営難に陥っていた。特に②の天保年間以降の越後屋は苦難の時代であった。

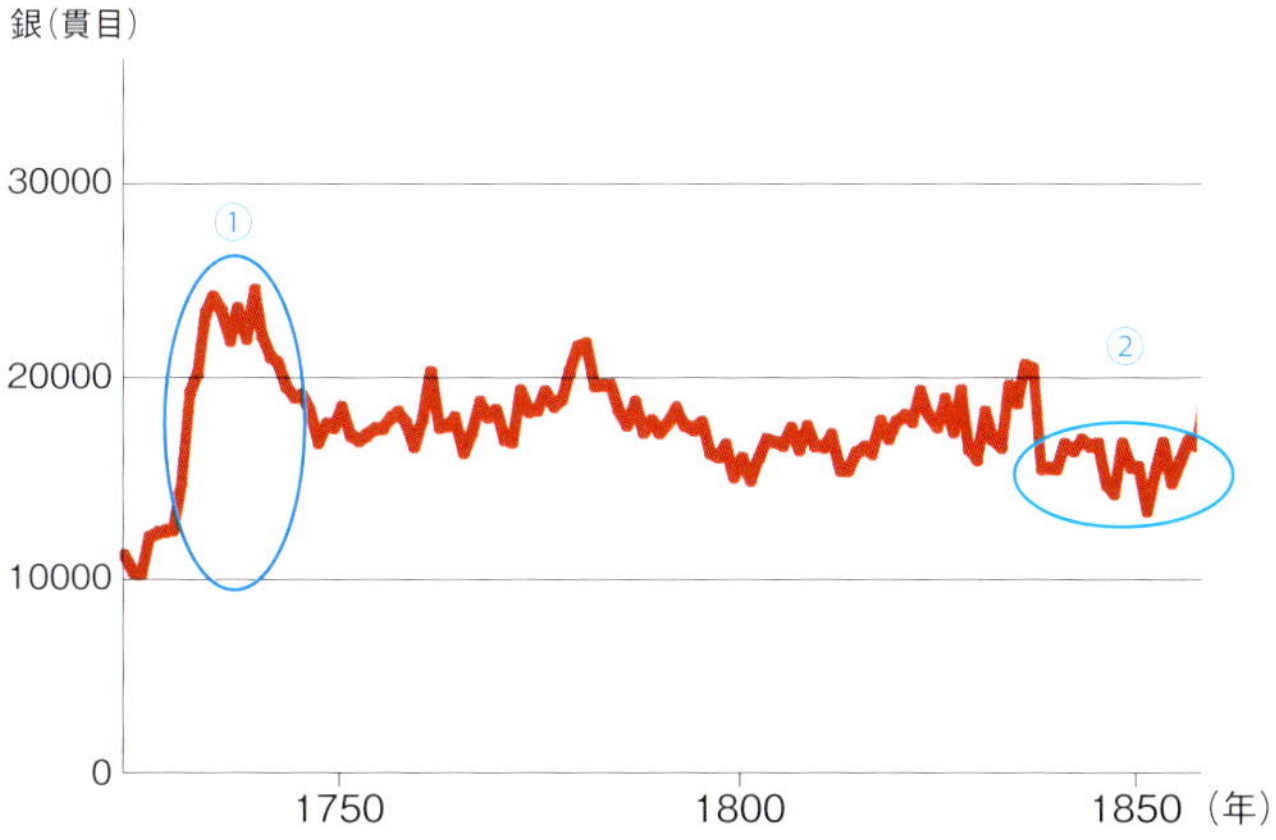

本店一巻の売上額
享保14年（1729）～文久元年（1861）

13 呉服店2 「店前売」と巨大店舗

浮絵駿河町呉服屋図（うきえするがちょうごふくやず）（部分）

越後屋の江戸本店《えどほんだな》の店内の様子を描いた絵画。作者は歌川豊春である。遠近法を用いており、また天井も高く描くことで、広い店内を見事に表現している。江戸本店の「東見世《ひがしみせ》」という売場《うりば》を東側から西側に向けて見ている。店内には複数の売場があり、各売場に担当奉公人を配置していた。売場の天井には売場担当者の名前を記した札を下げていた。この絵にも、天井から吊された衣類の見本や、部署の名前を記載した札が描かれている。男女を問わず店内に客が上がり、あちこちにある売場で手代が商談や品定めに応じ、子供がお茶出しや商品の出し入れに駆け回っている様子がみてとれ、江戸本店の賑わいをうかがい知ることができる。

「店前売」の徹底

三井の呉服部門である三井越後屋（以下、越後屋）では、「現金掛け値《げんきんかけね》なし」の商法（→04）と「店《たな》前売《さきうり》」をモットーに商売をしていた。店前売とは店頭販売のことで、現金売を原則としていた。一方、江戸時代の一般的な取引は掛売（ツケ）だった。これは踏み倒しのリスクがあり、越後屋では避けたい商売だったが、近世では一般的な商売慣行ゆえに掛売での販売も少なくなかった。

たとえば、寛政年間（一七九〇年代）の越後屋では「店前売」の割合が大きく落ち込み、大きな問題になっていた。京本店《きょうほんだな》は改革案を提示したり、江戸の重役らと書状のやりとりをしたり、江戸の重役が上京して協議したりしている。越後屋は「店前売」を中心とした販売に重点をおくために、絶え間ない努力を続けていた。

売場と売場数

「店前売」の最前線は各店舗の中に設置してある接客空間であり、これを売場《うりば》といった。売場は一軒二軒と数えていた。各売場には仕切られた物理的な施設があるわけではないが、それぞれに担当の手代《てだい》（→19）が配属され、売場の手代は競いながら「店前売」に励んでいた。たとえば江戸本店《えどほんだな》には「本見世《ほんみせ》」や「東見世《ひがしみせ》」といったブロックがあり、それぞれに複数の売場があった（左図）。元禄三年（一七三六）段階で一二軒の売場があり、明和三年（一七六六）には二九軒あった。これが確認できる売場の最大数である。売場数は増減するが、江戸本店には概ね二〇軒以上あった。

売場と接客

越後屋では様々な規則が作られている（→20）。たとえば、子供に対して、客にはすぐにたばこを出し火入や茶を用意すること、客の目の前には立たないこと、売場担当者の側に付き従い万引に注意を払うこと、手すきのときは売場で行儀良く待機することなどを定めたものもある。これらの規則は定期的に手代に読み聞かせられていた。一方で、越後屋の店舗改革を行う際、しばしば店内で接客する手代の態度も問題となっている。

様々な部署

店内には売場だけでなく、得意先回りをする屋《や》敷方《しきかた》、事務を行う売帳場《うりちょうば》や勘定場《かんじょうば》、加工等を行う誂方《あつらえかた》など、営業に関する部署があった。店には手代を賄う巨大な台所もあり、大量の商品や記録類を収める土蔵も隣接していた。店の二階には通りに面して広大な廊下があった。ほかにも重役や三井同苗《みついどうみょう》が江戸に出向いた際に使う部屋、商談や会議で使うであろう部屋などもあった。

巨大店舗

これら多数の売場や部署を抱えていた越後屋の店舗は極めて巨大であった。一般的な商家の間口《まぐち》が二、三間《けん》（約四〜六メートル）程度ともいわれているが、江戸本店の場合、間口は最大規模で東西三六間（約六五メートル）あった。江戸で間口が三〇間を超える呉服店は、越後屋江戸本店以外に大《だい》丸《まる》や岩城枡屋《いわきますや》などわずかであった。一九世紀の狂詩《きょうし》集である『江戸名物詩初篇《えどめいぶつししょへん》』に「両側一町、三井が店《たな》、小僧判取り、帳場遥なり」という詩がある。前半では江戸本店と対面の向店《むこうだな》とをあわせた駿河町の越後屋の威容を詠み、後半では、判取《はんと》り（金品を授受した証として証印をもらうために歩きまわること）の小僧の向から帳場は遥か遠くにみえると表現して、広大な店内を描いている。越後屋に代表される巨大な呉服店は、江戸や大坂といった巨大都市の象徴的存在であった。

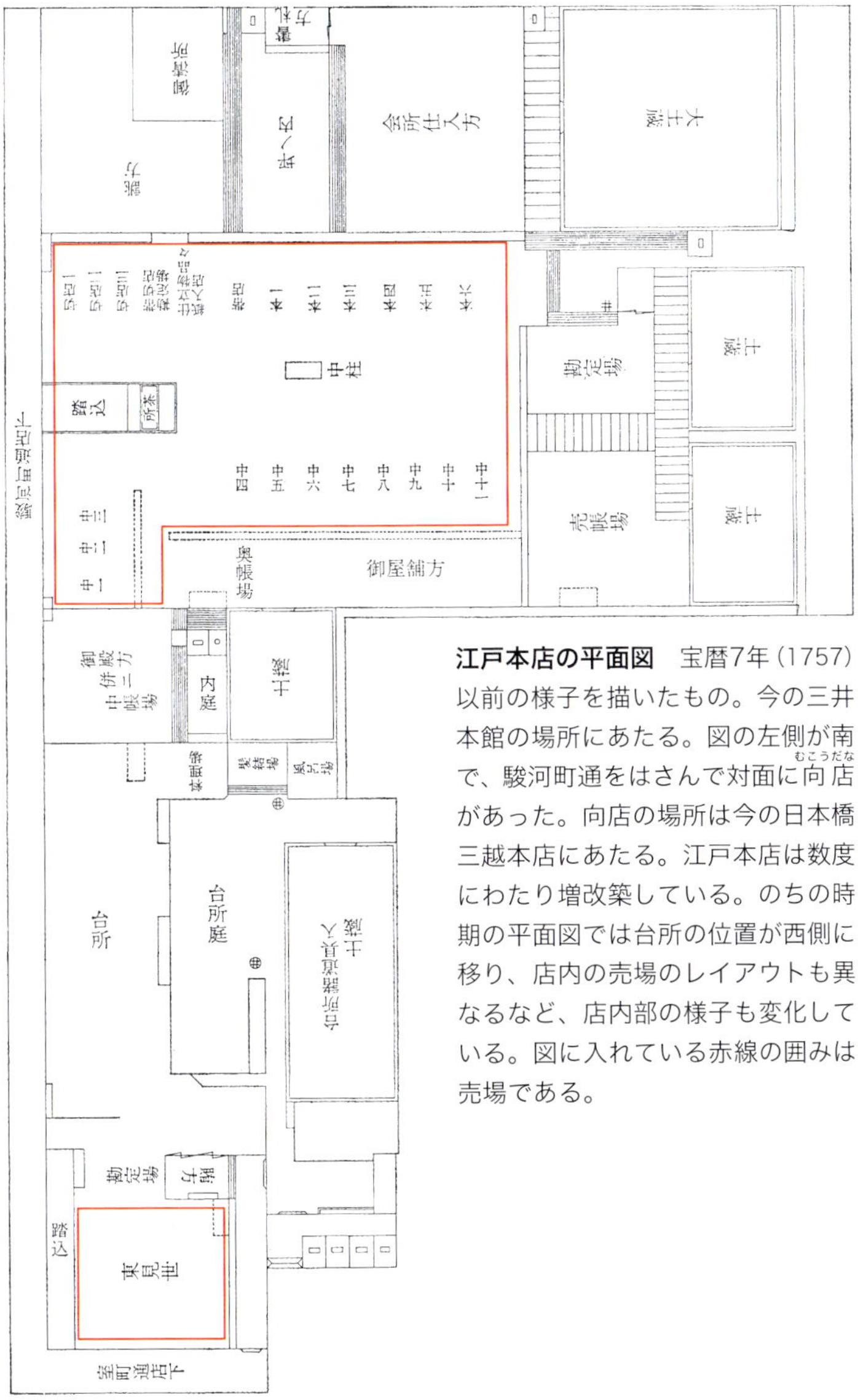

江戸本店の平面図 宝暦7年（1757）以前の様子を描いたもの。今の三井本館の場所にあたる。図の左側が南で、駿河町通をはさんで対面に向店《むこうだな》があった。向店の場所は今の日本橋三越本店にあたる。江戸本店は数度にわたり増改築している。のちの時期の平面図では台所の位置が西側に移り、店内の売場のレイアウトも異なるなど、店内部の様子も変化している。図に入れている赤線の囲みは売場である。

14 呉服店3 競争と販売

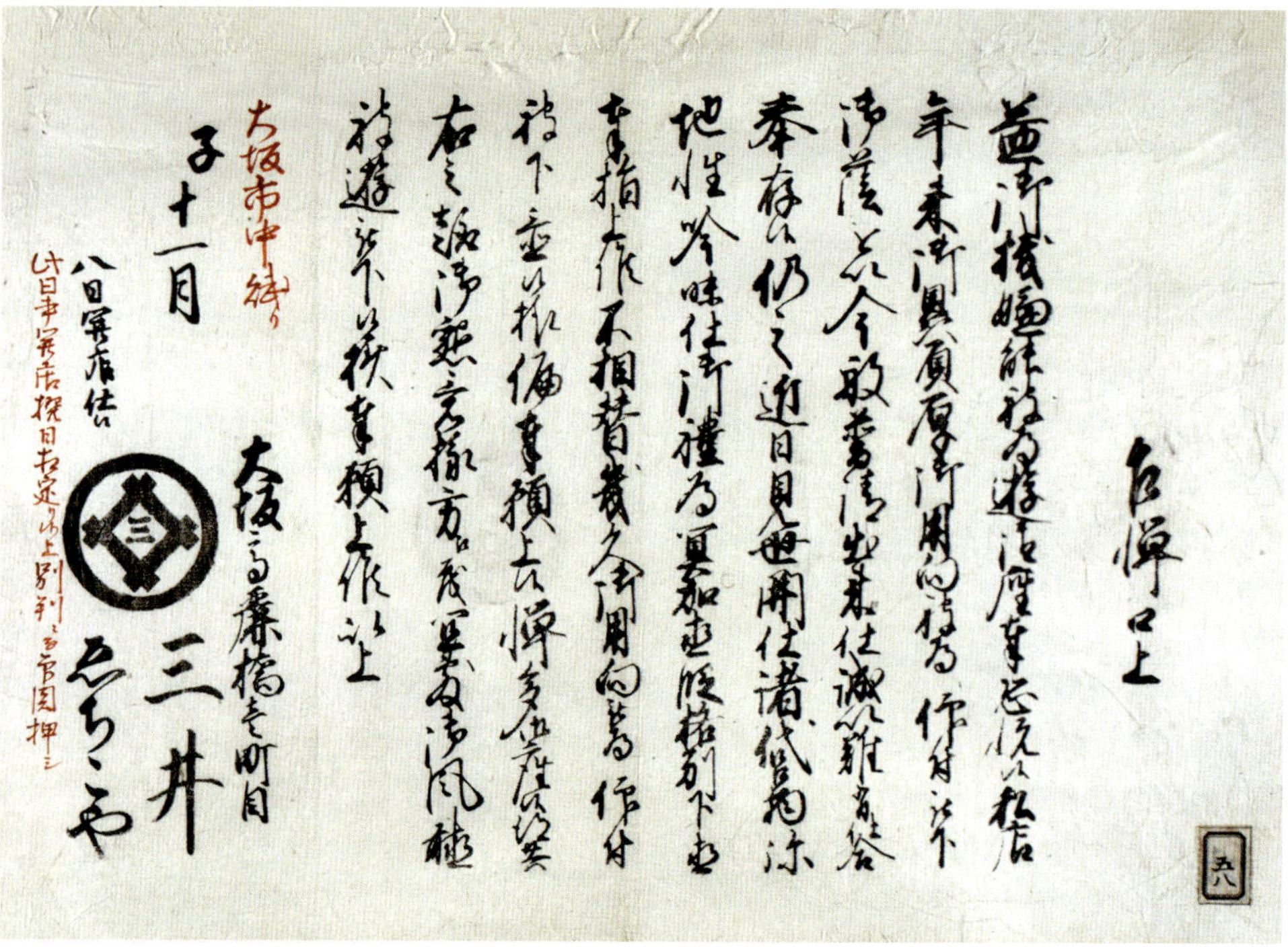

大坂本店見世開配札（おおさかほんだなみせびらきくばりふだ）

配札は一般的には引札《ひきふだ》と呼ばれており、現在の宣伝広告（チラシ）にあたる。天保8年（1837）2月19日、大坂高麗橋一丁目にあった大坂本店は大塩平八郎の乱で焼失した。大坂本店ではすぐに仮の小家を建てて翌月8日には営業を再開。天保11年7月には新しい建物も概ね完成し、11月8日に大々的に店開き（開店セール）を挙行した。この引札はその際発行されたものである。約70万枚の引札を刷り、うち12万枚余を大坂市中の裏屋《うらや》にいたるまで手代が配って回り、大坂以外の遠隔地にも船乗りに渡すなどして配ったという。大坂市外への配布は見世開の後に配布したのか、若干文言を変えたものを用意している。天和3年（1683）の駿河町移転（→03）の際にも引札を配ったというが、江戸・大坂を問わず、越後屋では店開きや大安売りを行う際には引札を刷って大量に配っていたのである。

史料の読み

乍憚口上

益御機嫌能被為遊御座奉恐悦候、私店年来御贔屓厚御用向被為仰付被下、御蔭を以今般普請出来仕、誠以難有仕合奉存候、仍之近日見世開仕諸代呂物弥地性吟味仕、御礼為冥加直段格別下直奉指上候、不相替幾久御用向被為仰付被下置候様、偏奉願上候、憚多御座候得共、右之趣御懇意様方江茂宜敷御風聴被遊被下候様奉願上候、以上

（朱書）「大坂市中賦り」

子十一月　　大坂高麗橋壱町目

（丸に井桁三　印）　三井

えちこや

八日開店仕候

（朱書）「此日本開店撰日相定り候上、別判ニ而印目押シ」

記事について

この引札では、挨拶文のあとに、おかげさまで店を再建したこと、近日中に店開きをして、商品も品質を吟味して格別安く提供すること、これからも今まで通りご用命を請うこと、店開きを懇意の方々にも知らせてほしいことを記し、最後に開店日を記載している。

朱書きの部分から、この引札にはもともと開店日を記載しておらず、事前に刷っておいて、開店日が決まり次第、日取りを押印するようにしていたことがわかる。

越後屋の宣伝

三井の呉服部門である越後屋（以下、越後屋）の

モットーである「店前売《たなさきうり》」と「現金掛《げんきんか》け値《ね》なし」の商法を繁昌させるためには、店頭への来客を増やす必要があった。越後屋では客を呼び込む宣伝手段のひとつとして引札を利用している。また、越後屋は暖簾印《のれんじるし》と番号の入った傘を客に貸し出していたという。「俄雨ふるまい傘を三井出し」などと詠まれたように、川柳などを通じて越後屋の貸傘のエピソードも流布していた。奉公人は暖簾印の入った風呂敷を背負って屋敷回りをしていたらしく、いくつかの絵画にも描かれている（左図）。立派な店構えを描いた錦絵も多数作られている。傘や風呂敷はそれ自体宣伝広告のようなものだが、それを描いた小説・川柳・絵画もまた宣伝の一種となっていた。

暖簾印入の風呂敷を担いだ奉公人（左下）『画本東都遊《えほんあずまあそび》』巻二に収録。享和2年（1802）、葛飾北斎画。三囲《みめぐり》神社の挿絵の中に描かれている。三囲神社は向島《むこうじま》（現墨田区）にある神社で、三井との縁も深い。

「店前売」のライバルたち

江戸時代の後半になると、他の呉服店も「現金掛け値なし」の商法と「店前売」の販売スタイルに追随していた。左下図にあるように、江戸では①大丸《だいまる》、②白木屋《しろきや》、③布袋屋《ほていや》、④亀屋《かめや》、⑤恵比須屋《えびすや》、⑥岩城枡屋《いわきますや》、⑦いとう松坂屋《まつざかや》など、多くの巨大な呉服店が「店前売」にしのぎを削っていた。

激しい競争

越後屋の歴史は他店との競争の歴史でもあった。早くも宝永年間（一七〇〇年代）には、大黒屋《だいこくや》と安売り競争に突入。この時は、越後屋が薄利多売に徹して大黒屋を圧倒した。宝暦年間（一七五〇年代）には尾張町《おわりちょう》（現銀座六丁目付近）にある恵比須屋・亀屋の新装開店をきっかけに越後屋と安売り競争となり、越後屋は芝口《しばくち》（現新橋一丁目付近）に芝口店《しばくちだな》を設けて対応し、この状況を切り抜けた。そして寛政年間には、奢侈《しゃし》禁止令をきっかけに通旅籠町《とおりはたごちょう》（現大伝馬町一〇丁目付近）の大丸が木綿の店前売を積極的に進め、越後屋をはじめとする他の呉服店の脅威となった。折しも、越後屋は経営不振の時期であり、店の経営改革にも乗り出さざるを得なくなった。このように、越後屋は他の呉服店との激しい競争にさらされていたのであり、様々な工夫をこらして来客を増やそうとしていたのである。

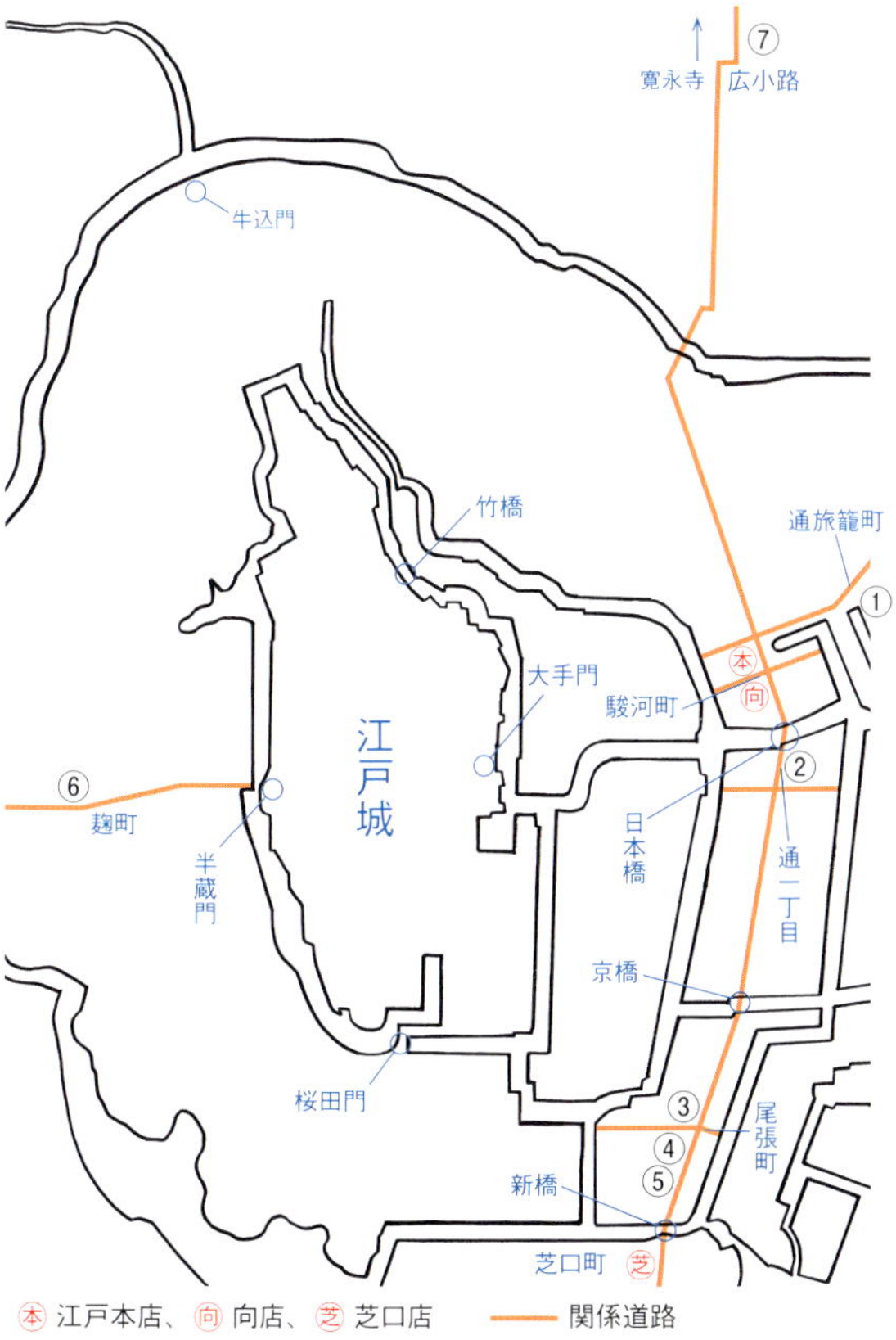

江戸の呉服店略地図

15
呉服店4　商品仕入の多様化

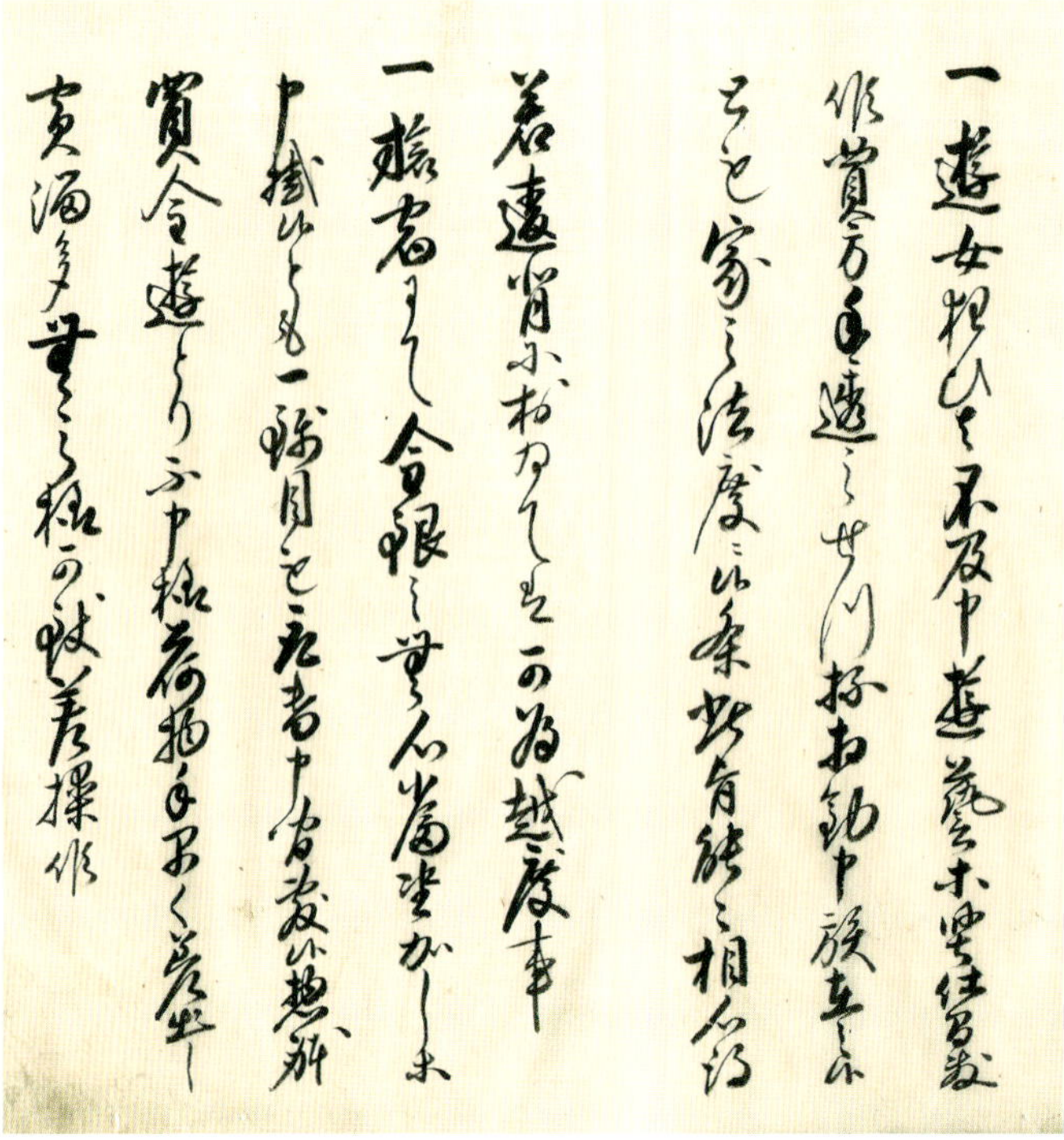

八王子買方式目（はちおうじかいかたしきもく）（部分）
買方式目とは、現地に仕入に赴く手代《てだい》への注意事項を記したものであり、八王子買方式目は絹市のある八王子での絹織物仕入に関する規則である。越後屋では、寛政4年（1792）に八王子に仕入拠点（買宿《かいやど》）を置いて、織物の直接仕入を開始した。この史料もその前後に作成されたものと思われる。このような規則は多数作られており、武蔵では八王子と同じように青梅での仕入規則があり、他にも上野《こうずけ》、伯耆、近江などの規則類がある。

史料の読み

一遊女狂ひ者不及申、遊芸等堅仕間敷候、買方手透之せつ抔相勧申族在之候とも家之法度ニ候条、此旨能々相心得、若違背におゐては可為越度事
一旅宿にて金銀之無心当坐かし等申掛候とも、一銭目も取替申間敷候、惣躰買金遊とり不申様荷物手早く差出し、買溜多無之様可致差操候

記事について

八王子買方式目は全一六ヶ条あり、ここには三、四ヶ条目を載せた。三ヶ条目では遊女狂いはもちろん、遊芸も厳禁とすること、四ヶ条目では仕入金を他の目的に使わないことなどを定めており、手代としての心構えが書かれている。
本冊子の末尾には、歴代の担当手代の署名と派遣された年月日も記載されている。寛政五年（一七九五）から明治三年（一八七〇）まで延べ一〇〇人余が八王子で活動していたことが確認できる。

産地の拡大

江戸時代の初期には京都に集中していた西陣物などの高等技術は、中頃以降になると地方に伝わり、丹後や加賀、上野《こうずけ》（以下、上州）や武蔵などの関東各地でも絹織物を作れるようになった。また、木綿は江戸時代の前半から、伊勢松坂や河内・和泉で織られていたが、綿作地域が各地に広がるにつれて、その周辺でも木綿織りが盛んになった。

「店前売」と仕入

三井の呉服部門である三井越後屋（以下、越後屋）では、産地が広がるにつれ、西陣物などの高級品のみならず、地方で生産される絹織物や、より安価な木綿も大量に仕入れるようになる。例えば、加賀・丹後・越後・上州桐生・武蔵などで織られた絹織物、伊勢松坂・河内・播磨・尾張・三河・伯耆・出雲などの木綿、近江の布などである（右下図）。特に伯耆の木綿は他の問屋に先んじて仕入を始め、店内でも尾州《びしゅう》木綿と称して産地の存在を秘匿していた。これらの仕入は京本店《きょうほんだな》の担当だが、関東の絹織物・木綿類は江戸《えど》向店《むこうだな》（左下図）が仕入と販売を行っていた。

縞見本《しまみほん》 生産者が自身の織った縞柄の木綿を記録として残したもの。これは松坂木綿の見本である。この縞見本は文化《ぶんか》3年（1806）から作られたもので、三井文庫で昭和6年（1931）に受け入れたものである。

現地の仕入拠点

越後屋の「店前売《たなさきうり》」と「現金《げんきん》掛《か》け値《ね》なし」の商法は、安価で仕入れた商品を薄利多売でさばくことで成し遂げられる。そのためには生産地や都市の問屋・仲買などの仲介業者を経ない仕入ルートを確保することが重要で、生産地からの商品の直接仕入を強化していた。

越後屋は、生産地での直接仕入の一つの手段として、現地に仕入拠点である「買宿《かいやど》」を置いた。これには現地の問屋・仲買・有力商人を任命していた。買宿には仕入資金を前貸しし、注文を送って商品を仕入れさせ、越後屋の江戸や大坂の営業店に送らせた。越後屋は買宿に対して、仕入れた荷物量に応じて手数料を支払っていた。現地の生産状況や価格などの情報を越後屋に伝えることも買宿の重要な任務だった。

越後屋の買宿は越後の十日町、信濃の上田や中野、上州の藤岡・桐生、武蔵の青梅《おうめ》・八王子、伯耆、出雲など重要な仕入地に多数置かれた。

こうした仕入地の内、上州藤岡の諏訪神社には、仕入にあたった手代の名前で寄進した石燈籠や、越後屋が資金を出したと伝えられている神輿が残っている。越後屋は生産地と密接な関係を築きながら、良質かつ安価な商品を大量に仕入れるための努力をしていたのである。

向店絵入木塗酒盃《むこうだなえいりきぬりしゅはい》 江戸の仕入店でもあった江戸向店を描いた酒盃。向店は現在の日本橋三越本館の位置に建っていた。対面の江戸本店とセットで描かれることが多く、向店のみを描いた絵は珍しい。

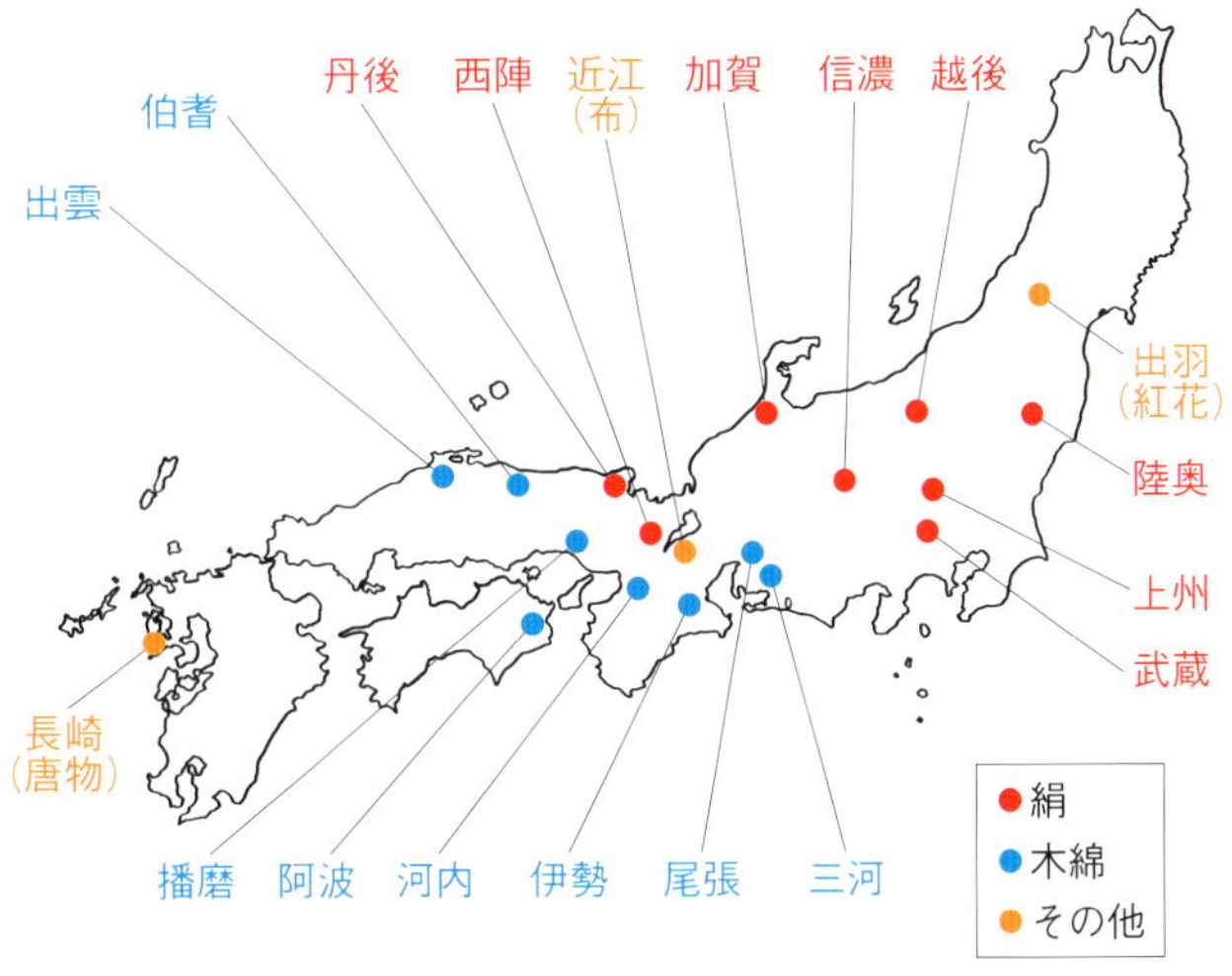

越後屋の主要な仕入地と仕入品

16 両替店1

両替業と御用

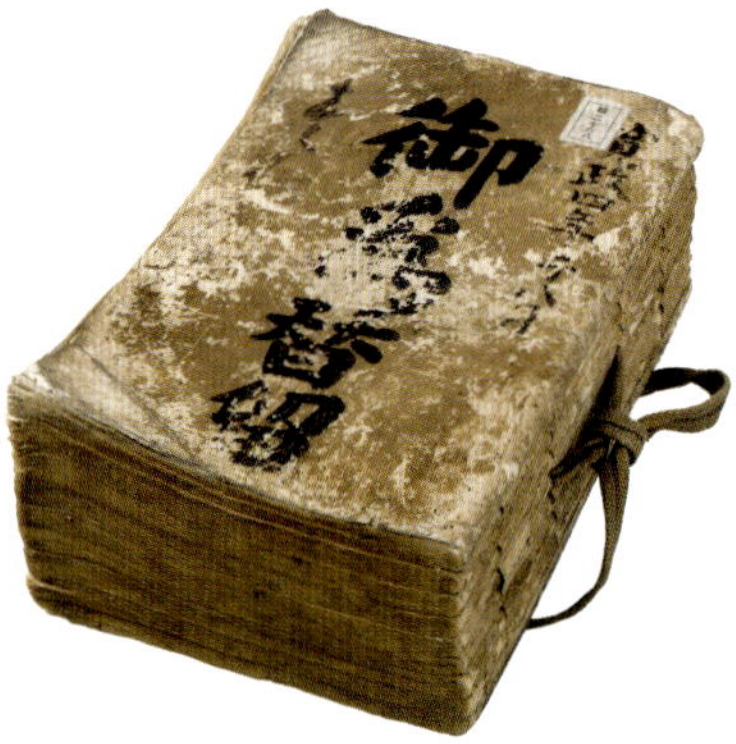

御為替留（おかわせどめ）

京両替店で永久保存に指定されていた帳簿。金融部門である「両替店一巻《りょうがえだないちまき》」の中心である同店で、一巻が請け負った幕府の為替送金を、一口ごとに記録したもの。

厚手の紙を用い、綴葉装《てっちょうそう》という近世の史料では珍しい装丁で、きわめて堅牢に作られている。

寛政4年（1792）から作られた、比較的あたらしい帳簿。それまでは「押切帳《おしきりちょう》」という、より広汎な内容をもつ台帳に記録していたが、幕府の御用については独立させ、この帳簿に記載するように改められた。

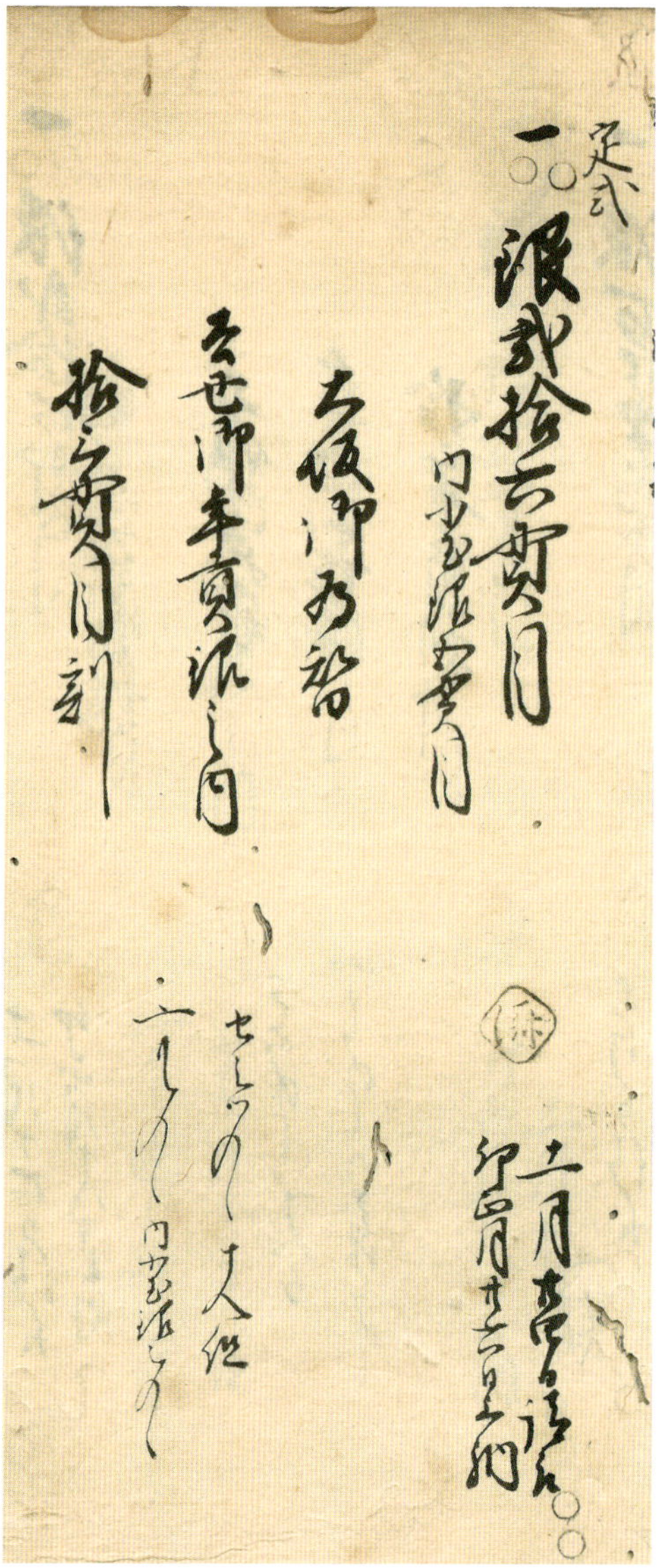

史料の読み

定式
一○○銀弐拾六貫目
　内小玉銀五貫目
　大坂御為替
　去丑御年貢銀之内
　拾三貫目割

済

十一月廿四日請取○○
卯正月廿六日上納

セシツ〆、十人組
〆サシ〆、内小玉銀シ〆、

記事について

幕府の御為替御用《おかわせごよう》の例である。上段右から、まず「定式」は定例であることを示す。続いて銀二六貫目（金で約四三三両）という額と、小玉銀という貨幣の量の注記。「大坂御為替」は、「大坂御金蔵銀御為替《ごきんぞうぎんおかわせ》」のこと。次に前年の年貢米を換金した銀であること。上段の最後は、大坂両替店がうけとった全額の半分を、京両替店が分担する意。下段に移り、「済」印は処理済を示す。日付は、大坂金蔵でうけとった日と、江戸金蔵に上納した日。最後に符丁（↓19）で、同じ御用を担う両替商「十人組」の分担額と、合計額を記す。

年貢米は幕府の主な財源であり、この御為替は三井両替店の幕府御用の根幹であった。

「両替店一巻」

衣料販売を主とする「本店一巻《ほんだないちまき》」（越後屋、↓12）に対し、融資や為替など、金融業を主とするのが「両替店一巻《りょうがえだないちまき》」（三井両替店）である。三都に両替店があり、それぞれの地の幕府機関と深く結びつきながら、連携して御用や取引をおこなっていた。他に、糸絹を扱う問屋であった京糸店《いとだな》・京間之町《あいのまち》店も、経理上の都合から、この一巻に属した。

両替商とは

近世の日本では、金・銀・銅銭の三種の貨幣が併存し、交換比率は不定で、これらを両替する両替商が必要とされた。なかでも高額貨幣の金銀（江戸では金、京・大坂では銀が好まれた）を扱う三井などの「本両替《ほんりょうがえ》」は、巨額の資金を動かす大商人であった。大都市の両替商は、単に通貨を両替するのみでなく、金融機能によって近世社会を支えていた。全国の物資を集荷・販売していた大坂の問屋商人は、両替商が融資した資金を生産地へ前貸しし、安定した集荷を実現していた。さらに、両替商が出すさまざま手形は、彼らの信用を背景に、現金銀にかわる決済手段としても用いられた。また大名たちは、大坂の両替商から融資（「大名貸《だいみょうがし》」）をうけて日々の支払いをし、領民から税（主に農産物）を取り立てて精算するのが常態であった。こうした両替商の機能は、全国規模の市場と領主財政の成立、発展、維持に大きく寄与したとされる。

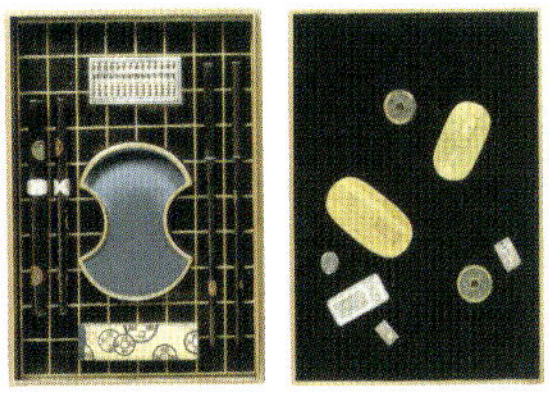

両替年代記と冊子型硯箱　「両替年代記」は、三井もその一員であった、江戸本両替仲間の記録。昭和七年（一九三二）・翌八年、三井高棟《たかみね》（→38）三男・高維《たかすみ》は旧三井文庫の協力のもと、この史料を活字出版し、合わせて著名な漆器商の象彦に発注し、記念の硯箱を作った。近代に銀行を事業の一つの柱とした三井が、近世の両替業をルーツとして重んじたことが窺える。

天秤《てんびん》・分銅（右）、銭枡《ぜにます》（左）　近世の銀貨は、重さで額面が決まる秤量貨幣が主であり、両替には天秤と分銅が不可欠であった。銭升は、大量の貨幣を効率よく数えるための器具。

「大坂御金蔵銀御為替」

さらに三井らが担った御用（下図）も大きな意味をもった。物資の集積地である大坂と、最大の消費地である江戸の間には、逆方向の二つの大きな送金の流れが存在した。江戸の問屋商人は、さまざまな物資の購入代金を大坂の問屋商人に支払う。逆に、幕府や大名は、領地で取り立てた年貢米などの農産物を大坂で換金した代金を、江戸へ送金する。三井などの両替商が、この両者をともに扱って相殺し、現金銀を運ぶ手間を省き、都市間の資金循環をスムーズにしていた。

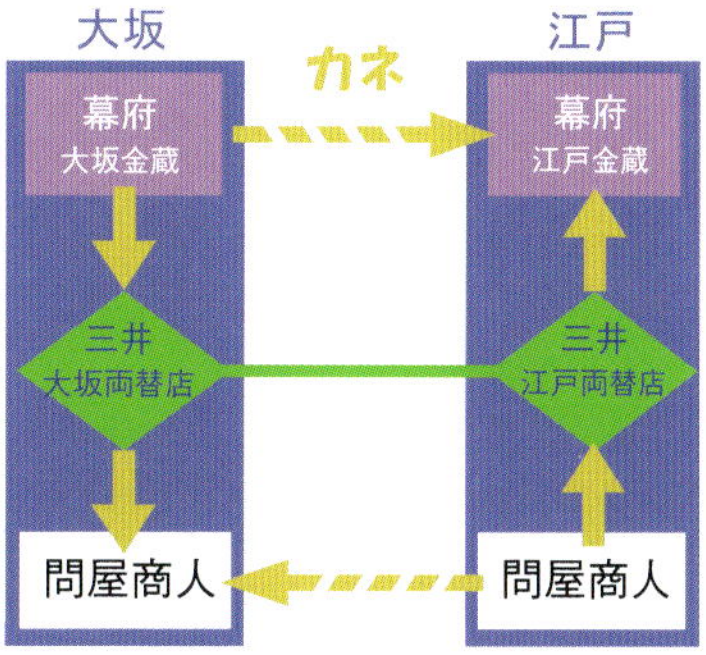

御為替御用のしくみ　最も重要な御用である大坂—江戸間の場合。遠隔地間の送金（破線矢印）は相殺され、現金銀の授受（実線矢印）は都市内で済む。

さまざまな御用

三井両替店は他にも、大津などから江戸への為替御用や、公金を預り細かな支払いを代行する請《うけ》払《はらい》御用、公金を預かって運用する公金貸付、貨幣が鋳造しなおされた際の交換業務（→18）など、多種多様な幕府や大名の御用をつとめた。

こうして三井両替店は、近世の経済・流通、幕府・大名財政の存立に、きわめて重要な役割を果たし、またそこから安定した利益をあげていた。

17

両替店2　事業の構造と推移

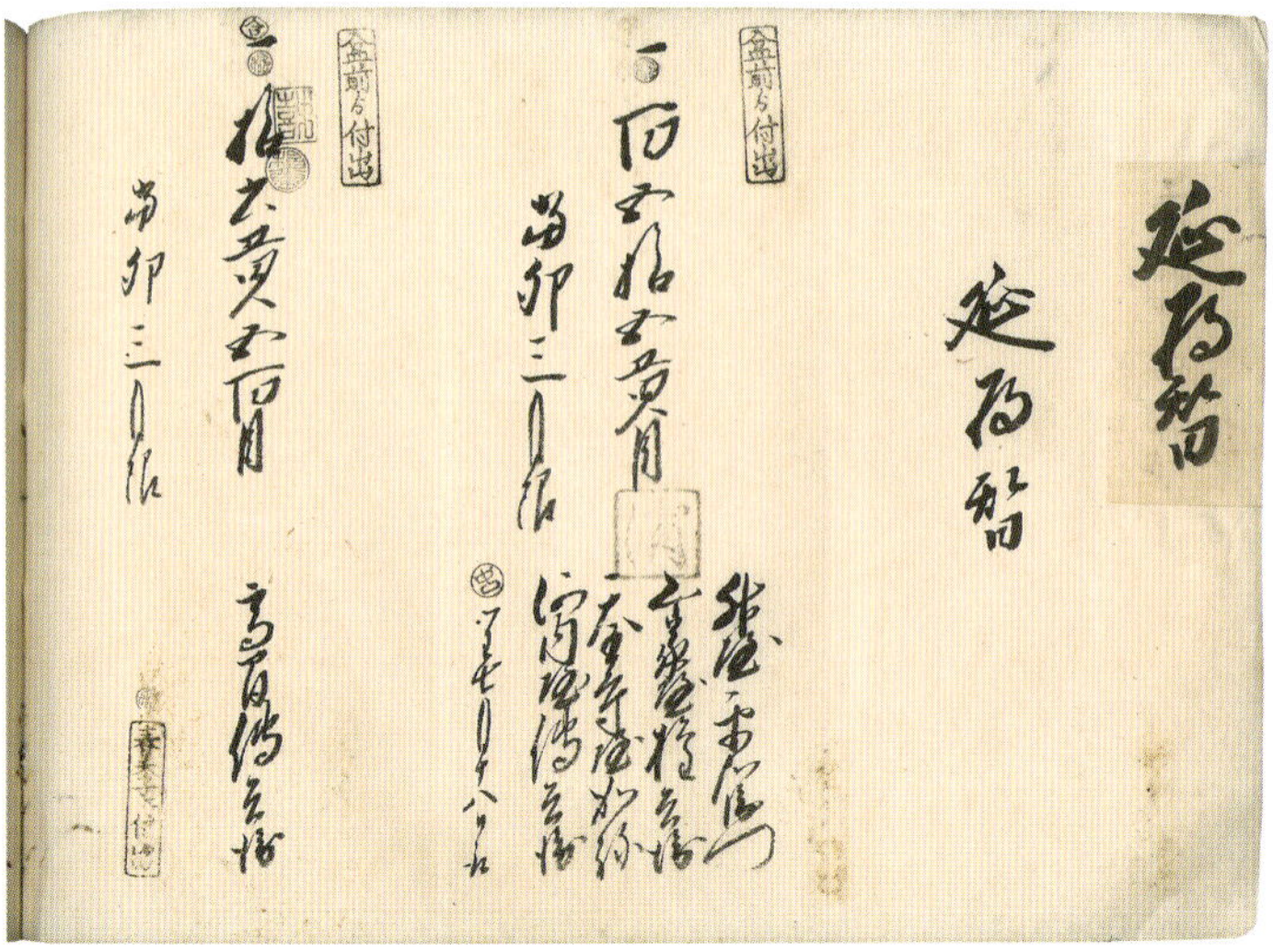

大福帳（だいふくちょう）

同じ名称は、近世の商家でよく用いられたが、ここに紹介する三井両替店の帳簿は、勘定科目ごとに、全取引を記したものである。現在の会計帳簿でいえば、総勘定元帳に近いといわれる。これと対になるものとして「出入《でいり》帳《ちょう》」があり、こちらは現在の仕訳帳に近いといわれる。

各店舗で半期に1冊作成され、京のものが39冊、大坂のものが160冊、江戸のものが1冊、現存する。他にも会計書類や補助帳簿類が多数存在し、精緻な管理がなされていた。

三井の史料の中でも大部なもので、特に維新期の京両替店の大福帳には、実に厚さ40 cmを越える冊もある。左の図版に挙げたのは、左・右・下、それぞれで1冊である。

記事を引用したのは、18世紀におけるピークを迎えつつあった宝暦9年（1759）下半期に、大坂両替店が作成した冊。同店で永久保存すべき帳簿に指定されていた。

史料の読み

延為替

盆前より付出

一㊞百五拾五貫目　消

当卯三月限

升屋平右衛門

山家屋権兵衛

天王寺屋かね

河内屋伝兵衛

㊞閏七月十八日取

盆前より付出

印 ㊞

㊞一㊞拾六貫五百目

当卯三月限

高間伝兵衛

㊞春季ニ付出

記事について

勘定科目のうち、主力事業であった「延為替《のべかわせ》」（後述）を記載した部分の、最初の頁。取引先二口が記載されている。一口目は名高い大坂堂島の米問屋・升屋《ますや》平右衛門らへ、二口目は、かつて江戸初の打ち毀し（↓21）の対象となったことで知られる米穀商・高間《たかま》伝兵衛への貸付である。

ともに盆前（前の半期）から継続することを示す印がおされ、返済期限はこの年三月とある。一口目は、閏七月に返済されたと記され、消印が押される。二口目は、当半期では返済がなく、春季（次の半期）の冊に転記したことが、印で示されている。他にも様々な印が押されており、経理処理や監査が何度も行われたことがわかる。

両替店一巻の事業内容

金融部門である両替店《りょうがえだな》一巻《いちまき》の最大の事業は、大坂で預かった幕府公金を、商人に融資することであった。建前では、大坂で預かった幕府公金を原資に、「延為替《のべかわせ》」を組むことになっていた。つまり、江戸の商人から支払いをうける京・大坂の商人にその金額を支払い、一定期限後に江戸の商人からそれを取り立て、その金を幕府へ納める公金に当てる仕組みだった（→16）。しかし一八世紀になると、実質的には為替と無関係な貸付をおこなうようになった。右の名目のもと、預かった額を上回る多額の自己資金を、上方商人や畿内の郷村へ高利で貸し付けたのである。ただし書類上はあくまで幕府の公金で、取り立てには手厚い司法の保護があり（右下図）、三井に非常に有利であった。

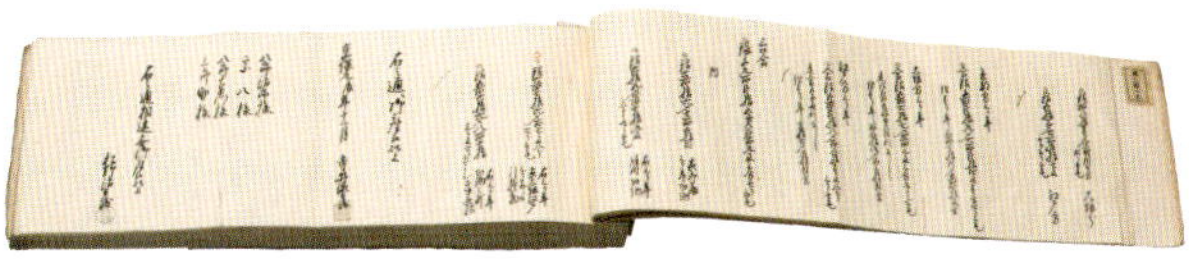

大録　京両替店の決算書類。統轄機関・大元方へ提出された。

江戸両替店では、幕府勘定所などの公金を預かり、その運用の名目で多額の融資を行った。

次いで、不動産を担保にとる融資（「家質貸《かじちがし》」という）が、大きな収益を上げた。大坂商人の多くは家屋敷を抵当に資金を借りて営業していたといい、これも近世経済を支える事業であった。

巨額の資金を運用する方法として一般に行われていた大名への貸付（「大名貸《だいみょうがし》」）は、利益率はまずまずであったが、三井では踏み倒されるリスクを警戒して、あまり好まれなかった（→09）。若干の例外（→18）を除き、直接の融資は避け、大名の代理の商人へ、上記の「延為替」や「家質貸」として貸すなど、リスク回避に努めていた。

また公金を預る担保として都市の不動産（「町屋敷」）を保有していた。町屋敷や農村を質流れで入手することもあり、安永三年（一七七四）からはその経営も両替店一巻でおこなった。

裁許帳　京両替店が関わった訴訟の記録。融資には返済の滞り、訴訟がつきものであったが、三井の「延為替」は保護を受けていた。書類上はあくまで、幕府の御用として為替を組むために公金を動かす、という形式になっていたからである。

業績の推移

両替店一巻の会計書類は豊富に残っており（上図）、経営が詳しくわかる。およその業績の推移を、純益金（「延金《のべきん》」という）からみてみよう（下図）。

① 享保期の不況から、元文元年（一七三六）の貨幣改鋳（→18）を期に、利益が急増。元文五年（一七四〇）に最初のピークを迎える。

② 宝暦十年（一七六〇）の第二のピーク後、明和期（六〇年代後半）から急激に悪化。紀州徳川家の御用金（→21）のため、優良な融資先からも資金を引き上げたことが大きかったとみられる。

③ その後は三都で新たな融資先の開拓につとめ、やや低調ながら右肩上がりであったが、天保九年（一八三八）のピーク後の同十三年、幕府の天保改革による大不況のため、業績が急激に悪化した。その後は好転し、銀相場の下落もあって、明治元年（一八六八）にピークを記録した。

総体としては堅調であった。「寛政一致」（→10）の際、大元方への上納が定額となり、それ以後は一巻内で資本の蓄積も進んだ。本店一巻がおおむね横ばいだった（→12）のとは好対照といえよう。

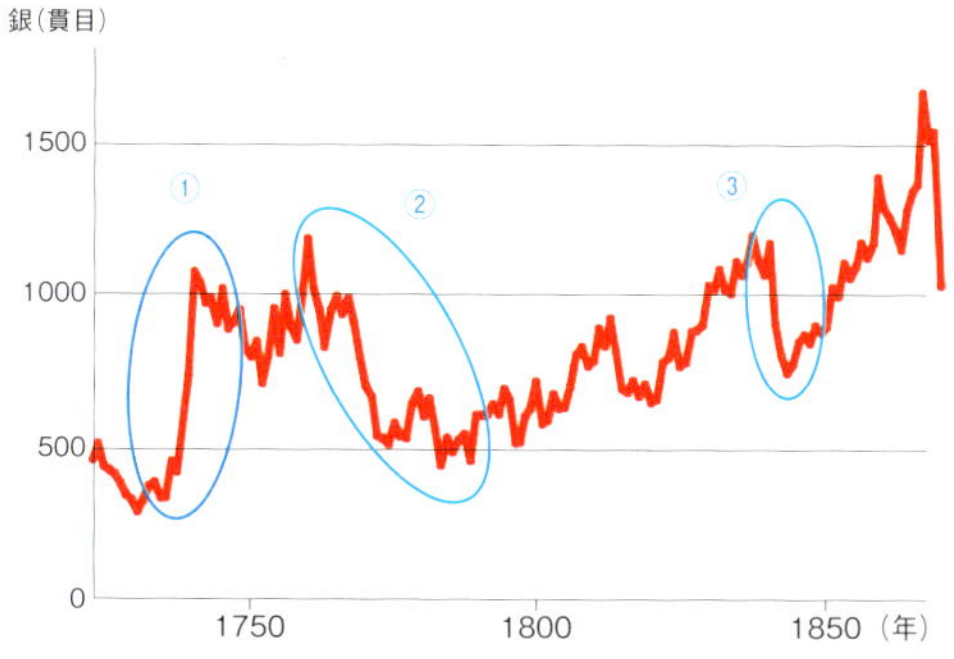

両替店一巻の純益金の推移
享保7年（1722）～明治4年（1871）

18 両替店3 領主たち

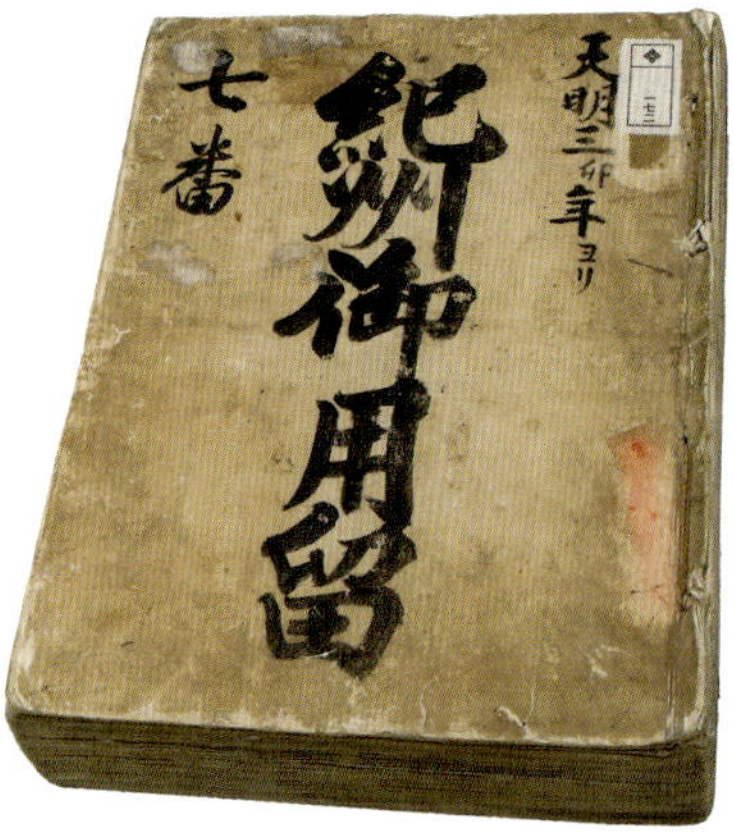

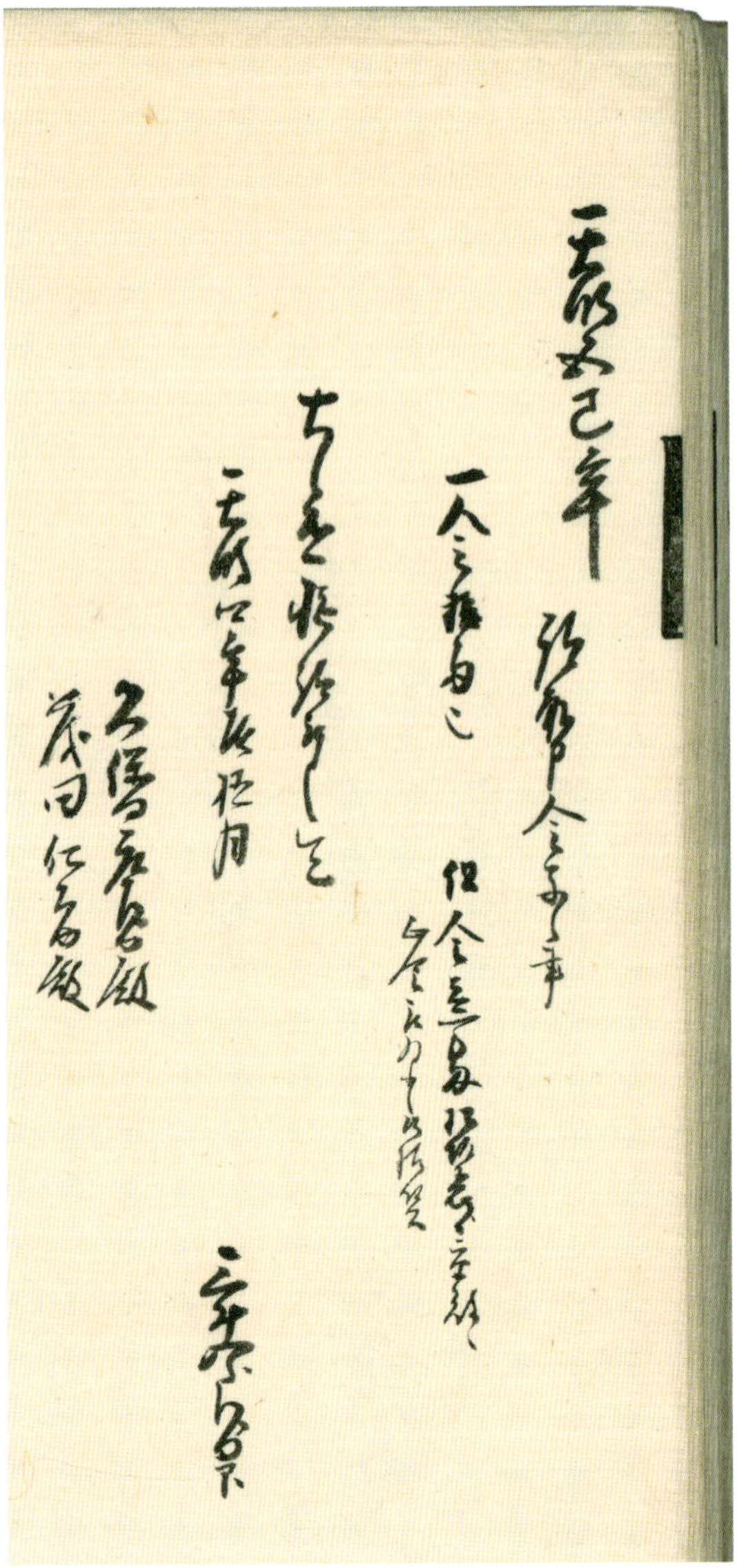

紀州御用留（きしゅうごようどめ）
京両替店の記録で、紀州徳川家のさまざまな御用について、日をおって記したもの。天明3年（1783）から明治3年（1870）分まで完存している。それ以前のものは、天明の京都大火（→21）で失われた。ここに紹介したのは7冊目で、現存するもっとも古い冊。京両替店で永久保存に指定されていた。
三井両替店では、幕府のほかにもさまざまな領主の御用を請け負っており、こうした領主ごとの御用留が多数残っている。

記事について 天明四年（一七八四）十二月、三井八郎右衛門（この時は北家六代・高祐《たかすけ》）の名で、紀州徳川家の役人に出した受取証を写した箇所。現金一万両を、紀州領の松坂から京都へ輸送した運送費として、一〇両を受け取ったとある。この年、紀州徳川家の懿《よし》姫が、右大臣一条輝良《てるよし》に嫁ぎ、この現金は婚礼や新居の建設に使われたと思われる。同時に三井は、一万三〇〇〇両の融資を申し込まれ、九五〇〇両に値切って上納した。

貨幣改鋳

近世では、貨幣を鋳造・発行できたのは幕府だけだった。国内の貴金属が掘り尽くされてゆく一方で、経済の発展にともなって貨幣の需要は高まっていった。また幕府の財政は、構造的な問題を抱え、次第に悪化していった。これらを解決するため、幕府はしばしば貴金属の含有率を下げて貨幣を鋳造しなおし（左上図）、発行量を増やした。

三井はしばしば幕府に命じられ、三都で新旧の貨幣の交換にあたった。中でも三井にとって重要だったのは、長い不況（→08）のあとで行われた元文元年（一七三六）の貨幣改鋳である。交換促進のため、旧貨幣はより多額の新貨幣と交換できたので、三井の資産も急増した。交換業務にともなう手数料収入も巨額で、さらに古い債権などはなるべく旧貨幣で取り立てる方針を取り、大きな利益をあげた（→17）。この後景気は好転、呉服部門である本店一巻も躍進をとげ（→12）、この改鋳は三井の経営の画期となった。

その一方で、文政元年（一八一八）からの改鋳のように、交換にメリットがない場合もあった。

領主と恩人

家訓「宗竺遺書」（→09）では、大名相手の融資は原則避けるが、松坂の領主である紀州徳川家と恩人である牧野家は特別扱いと定められた。実際に両家への貸付は近世を通じて続いた。京両替店が貸付の窓口となり、大元方（→10）が統轄した。

当初は返済も順調で、三井にとって優良な事業でもあった。しかし一八世紀半ばには、領主一般の例にもれず両家の財政も悪化してゆく。返済が滞り、さらに巨額の追加融資を求められるようになる。三井では万一の焦げ付きに備え、両家から取った利子は収入に計上せず、別途積み立てていた。あまりに巨額となると、不良債権として処理したり、返済方法を調整したりしたが、特に紀州徳川家の未返済分は巨額となっていく（→21）。

また松坂では文政五年（一八二二）から、紀州徳川家の藩札（右図）の発行に携わった。発行高は増し続けて幕末におよんだ。

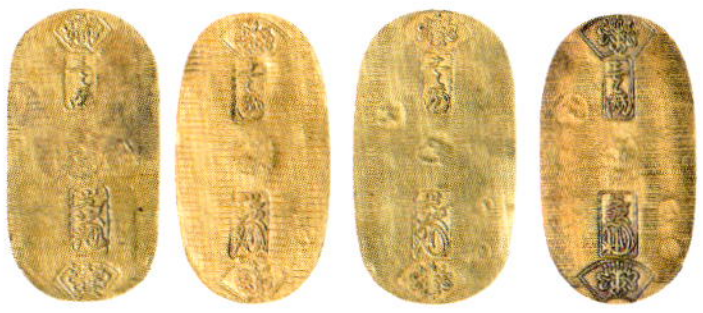

各時代の小判　左から元禄小判、正徳小判、元文小判、文政小判。額面は同じ金1両であるが、金の比率が異なる。正徳小判は金を多く含み、品質がよい。他は、小判の発行量を増やすために、金の比率を落としてある。その他の金貨や銀貨も、たびたび鋳造しなおされた。

松坂銀札（見本摺）　紀州徳川家の命で、三井ら松坂に拠点をもつ有力商人が発行した藩札。銀貨と兌換することを商人が保証するもの。右から、銀1匁・5分・3分・2分の札。この札64匁で、金1両と交換することもできた。信用があり、当初の予定より広域で流通した。

幕府高官たち

三井は、大名一般への融資には積極的でなかったが、幕府の高官は別であった。特に幕府を運営した老中たち、西日本の支配にあたった京都所司代・大坂城代や、京都・大坂の町奉行たちには、こまめに融資をおこなっていた。これは営利目的というより、御用商人として高官たちと深く結びついていたためと考えられている。

門跡と御所

延享二年（一七四五）から、歴代将軍の墓所をまもる輪王寺宮《りんのうじのみや》（日光東照宮・上野寛永寺を支配）の資産を預かり、運用した。この資金の貸付には司法の保護があったが、実際には御為替銀《おかわせぎん》（→16）と同様、この名目で多額の自己資金を貸し付けていた。これは江戸両替店の重要な事業であった。

また三井は幕府御用の一環として、火災後の造営費など、さまざまな御所関係の支出の管理にたずさわった。御所の御用商人もつとめ（左図）、北家当主は朝廷のごく低い官職に就いた。御所との直接の関わりはささやかなものであったが、維新の際に見直されることになる。

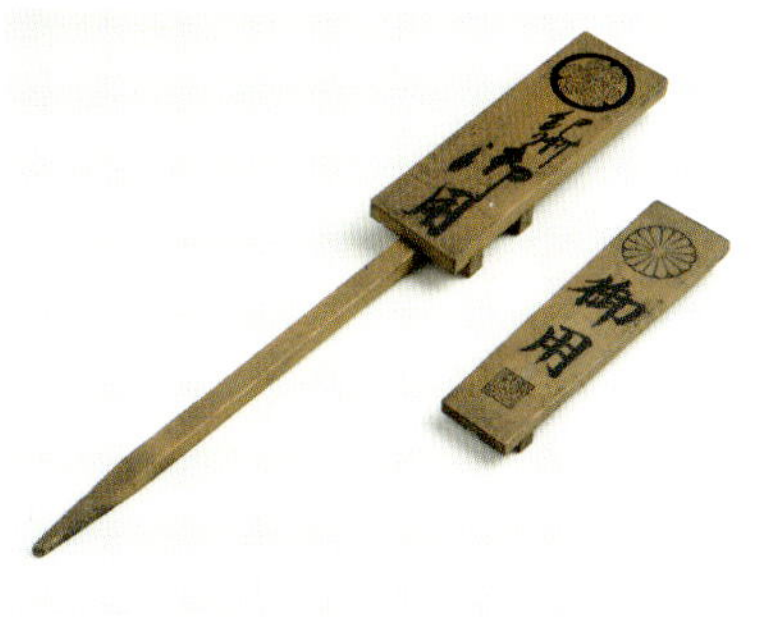

御用札　御用商人であることを示すために用いる。左上は紀州徳川家、右下は御所のもの。それぞれ、葵と菊の紋がみえる。長い柄は取り外しができる。御用商人がもつ紋付の器物としては、このほかに提灯や幕などがあった。

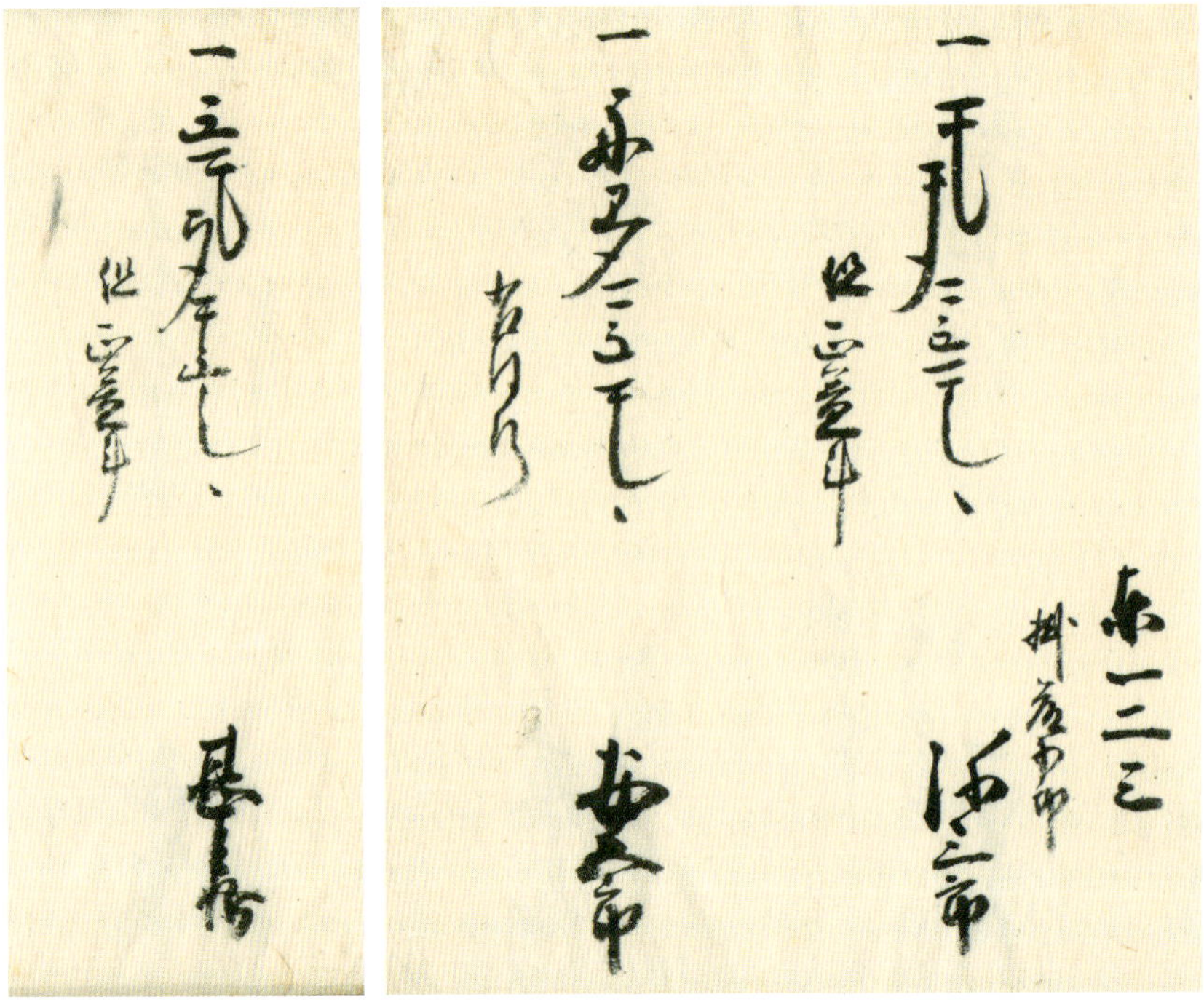

19 奉公人1 昇進と報酬

厚勤録（こうきんろく）

三井の呉服部門の史料で、売場担当者の販売成績と勤務日数の記録である。江戸と大坂の各営業店の数字を半年ごとに京本店《きょうほんだな》で集約している。享保16年（1731）から明治3年（1870）まで、欠落もあるが約130年分の記録が残る。売上の数値はそれぞれ片仮名に置き換えられている。これは符帳《ふちょう》という暗号で、江戸時代の商家はそれぞれ独自の符帳を用いて、帳簿の内容を一見でわからないようにしていた。三井では「イセマツサカヱチウシ」の符帳を多用していた。三井の符帳と数字・位・単位の対応表を下に示した。右下の史料の読みに載せた売上額がいくらか、解読を試みていただければ幸いである。

	数字										位		単位		
符　　帳	イ	セ	マ	ツ	サ	カ	ヱ	チ	ウ	シ	仙	舟	〆	ゝ	入
対応する数字・位・単位	1	2	3	4	5	6	7	8	9	10	千	百	貫	匁	分

史料の読み

一チシチ〆マ舟マシ、
　但、正益斗
一舟ヱ〆マ舟チシ、
　右同断
一舟マシウ〆チ舟シ、
　但、正益斗

東一二三
掛　藤五郎
弥三郎
安五郎
甚兵衛

記事について

寛政九年（一七九七）下半期の売場手代《うりばてだい》の売上成績であり、江戸本店《えどほんだな》の東見世《ひがしみせ》というブロックの一番から三番までの売場の記録である。責任者は藤五郎であり、東一番に弥三郎、二番に安五郎、三番に甚兵衛が就いている。それぞれ銀八八貫三三〇匁、一〇七貫三八〇匁、一三九貫八一〇匁を売り上げている。これらは全て現金売であった。

呉服部門の奉公人数

三井では、多くの奉公人を雇っていた。奉公人は大きく手代《てだい》（店員）・子供《こども》（見習い）・下男《げなん》（台所等で雑用をこなす者）の三種類からなる。呉服部門は呉服の仕入・販売を手がける業態から、特に多数の奉公人を雇い入れていた。各営業店の中で最大規模の江戸本店《えどほんだな》は、一八世紀中頃以降、概ね二五〇人以上の奉公人を抱えている。明和五年（一七六八）春時点の三四二人が江戸本店の奉公人の最大数であった。同じ時期の京・江戸・大坂の奉公人を合計すると千人を超えていた。

採用と出身地

江戸出店当初、江戸の店舗で働く手代・子供は関東出身者が多かったが、享保年間（一七二〇年代）には京都市中から採用して江戸に送ることとなった。他方、京本店《きょうほんだな》の手代・子供は京都とその近郊からは雇わないこととなっていた。しかし後年には京本店の手代・子供の大半は京都出身になっていた。採用は現役手代や退職者等の縁故に頼っていたと考えられている。

両替店子供風俗図《りょうがえだなこどもふうぞくず》　大正時代に、江戸時代を回顧して描かれたもの。作者は元大坂両替店の奉公人であり、のちに画家として有名になる上田南嶺。幕末期の子供に着せていた服装が見てとれる。

奉公人を雇い入れる際には身元引受人に請状《うけじょう》という契約書を提出させていた。奉公人は試用期間を経て、京都・江戸・大坂の各店舗に配属された。

職階と昇進

奉公人には厳格な序列があった。まず、①店で寝食しながら働く「住《す》み込《こ》み」と、②居宅から通勤する「別家《べっけ》」に分けられた。奉公人の昇進と年齢には次のようなモデルがある。

住み込み　一三歳で子供として見習い奉公をはじめ、一七歳で元服《げんぷく》して平手代《ひらてだい》となる。平手代には四段階ほどの職階があり、約一〇年勤めると役職を持つ「役付手代《やくつきてだい》」となる。

別家　役付手代として約一〇年かけて四階級ほど昇ると、三九歳で暖簾《のれん》分《わ》け（→20）を認められて別家となる。ここで初めて居宅と店を持つこと、結婚を許される。別家となっても店に残って勤務する者もおり、その場合、役付手代として四つほどの職階を勤める。別家の最高職階である「元〆《もとじめ》」まで勤め上げる頃には六〇歳になる。元〆まで残っている手代は極めて少なかった。

給与

奉公人は店に住み込みで働いており、着衣や食事の支給を受けていた。今の給与にあたるものはない。ただし、手代については元手銀《もとでぎん》という退職金の積み立てや、褒美《ほうび》という賞与の支給を受けていた。

元手銀　手代が自主退職（別家の場合、暖簾分け）する時に受給するもので、元服すれば取得資格を持っていた。

褒美　小遣《こづか》い・役料《やくりょう》・年褒美《ねんほうび》・割銀《わりぎん》などの種類があり、役職に応じて定期的に支給される賞与である。これらは原則として店に預けておくものだったが、引き出して使われることもあった。

手代はこれらを元手に商人として自立した。彼らの最終目標は店を構えて商人として独立することだった。職階が上がるほど、元手銀と褒美の累積額は跳ね上がっていく。勤続年数の長いベテラン手代が独立するのを引き留めるためであった。

その他の人々

三井の金融部門でも奉公人を雇っていた。たとえば文化《ぶんか》二年（一八〇五）の京両替店《きょうりょうがえだな》の勤務者は一九人程度だったとされており、呉服部門より人数ははるかに少ない。天保年間（一八三〇年代）以降の京両替店の奉公人は、勤務条件の悪化等により、同時期の京本店の奉公人に比べて退職者が多く、勤務年数の短期化が進んでいたという。

三井の店に出入りしていたのは奉公人以外にも外部の織物の加工を行う職人、建物の修繕を行う大工なども大勢いた。三井を支える人々の裾野は広大であった。

20 奉公人2 生活と管理

① 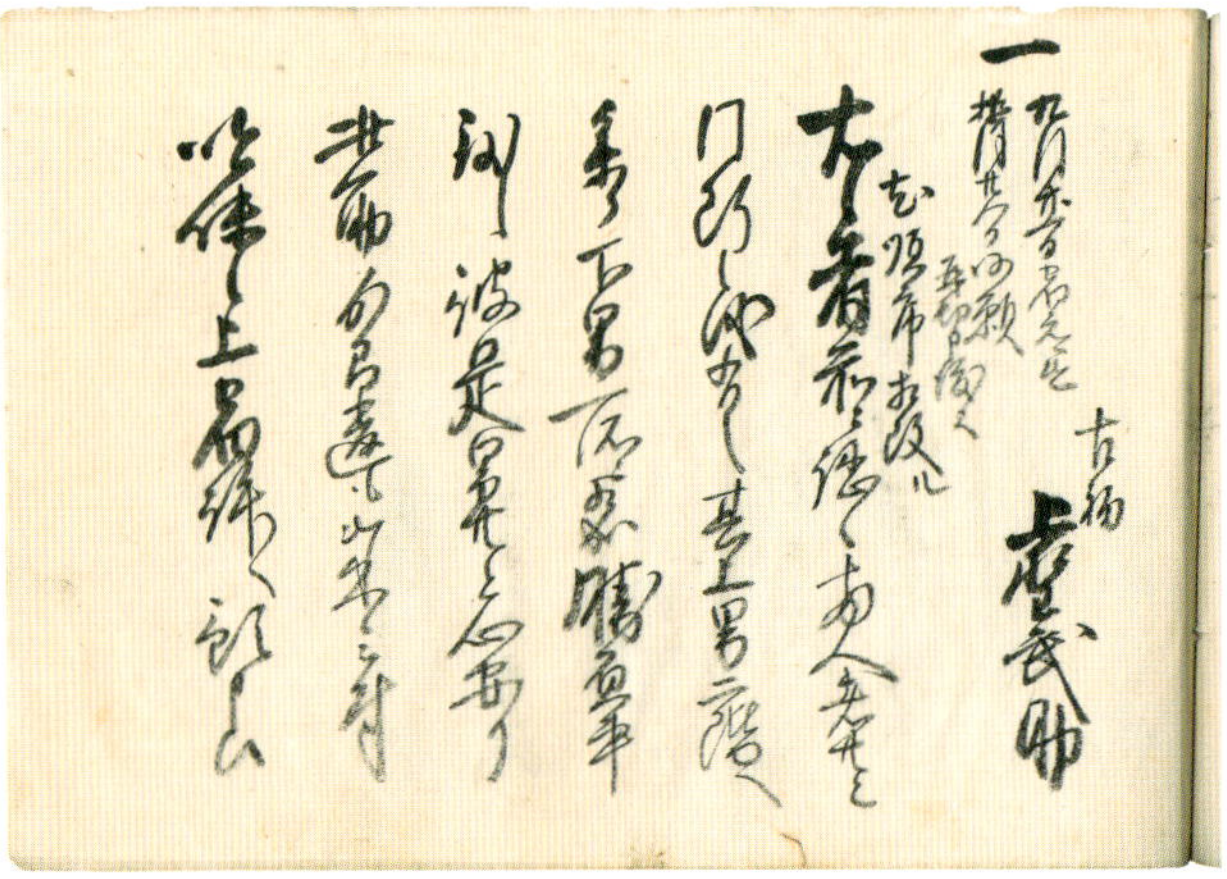

② 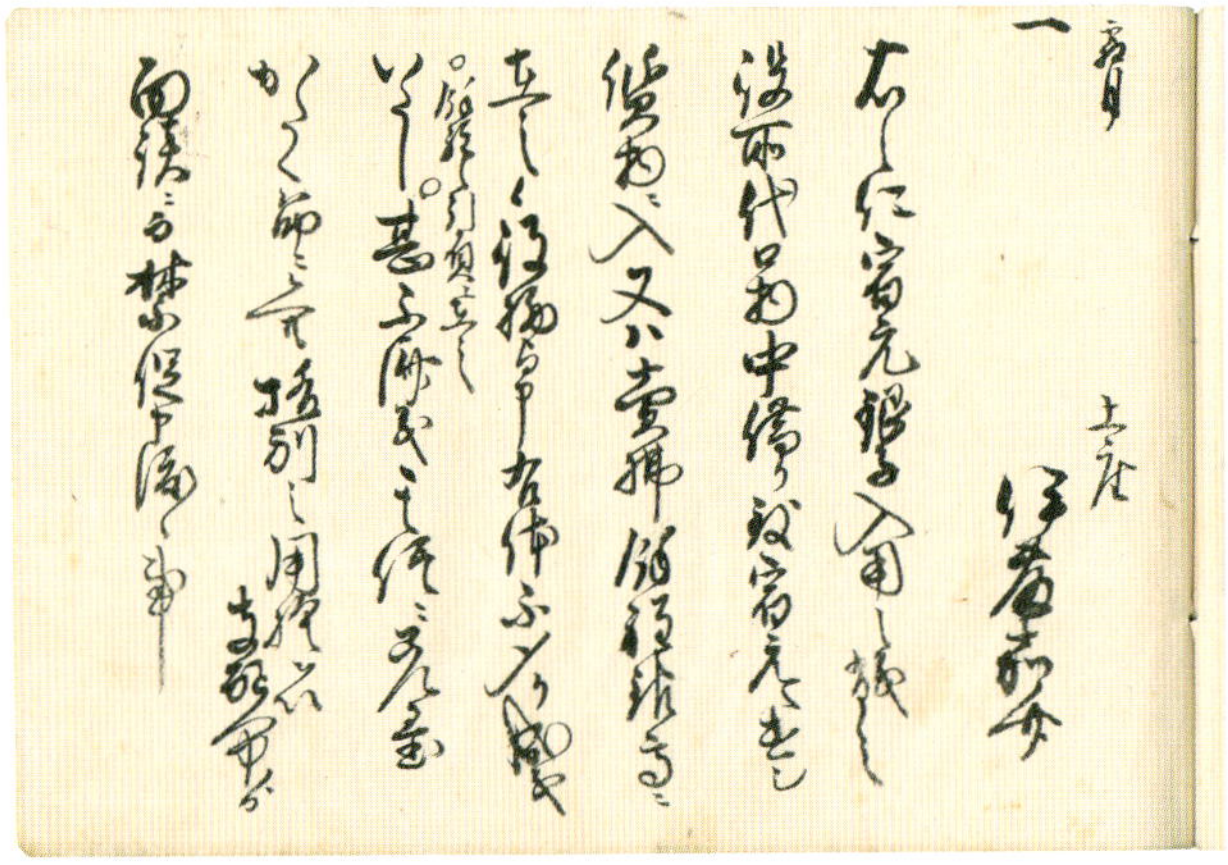

批言帳（ひげんちょう）
京本店の史料。奉公人たちの不始末の記録。名前、罪状、処分が記されている。作成したのは組頭という上級の奉公人。
帳簿上の不正処理や使い込み、集団生活にともなう様々な問題が生々しく列挙される。規則や制度だけからは窺いしれない、江戸時代の店や奉公人の生活の実情が詳しくわかる、非常に貴重な史料である。
残念ながら現存するのは、上掲の天明6年（1786）〜文化2年（1805）を記す1冊のみである。

史料の読み

①
一 九月廿一日、宿元へ遣　極月廿八日、仍願再勤申渡ス　尤順席相改ル
古初
上野武助
右之者、前ニ認候両人者共と同断之儀有之、其上男二階へ参り、下男一所ニ罷成、勝負事致し、彼是男共と心安ク、此筋より間違も出来候ニ付、吟味之上宿許へ預申候

②
一 霜月
上座
伊藤嘉介
右之仁、宿元銀子入用之義有之、役所代口物中借り致、宿元へ遣シ、質物ニ入、又ハ売払、余程銀高ニ在之候、役柄と申、右体不〆り成義いたし、余程之引負ニ在之、甚不済義、其侭ニ差置かたく筋ニ候へ共、格別之用捨ヲ以、支配人中より面談ニ而、禁促申渡候事

現代語訳　（本文部分）①右の者は、前条の問題（遊廓通い、使い込み）に加え、下男たちの部屋で賭博を行っていた。そもそも下男たちと親しいのが問題のもとである。取り調べの上、実家に戻した（冒頭には、その後三ヶ月で復職したと記される）。
②右の者は、実家のために多額の商品を持ち出して、金に換えていた。大問題であるが、特別に容赦し、支配人から面談で、外出禁止を申し渡した。

記事について　①は店内での賭博で、巨大店舗での集団生活ならではの問題。手代と下男（→19）は、互いに親しく交わらないよう注意されていた。
②は当時も頻発した、商品の横流し。外出は住み込みの奉公人にとっては楽しみであり、その禁止はよく課された処罰の一つだった。

奉公人の生活

住み込みの奉公人の生活は厳しく、京本店の場合、休日は年に一〇日ほどで、娯楽も四月の花見、七月の祇園祭・加茂川の夕涼み、十一月の芝居の顔見世興行など、ごく限られていた。商売の神をまつる恵比寿講が正月・十月に行われ、正月には人事異動も合わせて発表された。

食事は米飯中心で、原則一汁一菜と簡素であった。夏・冬の灸治など、保養のための制度もあったが、しばしば病死者も出た。享保期には、そうした死者を弔う「総墓《そうばか》」が設けられた。近世後期の両替店では、食費などを徹底的に切り詰めたが、病死者や病気による中途退職者が多数におよんだ。好調であった業績（→17）は、このようにして削り出されたものでもあった。

下男たちの生活は、詳しくわかっていない。

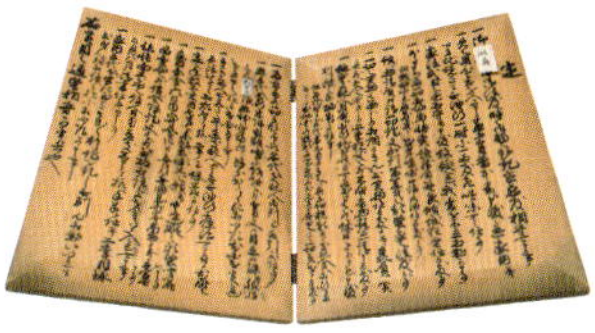

板式目《いたしきもく》 店内に掲示された規則には、こうして板に書かれたものも多かった。蝶番がつき、折りたためる。右上の白い張紙は、「公儀（幕府）」の法令を順守せよ、との箇条を、「政府」に訂正している。明治維新をまたいで使われたことがわかる。

膨大な規則

数百人にのぼる奉公人の管理、複雑な事業運営のため、規則が膨大に作られ、現存するものだけで数百点にのぼる。内容は、子供むけの「土蔵への落書禁止」「風呂や手洗はきれいに」「家内で走るな」「布団の上げ下ろしは静かに」などといったことから、重役むけの営業指針・人事の心得・重要書類の管理規定まで、非常に多岐にわたる。これらは店内のあちこちに掲示され（左上図）、定期的に奉公人たちへ読み聞かされていた。

手代となる前に奉公から脱落する者も多かったが、こうした規則の細かさ、厳しさも理由の一つと考えられている。明治時代の聞き取り調査によれば、子供には厳しいしごきもあったという。

規律違反と管理

規則の多さは、違反者の多さでもある。右にみた「批言帳」には、実にさまざまな奉公人たちの違反行為が記録される。最も多いのは商品の横流し、使い込みである。門限破りも多い。住み込みの厳しい勤務生活のなか、外出の機会をとらえては、遊郭に繰り出し、酒食を楽しみ、羽をのばしていた姿が、生々しく伝わってくる。こうした違反には、罪状に応じてきめこまかな対処がなされた。外出禁止や夜間の宿直を命じられる場合が多く、一番重い処分は暇を出すことであった。

また欠勤状況も、時間単位で細かく把握された。京本店では、皆勤者やそれに準ずる者は、褒美の金が出、伏見稲荷の祭礼にゆくことが許された。

処罰を繰り返しながらも、かなりの出世をとげた者もおり、減点主義で奉公人をふるい分けるためではなく、この過程で奉公人を教育していくための仕組みであったと評価されている。

「別家」と「相続講」

住み込みを終えた一定ランク以上の奉公人は、越後屋の屋号と暖簾《のれん》（左図）の使用が許され、「別《べっ》家《け》」と呼ばれた。三井への奉公も自宅から通勤して続ける者もおり、三井の重役クラスは基本的にこうした存在であった。自分の店をもった別家の経営は必ずしも順調ではなく、これを問題視した三井高房（→08）は、「相続講《そうぞくこう》」という互助組織を作らせた。勤続二〇年以上の別家が加入し、相互に相談・助言をした。また支援の財源として、三井の出資金と講の参加者が積み立てた金を、三井の店で預かり、利子をつけていた。

こうした別家は、天保初期（一八三〇年ごろ）で百弱もあり、三井の事業や奉公人の供給の上で、極めて重要な存在であった。

別家《べっけ》の暖簾《のれん》 奉公人が自分の店をもつ、いわゆる「暖簾分け」の際に与えられたもの。奉公人のランクに応じ、商標の種類や使ってよい場所に、細かな違いがあった。

21 変わりゆく社会、三井の苦悩

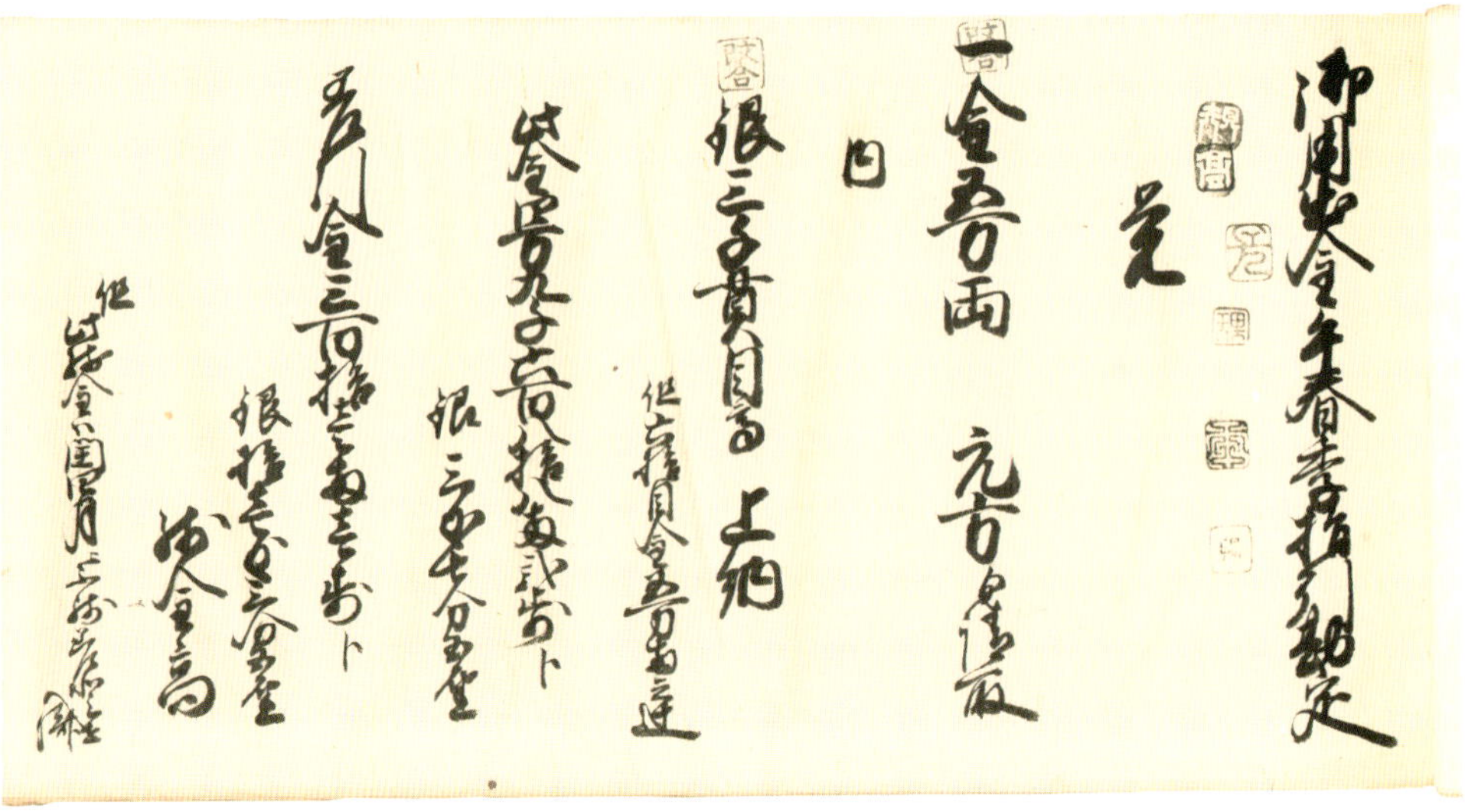

内無番状差（ないむばんじょうさし）

大坂本店から京本店へ宛てた書状を束ねたもの。近世の三井では、三都と松坂にまたがる店舗間の連携を緊密にするため、頻繁に書状による連絡が行われていた。統轄機能をもつ京都の店への報告、京都から各店への指示などが記され、事業の状況や経営判断などについて詳しく知ることができる。

定期的に送られ、通し番号が振られているものを「番状」、臨時で番号がないものを「無番状」と呼ぶ。これを保管用に束ねたものを「〜差」といい、現在も膨大な量が現存する。

ここで触れる宝暦の御用金（後述）は、大坂本店が大坂町奉行所から命じられたものであるため、大坂本店から、統轄機能をもつ京本店へと、状況が報告されたのである。

記事について　宝暦十一年（一七六一）に幕府から課された御用金（後述）について、翌十二年上半期の上納状況を、大坂本店から京本店へ報告したもので、この前に載る書状の添付資料。前年に上納を課された五万両という巨額（三行目）を、大坂本店が大元方から受け取って、ほぼ全額に近い銀三千貫目を既に幕府へ上納、残りは三一一両余とある。
　これが幕府による大規模な御用金の最初であった。三井の蓄積の大きさを示すとともに、新たな政策による苦闘のはじまりを暗示している。

災害と打ち毀し

　ここでは、近世の三井を苦しめた内外の大きな問題について紹介しよう。まずは、木造建築が密集した近世の都市の宿命であった火災である。早くから火に強い土蔵を多数設け、火災時の対応を細かく定めて備え、時にはライバル店の焼失に利をえることもあったものの、再建した店がすぐ全焼したこともあり、近世を通じて苦しめられた。天明八年（一七八八）の京都大火では、三井各家の住居も店舗も軒並み全焼している。多数の店舗や邸宅にくわえて、幕府の公金を預かる担保として、都市部に多くの不動産を保持していたから、火災のほか、巨大地震による被害も大きかった。

　また近世後期の都市では、その日暮らしの貧しい住民が増えていた。凶作・飢饉がおこり、食料価格が暴騰すると、生きるために富商がしばしば襲われた（「打ち毀《こわ》し」）。三井はその矛先を免れていたが、天保八年（一八三七）に貧民の惨状をみかねた幕臣・大塩平八郎が決起した際には、大坂本店が攻撃されて全焼、銃撃で負傷者も出た。

三井同苗の借財と不和

三井内部の問題として、高利の息子たちが懸念したのは、新世代が苦労を知らず贅沢を好むこと、相互に不和を生じることであり、享保期のさまざまな規則（→08、09）では、倹約、勤勉、融和をくりかえし強調した。しかし後の時代には、大元方からの支給額（→10）を越えた浪費を続け、借財を重ねるものが出、これに営業不振（→12、17）が加わり、三井同苗間の不和が生じた。安永三年（一七七四）から寛政九年（一七九七）には、「身上一致」の原則（→09）を崩し、三井十一家と事業が三分されるという危機的な事態となった（→10）。このことは対外的には隠されていたが、次第に幕府や紀州徳川家との関係で問題となり、ついには三井同苗中の重鎮が、混乱の責任をとって処罰を受けるにいたった。

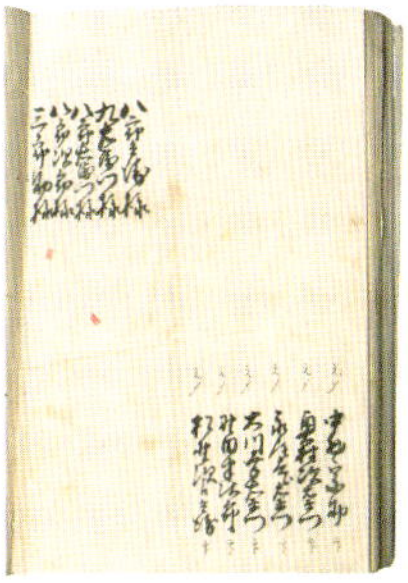
元方掛《もとかたがか》り同苗《どうみょう》宛元〆《もとじめ》・加《か》判《はん》名代《みょうだい》願書　安永3年（1774）、「持分け」に動く三井同苗に対し、奉公人の重鎮8人が連名で、思いとどまるよう訴えた願書の写。

また文政期（一八二〇年代前後）には、三井同苗中の重鎮の借財がかさみ、幕府の京都町奉行所や紀州徳川家が解決に乗り出す事態となった。

大元方や各店の重役はこうした事態の抑止に努めたが（左上図）、抜本的な解決は困難であった。

御用金

近世の三井をもっとも苦しめたのは、「御用金」であった。二世紀以上の平和を謳歌した近世日本では、経済が大いに発達し、三井のような商人による富の蓄積がめざましかった。しかし近世の幕府・大名たちは、農業への課税を基本とし、財政が苦しくなっても、商業上の利益に課税することはなかった。代わりに様々な方法で商人の富を活用しようとした。御用金はその一つで、突如として富豪に命じて金銀を吐き出させるものだった。原則的には利子をつけて順次返還されるはずだったが、幕府・大名の財政は苦しく、結果的には十分に返還されないことが多かった。

紀州徳川家（→18）は、財政が苦しくなると、三井にたびたび御用金を課した。領主の要求を断ることは困難であり、明和六年（一七六九）には、累積額が約三六万両（帳簿上の総資産額の四割弱）に及んだ。「安永の持ち分け」（→10）の際にいったん不良債権として償却されたが、その後も様々な形で、累積で数万両の金銀を供出した。

幕府の御用金は、主に市場に介入して米価を動かすためで、冒頭図版の解説でみた宝暦十一年（一七六一）に始まる。この時、三井は諸商人中で最高額の五万両を課された。文化期には累積で銀五千貫弱、天保十四年（一八四三）には一万両が課された。こうした御用金は、予想や回避は困難で、備蓄で足りない時には金策に奔走せねばならず、上納を引き延ばしつつも、時には営業資金をも引きあげる事態となり、経営を大きく圧迫した（→17）。幕末に至ると、巨大な財政支出を余儀なくされた幕府から、累計で実に五〇万両におよぶ御用金を課されるのである。

情報の重視

三井は、こうした政策や大災害の情報に敏感であり、早くから蝦夷地（現在の北海道）から薩摩まで、広く情報を収集し、記録していた（左図）。

一九世紀に入り、この記録に頻繁に現れるようになるのは、新時代の到来をつげる、欧米列強の接近であった。

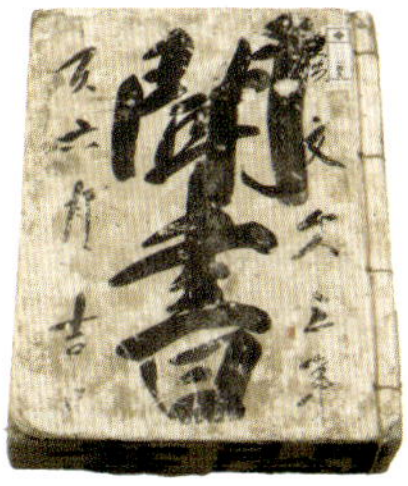
聞書《ききがき》　大坂両替店の記録。政変や大災害などの重大事件、市中のうわさなどが、情報源とともに記録される。これは幕末の巻。

22
開国と幕府の御用

神奈川横浜新開港図（かながわよこはましんかいこうず）（部分）

開港した横浜の様子を描いた錦絵《にしきえ》。時期は不明だが、日本人も外国人も入り交じって、多くの人と物が行き交う華やかな横浜の様子が描かれている。左手の真ん中あたりの店頭に三井の暖簾印が見える。

三井の横浜店《よこはまだな》では呉服販売と幕府の公金取《こうきんと》り扱《あつか》いを行っていた。横浜店の書状には、店にやってくる外国人（左上図）のことや、南北戦争によるアメリカの景況の噂を聞いていることなどが書かれており、横浜店の手代が新時代の到来を肌で感じている様子がうかがえる。しかし、横浜店の呉服販売は不調で、設置の3年後には業務を中止した。

横浜出店と公金取り扱い

安政五年（一八五八）に諸外国と修好通商条約（安政の五ヶ国条約）を結び、日本は鎖国政策を解いて開国した。翌年六月には、横浜が諸外国との貿易港として開かれた。越後屋も幕府の要請を受けて、江戸本店《えどほんだな》の出店として横浜店《よこはまだな》を設けた。

横浜店では呉服販売と、幕府の要請で貿易などに関する様々な公金出納《こうきんすいとう》の御用を取り扱っていた。公金《こうきん》取《と》り扱《あつか》いは、幕府から大量の資金を預かって、随時必要な支払いに応じるというものだった。ところが、横浜店は、預り金を呉服販売の運転資金や、生糸商人への貸付、洋銀相場への投機などに流用し、大欠損を生じさせていた。慶応三年（一八六七）段階で、金二二万両余、洋銀四万ドル余の預り金に対して、手元にはその半分程度しか残っていなかった。

御用金の賦課と対応

この時期の幕府は海防費をはじめ、将軍家茂《いえもち》の上洛や長州戦争の軍資金など、多くの金銀を必要としていた。三井も何度となく御用金（→21）を課されていたが、慶応二年には一五〇万両の御用金を命じられた。この御用金は、横浜での多額の欠損を踏まえたものとみられていた。大元方《おおもとかた》は公金取り扱いの欠損の実態を知り、対応に乗り出した。まず課された御用金を五〇万両（のちに一八万両）に減額し、かつ数年で分割して上納するよう願い出て認められた。

また、新たに勘定所の貸付御用を命じられた。これは江戸の問屋に、商品を担保に資金を貸し付けるものであった。三井にとっては貸付利息を得られるものだったが、断るとこれまでの預かり金全額をすぐに上納せよと命じられかねない状況であり、御用を引き受けざるをえなかった。

異人《いじん》三井店《みついだな》にて仕入買《しいれかい》の図《ず》

御用所の開設

慶応二年（一八六六）、大元方は勘定所の貸付業務を行うため、御用所《ごようしょ》という部署を設置した。御用所は横浜店の公金取り扱いも引き継ぎ、江戸・横浜における幕府関係の出納業務の多くを引き受けて幕府財政の一角を担った。

幕府の倒壊や新政府軍の江戸進駐で幕府の御用は停止するが、御用所の貸付は江戸問屋を資金面から援助する上で一定の役割を果たしたと思われる。三井と新政府との関係ができると、新政府の御用を御用所で取り扱うようになる。御用所は三井の呉服部門と金融部門にならぶ事業となって、その重要性を増していく。

三野村利左衛門の登用

これらの動きの中で重要な位置にいたのが三野《みの》村利左衛門《むらりざえもん》（下図）という人物だった。三野村は両替商を営んでおり、三井や勘定奉行の小栗上野介《おぐりこうずけのすけ》に出入していた。三井が一五〇万両の御用金の減額を幕府に願い出る際、三野村に勘定所への仲介を依頼し、幕府側と交渉を進めて御用金の減額に成功した。

三井は御用所での公金取り扱い業務を行わせるために三野村を雇い入れた（下図）。外部の人材を中途登用するのはきわめて異例だった。

三野村利左衛門《みのむらりざえもん》**（一八二一－一八七七）** 実父は出羽国（今の山形県）の藩士で、利左衛門の幼少時に父が出奔して浪人になり、共に諸国を放浪したという。二五歳で神田の紀伊国屋という砂糖や油を扱う商人の婿養子となり、美野川利八を名乗る。苦労の末に財を成し、両替商の株を買い入れた。左の史料は寄会帳という大元方の会合（寄合）の記録である。慶応二年十一月二日の寄合で、美野村（美野川の誤りか）利八を御用所の重役として雇い入れ、美《（三）》野村利左衛門と改名することを決定している。

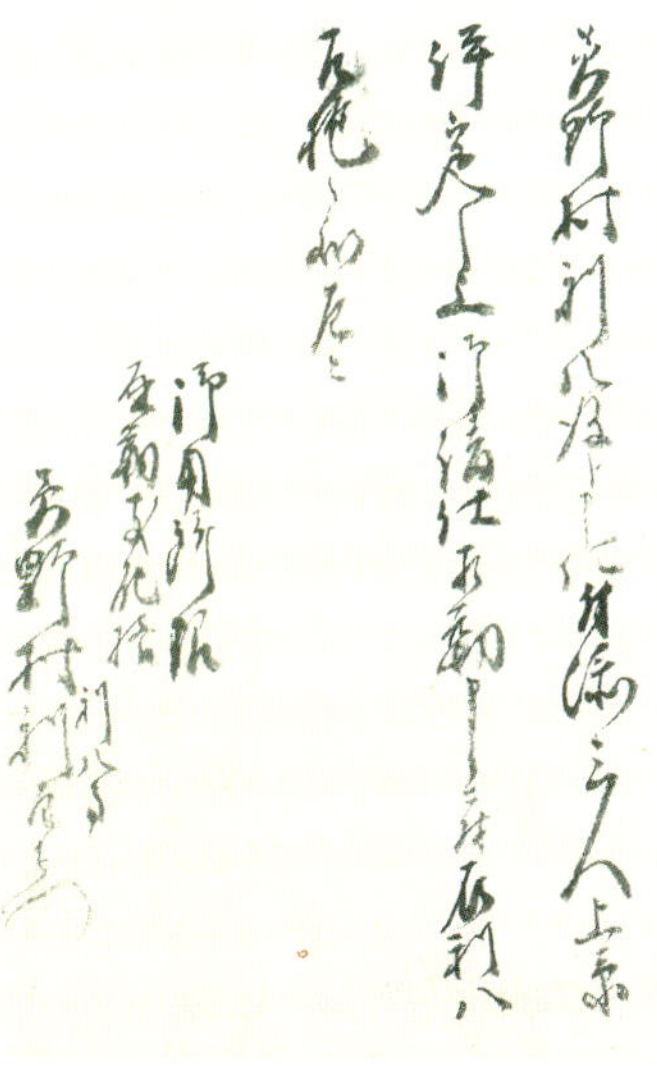

23 新政府への加担

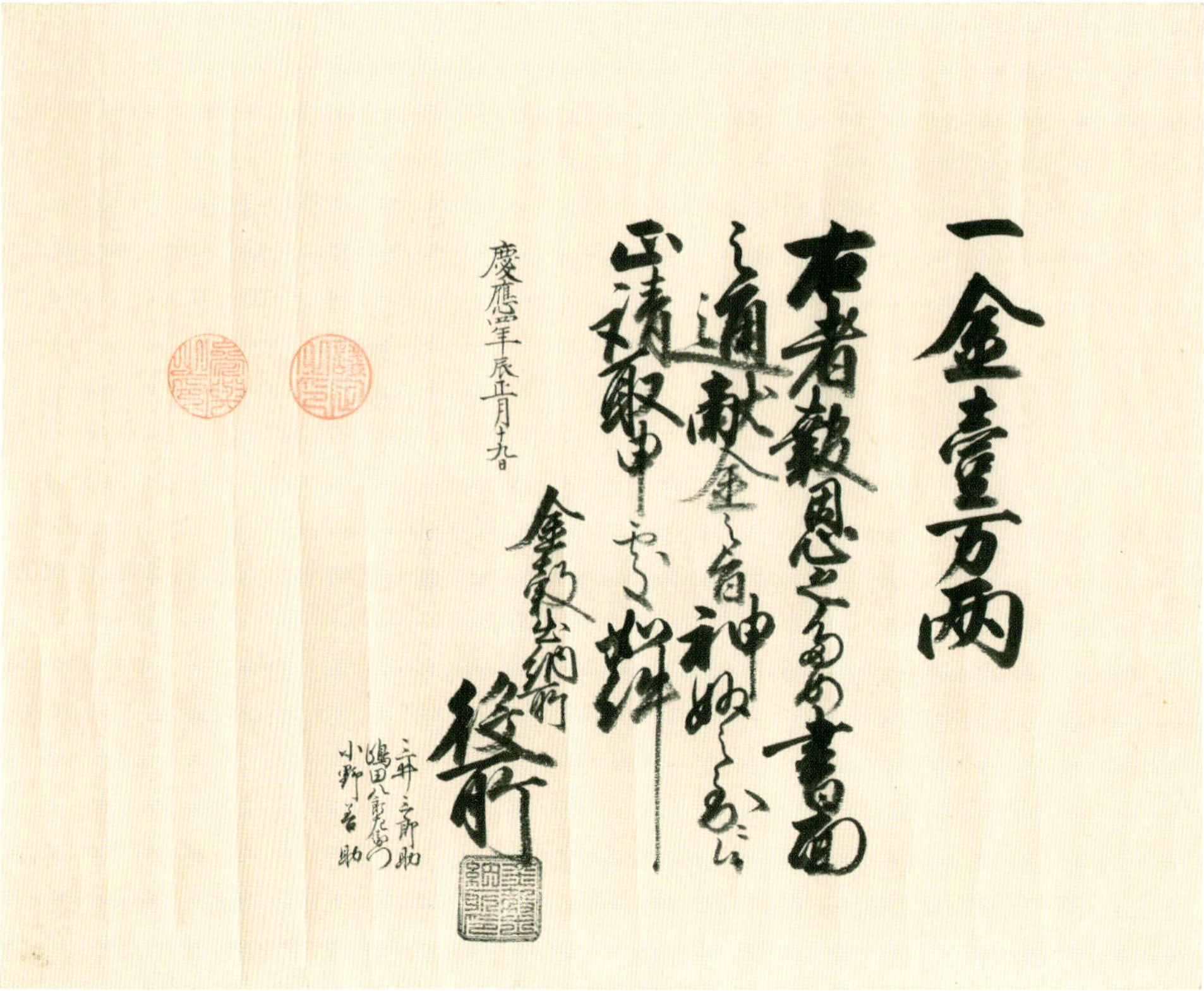

金穀出納所壱万両請取書（きんこくすいとうしょいちまんりょううけとりしょ）

金穀出納所《きんこくすいとうしょ》は新政府の財政をになう機関で、後の大蔵省である。慶応4年（明治元年、1868）正月19日、金穀出納所からの資金拠出の要請に応じて、三井は京都の有力な両替商である島田・小野と連名で金10,000両を献納した。これはその時に金穀出納所の発行した受取証である。和紙のサイズ（横65 cm、縦53 cm）、本文の文字の大きさ、豪快さに比して、拠金者である三井・島田・小野の名前が小さく書かれているのが印象的。

史料の読み

一金壱万両
右者報恩之ため書面
之通献金之旨神妙之到ニ候
正請取申処如件
慶応四年辰正月十九日
金穀出納所
役所（印）
三井三郎助
嶋田八郎左衛門
小野善助

現代語訳（本文のみ）

（新政府の）恩に報いようと書面の通り（一万両を）献金してきたことは神妙のいたりである。前記記載の通り、間違いなく受け取った。

薩摩への接近

幕末期の三井は幕府倒壊まで江戸・横浜で幕府の公金《こうきん》取《と》り扱《あつか》いなどの御用を請け負っていた。しかし、のちに倒幕勢力となる薩摩藩との関係も築きつつあった。

慶応元年（一八六五）、三井は薩摩藩の御用達となる。薩摩藩の発行した琉球通宝《りゅうきゅうつうほう》を、三都で引き替える業務を請け負ったことがきっかけだった。慶応三年四月、島津久光の上京と期を同じくして、薩摩藩家老《かろう》の小松帯刀《こまつたてわき》ほか八名が三井高朗《たかあき》宅を訪れている（左上図）。美術品観賞の名目であったが、それ以外の内談がなされた可能性は高い、とも言われている。

同年冬、三井は薩摩藩の依頼を受けて軍資金一〇〇〇両を調達した。三井にも余裕は無かったが、京都市中の両替屋から借り入れて薩摩藩の要望に応えた。幕末期の三井は幕府との密接な関係を維持しつつも、薩摩藩とも接触していたのである。

草創期の新政府とのかかわり

慶応三年十二月、「王政復古の大号令《おうせいふっこのだいごうれい》」により新政府が樹立すると、新政府は金穀出納所《きんこくすいとうしょ》という機関を設置した。これは新政府の財政を担うもので、のちに会計事務局、会計官を経て大蔵省となる。最初の任務は京都市中の豪商や寺社から財政資金を調達することであり、三井をはじめ京都の商人や町中に拠出を要請した。三井は慶応三年十二月晦日に一〇〇〇両、翌年（慶応四年＝明治元年）正月十九日には小野・島田と連名で金一万両を献納した（冒頭図）。三井の拠金は京両替店の穴蔵にしまわれていた積立金でまかなった。これらは幕府との戦費などにつかわれたという。また、三井は小野・島田と共に金穀出納所での出納事務に従事した。これは為替方三家《かわせかたさんけ》と称されている。さらに、新政府軍の江戸進軍に際し、軍資金調達と兵糧米の確保なども命ぜられた。三井は手代を東山道軍に随行させて、江戸に到着するまで業務にあたらせた。

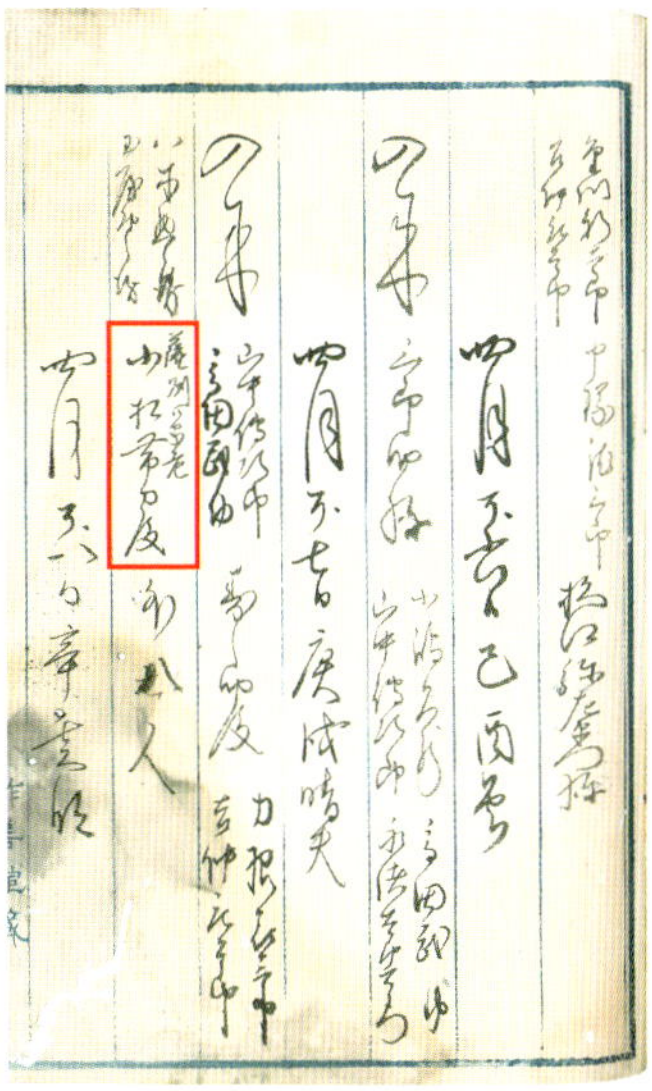

三井高朗日記《みついたかあきにっき》（慶応三年四月二十七日条） 左から二番目の枠内に来訪者として小松帯刀の名前が見受けられる。

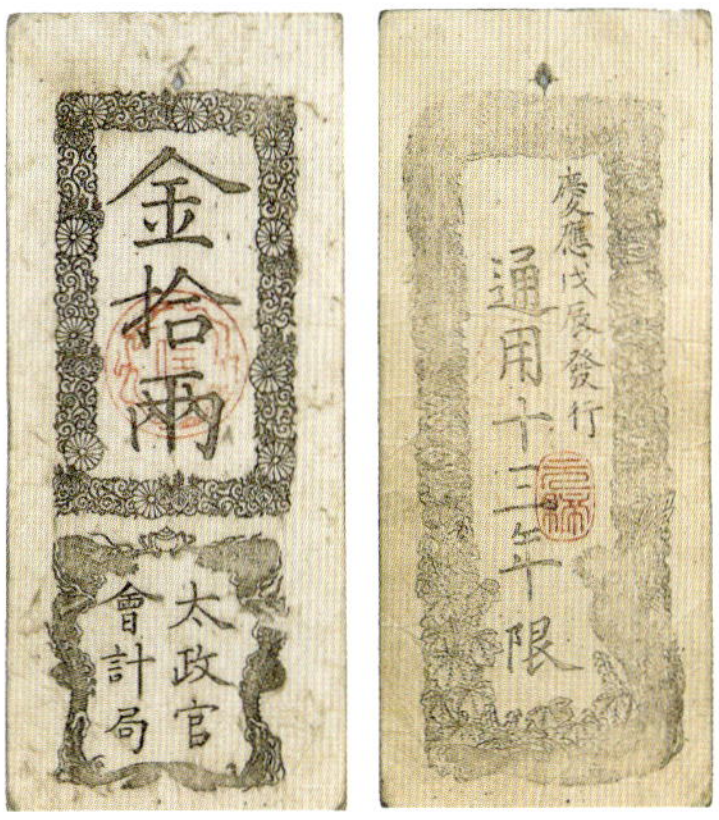

太政官札《だじょうかんさつ》（金10両札） 10両札、5両札、1両札、1分札、1朱札の五種類作成された。

太政官札の発行と三井

新政府の財政資金は当初から不足していた。また産業振興のための資金も必要としていた。そこで、慶応四年五月に太政官札《だじょうかんさつ》（右図）という紙幣の発行を開始した。しかし、新政府の権威はまだ弱く流通させる強制力もなかった。また紙幣に対する信用も低かったため、流通の範囲も近畿圏に限られ、価値も下落していった。

同年八月、天皇の東京行幸《ぎょうこう》（「御東幸《ごとうこう》」）が布告されると、三井・小野・島田の為替方三家などは道中の出納業務と不足金の調達を命じられた。三井《みつい》同苗《どうみょう》の高朗は自ら鳳輦《ほうれん》（天皇の乗物）に随従した。政府は、道中の費用を太政官札で支払うことによって、太政官札を流通させようとしていた。東京行幸で支払われた太政官札は金一一万六七〇〇両余であった。このように、三井は新政府との財政面での関係を築いて、明治の新時代を迎えたのである。

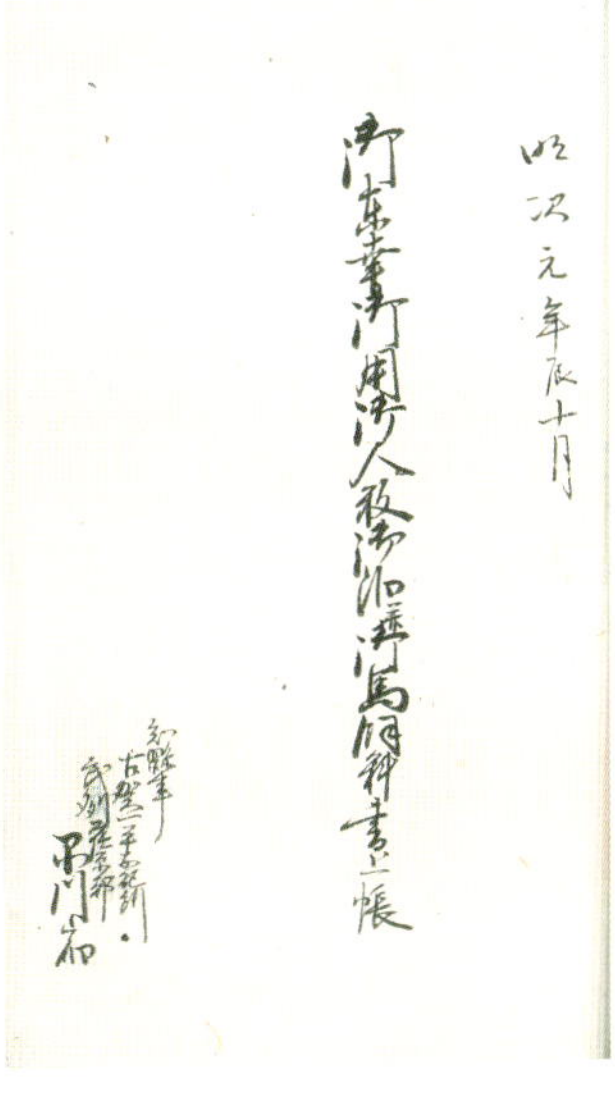

御東幸御用御人数御泊 幷 御馬飼料 書上帳《ごとうこうごようおにんずうおとまりならびにおうまかいりょうかきあげちょう》 東京行幸の各宿場での宿泊人数、宿泊費、馬の頭数、飼料代を書き上げたリスト。宿場ごとに作成されている。これは東京入京前日に宿泊した品川宿のもの。総人数二五五二人、馬三八疋で、合計六五七両の費用がかかっている。

24 明治初期のリーダー

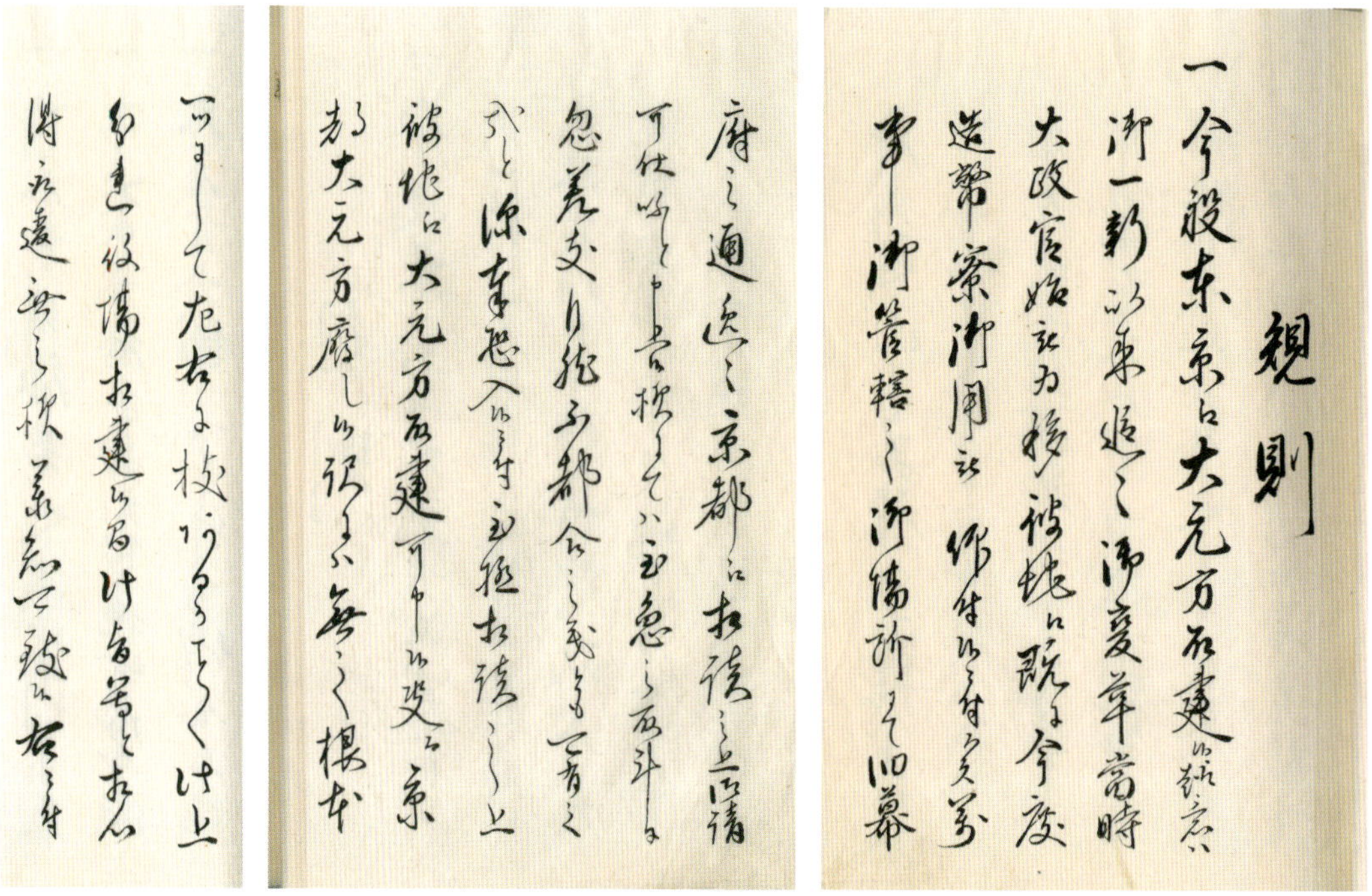

大元方「規則」

江戸時代の三井では、京都に置かれた大元方が、「本店一巻」（呉服部門）と「両替店一巻」（金融部門）と呼ばれる二つの事業組織を管理していた（→10）。しかし、新政府が樹立すると、事業の中心地を変える必要に迫られる。

明治4年（1871）10月20日、大元方の臨時会議が開かれ、北家当主の三井高福《たかよし》はじめ、大元方役の三井同苗四人は東京へ移住することとされた。この規則は、その決定を踏まえて、統轄機関である大元方を東京にも置くことが明記されたもの。ただ、伝統ある京都から東京に移ることに対しては、大きな抵抗も予想されたため、ひとまずは、東京と京都の二つの大元方が対等に存在することが強調された。

史料の読み

今般東京江大元方取建候趣意ハ、御一新以来追々御変革、当時太政官始被為移彼地江、既に今度造幣寮御用被仰付候ニ付而者、万事御管轄之御場所にて、旧幕府之通逸々京都江相談之上御請可仕吩《ママ》と申上候様にてハ、至急之取計に忽差支、自然不都合之義とも可有之哉と、深奉恐入候ニ付、至極相談之上、彼地江大元方取建可申候、決而京都大元方廃し候訳にハ無之、根本一ツにして左右に枝あるかことく、此上分れ役場相建候間、此旨篤と相心得取違無之様承知可致候（後略）

現代語訳

このたび東京に大元方を設置する。江戸幕府が倒れ、新政府が成立して以来、変革はすすんで政府も東京へ移った。すでに六月に「造幣寮御用」（新貨幣為替方のこと→25）を仰せつけられており、これまでどおり「京都で相談したうえで返答します」と政府に申し上げていては、至急の際には間に合わないので不都合である。ただ、東京に大元方を置くが、京都の大元方を廃止するわけではなく、根本は一つで枝が左右に伸びるように、役目を分けるということにする。

幕末・維新の大元方

幕末の動乱のなかで、事業を統轄する大元方の運営にあたり、三井を牽引する役目を担ったのは、北家当主の高福《たかよし》、その子高朗《たかあき》、小石川家の高喜《たかよし》の三人であった（左上図）。三井同苗の中心的な人びとが次々と没したため、安政六年（一八五九）から高喜が、文久元年（一八六一）から高朗が、三井同苗を代表する「元方掛」（→10）となったのである。それぞれ高喜三五歳、高朗二四歳のときであった。

三井高福《たかよし》（一八〇八～一八八五）北家八代。天保

八年（一八三七）に八郎右衛門を襲名し、その後、四二年間にわたり三井家の総帥として君臨。次代のリーダーとなる高棟《たかみね》（左下図）を含め、十男五女をもうけた（うち四人は夭折）。

三井高朗《たかあき》（一八三七～一八九四）北家九代。高福と先妻麗《れい》との間に生まれた長男。明治十一年（一八七八）に家督をつぐ。幕府側・倒幕派それぞれの情報収集に力を発揮したと伝えられる（→23）。病弱な面があり、明治十八年には、養子となっていた高棟に家督を譲る。

三井高喜《たかよし》（一八二三～一八九四）小石川家七代。南家五代高英《たかひで》の八男。小石川家六代高益《たかます》の養子となる。几帳面で厳正な性格。若いころから筆まめで、自筆日記は四〇冊をこえる。

明治初期のリーダー　前列左から三井高喜、高福、三野村利左衛門、後列左から斎藤専蔵（純造）、三井高朗。

また、彼らを支えながら、明治初期の三井の組織改革をすすめたのが、重役手代の斎藤専蔵（明治四年に純造と改名）と、特別に三井へ招き入れられた三野村利左衛門（→22）の二人であった。

一路、東京へ

冒頭の図版解説でふれたように、明治四年（一八七一）十月に東京大元方が設置された。事業の中心を東京に移し、大元方を改革・強化することを進言したのは、斎藤と三野村であった。大元方総轄となった高福、取締役の高喜・高朗は、同補佐の永坂町家六代高潔《たかきよ》とともに京都を出発し、同年十一月に東京に到着した。一行をむかえて、翌五年一月、海運橋兜町に「東京大元方役場」を置いた。このあと、重要な決定は東京大元方でくだされるようになる。

組織の再編

三井高福、高朗、高喜、高潔と、新職制最高位の「執事」となった斎藤・三野村らによる評議が、呉服店の分離など（→26）、明治初期の三井にとって重要な方向付けをあたえていく。特に、明治六年に高福に代わって大元方総轄の地位に就いた三野村は、すぐれた指導力を発揮し、組織の改革・再編を断行した。江戸時代からつづく「両替店」と「御用所」を統合するとともに、京都大元方を出張所に格下げして、東京大元方を三井の事業の中枢として位置づけた。激動の維新期をくぐりぬけた三井は、明治七年（一八七四）竣工の「駿河町三井組ハウス」（→28）を本拠地に、銀行、商社、鉱山というあらたな事業基盤を確立していく。

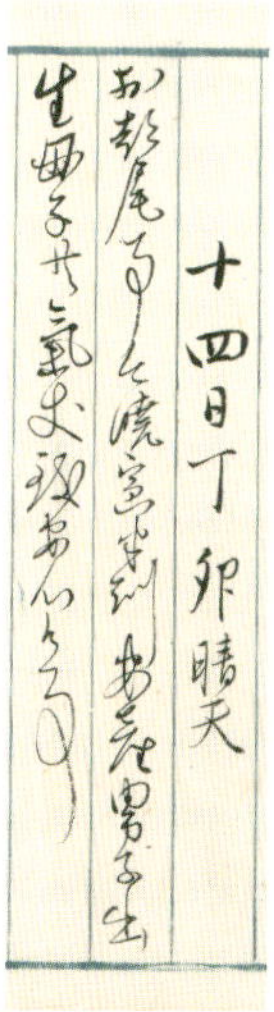

三井高福の八男（五十之助《いそのすけ》）と出生記事　安政四年（一八五七）一月十四日、後妻都尾とのあいだに生まれた高福《たかよし》一三番目の子。後の北家十代・三井高棟《たかみね》（→38）。高福の「手控日記」（左図）には、「お都尾事今暁寅半刻安産男子出生母子共気丈致安心候事」（都尾、早朝に男子を安産。母子ともに元気で安心する）と記されている。

25

「バンク・オブ・ジャパン」構想

東京開華名所図絵之内
海運橋第一国立銀行
明治時代、三世広重筆。描かれているのは、通称「海運橋三井組ハウス」(現日本橋兜町)。明治5年(1872) 6月竣工。設計・施工は二代目清水喜助。五階建て、総建坪264坪、屋上の旗竿より地上までの高さ約26 m。
明治4年、三井組は政府の構想のもと、新紙幣を発行する銀行の設立にむけて準備をすすめた。その営業店舗として建造されたのが、「海運橋三井組ハウス」であった。ところが、政府の方針転換によって、小野組と共同で第一国立銀行を創立せざるを得なくなる。しかも、落成まもないこの建物を同行へ譲渡するよう強要された。東京の新名所となったこの建築物は、激動の時代に翻弄される三井の姿を体現している。

新貨条例

維新期には、金、銀、銅、藩札、太政官札といった、さまざまな貨幣・紙幣が流通していた（→16、23）。それに加えて贋金も横行し、いわば混乱状態にあった。通貨の統一に取り組む新政府は、太政官札を明治五年（一八七二）までに新貨幣（金貨）と交換することを表明したうえで、明治四年五月、円・銭・厘を単位とする新貨条例を公布した。しかし、新貨幣の鋳造は円滑にすすまず、鋳造された貨幣は増大する財政支出に充当されてしまった。旧貨幣の回収を急ぎつつ、太政官札を消却して、通貨価値を安定させていくことが早急に求められた。そのようななか、三井は、政府との関係をより一層深めることで、銀行というあらたな事業基盤を形成しようとした。

「真正之銀行」

大蔵省首脳の大隈重信、井上馨、渋沢栄一らは、有力な商人に「バンク・オブ・ジャパン」を設立させ、新貨幣を引換準備として、新紙幣を発行させることを構想した。念頭にあったのはイギリス流の中央発券銀行制度であった。金貨と交換可能な信用ある銀行券であれば、鋳造される貨幣量を超えて発券・流通させることができるし、政府資金も増えるので、財政上のメリットがあると考えられた。そこで、明治四年六月、新旧貨幣の交換と古金銀の回収を業務とする「新貨幣為替方」に、三井を単独で任命し、「真正之銀行」の設立にむけて努力するよう命じた。

為替座三井組

指令をうけた三井は、明治四年（一八七一）七月に「為替座」三井組の名義で新旧貨幣の交換業務を開始した。また、独自の紙幣を発行する銀行設立願書を政府に提出する。これは、渋沢が起草したものであり、銀行制度の中心に三井を据えようとする政府の意図があらわれている。翌月には、この請願が許可され、三井の紙幣（左図）が製造にむけて動き出した。

ところが、伊藤博文の強い反対にあって、認可は取り消される。伊藤はアメリカをモデルとして、国立銀行条例を施行し、紙幣発行の特権をもつ国立銀行（国の法律に則った民間銀行）を多数設立させることで、太政官札を消却することを主張した。結局、大勢は伊藤案に傾いていった。

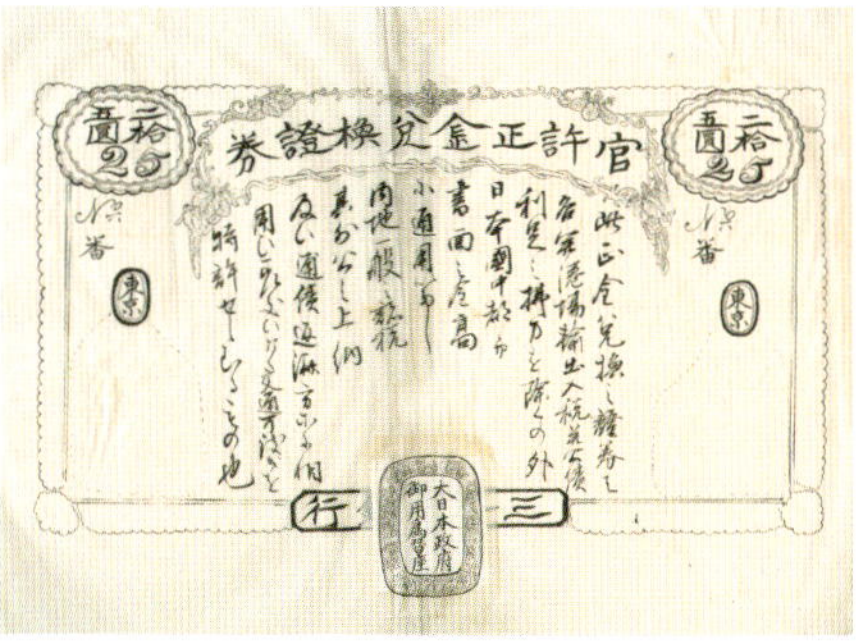

官許正金兌換証券　明治4年（1871）7月、為替座三井組が大蔵省に提出した新紙幣のひな形図。大きさは幅19 cm、縦9 cmとし、左右下には、三井高福《たかよし》、高朗《たかあき》（→24）の姿を彫刻する予定であった。「三井金券」と呼ばれる。

大蔵省兌換証券

こうして、為替座三井組による銀行券の発行は見送られたが、依然として、新貨幣の鋳造は必要量に追いついていなかった。そこで政府は、明治四年九月、「大蔵省兌換証券」（下図）の発行を決定し、その業務を為替座三井組に委託する。この兌換証券を流通させ、漸次、新貨幣と引き換えることで、ひとまずその場をしのごうとしたのである。三井組が証券発行と引換の費用を負担する代償として、発行額の二〇％については、交換のための準備金（新貨幣）がなくても、自由に運用することができるとされた。これは、運転資金の枯渇に苦しむ三井に少なくない利益をもたらした。

海運橋五階造模型　昭和5年、堀越三郎制作。100分の1模型。写真や参考図書から失われた図面が復元され、それをもとに鋳造された。

第一国立銀行の開業

明治五年（一八七二）、井上や渋沢はこれまでの態度を変え、三井に対して小野組と協力して銀行（「三井・小野組合銀行」）を設立するよう働きかけるようになる。三井と小野は政府の意向に従わざるをえず、共同で銀行設立願書を提出した。政府は、それをうけとったうえで、第一国立銀行に名称を変更するよう指示し、国立銀行条例を公布した。大蔵省の出納業務は同行が担当することとされ、三井組の「為替座」の名義は廃止となった。

翌年、「海運橋三井組ハウス」（冒頭図）で開業した第一国立銀行は、三井高福《たかよし》（→24）、小野善助の二人の頭取という体制でスタートする。ところが、小野組が破綻した後（→27）、同行を三井の銀行にしようとした三野村利左衛門の画策もむなしく、明治八年には、下野した渋沢が頭取に就任し、経営の実権を握られてしまった。三井は、二転三転する政府方針に翻弄されながら、再び単独の銀行創立にむけて舵を切っていく。

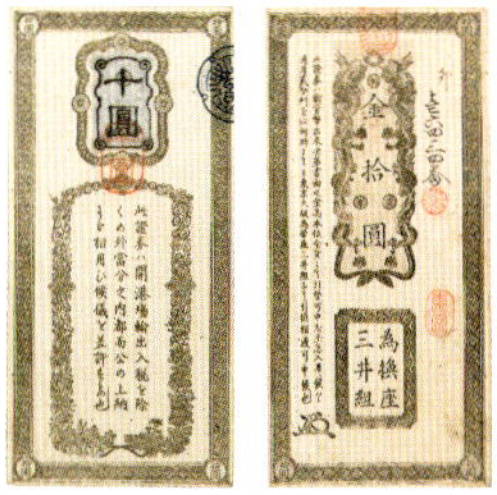

大蔵省兌換証券（右表、左裏）　明治4年10月より為替座三井組が発行した兌換証券（10円）。「三井札」とも呼ばれた。

26 呉服店の分離

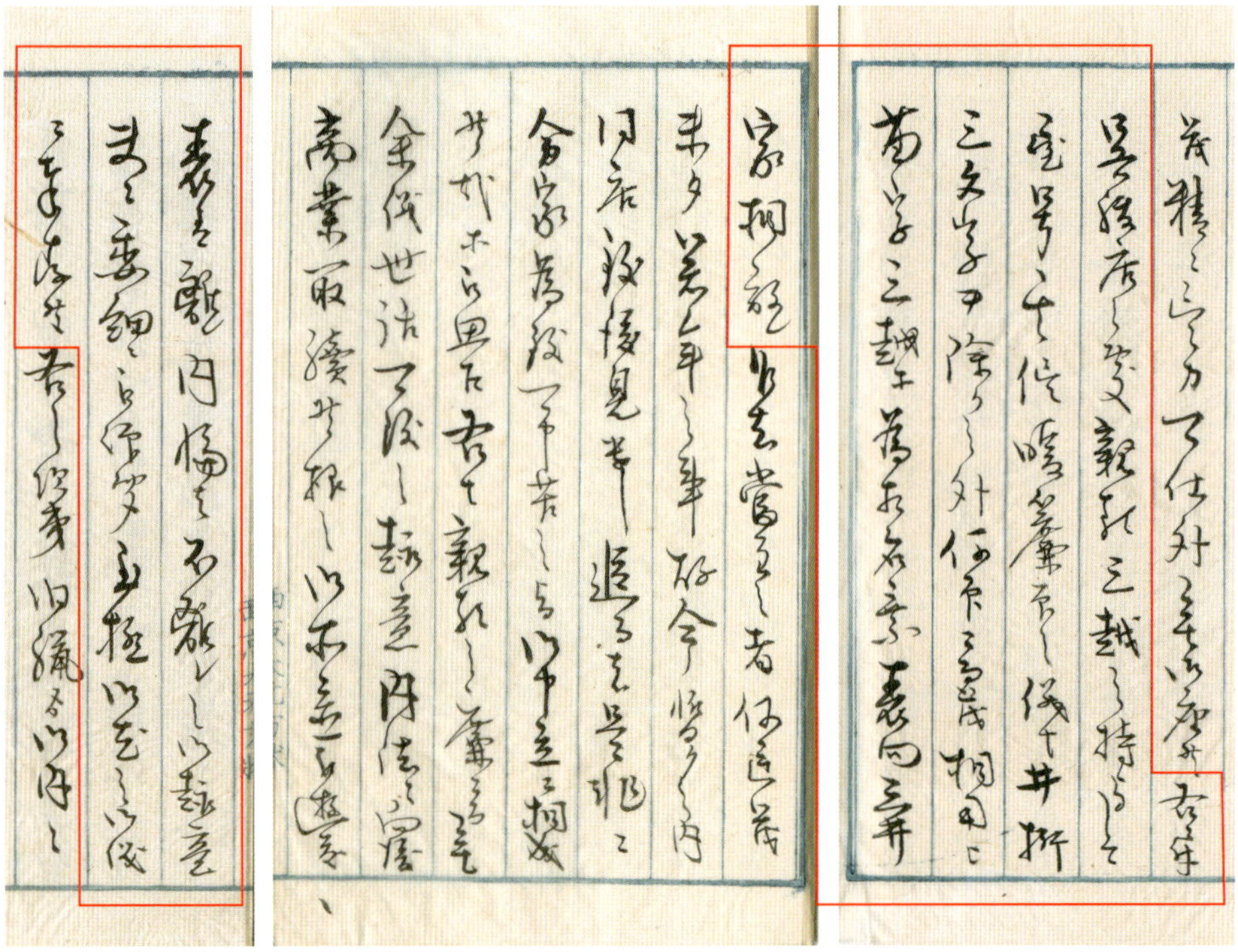

内番書刺（ないばんしょさし）

三井同苗や奉公人の書状を綴った大元方の記録。ここで掲載した記事は、明治5年（1872）2月4日、三井高《たか》辰《とき》（新町家八代）・高生《たかしげ》（伊皿子家七代）の連名で、東京大元方の取締役である三井高喜《たかよし》、高朗《たかあき》、高潔《たかきよ》（→24）に送った返信。高辰と高生は、高潔とともに東京大元方の取締役となっていた。この手紙には、呉服部門の分離の経緯が克明に記されている。

史料の読み

右ニ付、呉服店之処親類三越之持与して、屋号其侭暖簾印之儀者井桁三文字ヲ除ク之外何印ニ而茂相用ヒ、苗字ニ越等為相名乗、表向三井家相放レ（中略）表者離レ内輪者不離レ之御趣意夫々委細ニ被仰聞、至極御尤之御儀ニ奉存候

現代語訳

右（金融業に専念して呉服業を分離すること）については、呉服店を親類の三越のものとし、屋号はそのままとするが、暖簾印は井桁に三の文字を使わないものとする。呉服業を経営する家に三越と名乗らせて、表向きは三井家の手から離れたものとする。（中略）表は離れ、内輪は離れずの趣旨のもと分離を行う。以上のことをお聞きしましたが、ごもっともと存じます。

呉服部門の不振

幕末以来、呉服部門の業績は不振をかさね、明治に入ってからも状況は悪化し続けていた。大きな社会変動により、得意先を失った三井越後屋の不良債権（「滞り銀」）は、明治元年（一八六八）に約一万一〇〇〇両に達した。また、慶応三年（一八六七）春から明治元年秋まで、大元方へ上納する利益金（→10）を捻出することができず、未納額が累積で一四万両ちかくにまで積み上がっていた。明治三年（一八七〇）六月には、「本店」が「呉服店」と改称され、これまで、三井の中心的な事業として位置づけられていた呉服業の地位は低下した。

分離の背景

呉服店の不振が深刻な様相を呈するなかで、明治政府は、三井のリーダーたちに呉服業からの撤退を促すようになった。当時、政府は銀行制度の中心に三井を据えようと構想中で（→25）、呉服店が三井の信用を失墜させることを懸念していた。明治四年（一八七一）九月、大久保利通や井上馨らは、三井の代表として出頭した三野村利左衛門に対し、金融業以外の商売では三井の名前を使わないよう指示した。さらに、翌年一月には、井上が三井高《たか》喜《よし》・高朗《たかあき》・高潔《たかきよ》、三野村、斎藤純造（→24）を私邸に招いて、大隈重信や渋沢栄一とともに呉服店を分離するよう勧告し、その場で「即答」を求めた。

「表は離れ内輪は離れず」

三井は、内部で調整を図ったうえで、明治五年（一八七二）三月、銀行設立に専念することにし、呉服店の分離を受諾した。三井家の三の字と越後屋の越の字をとって「三越家」という架空の一家を創立し、これに呉服店を譲渡する形式がとられた。店章も従来の井桁三文字を廃止し、新たに丸に越があてられることになった。冒頭の史料の解説でみたように、三井同苗としては、「表は離れ内輪は離れず」という意向のもとで分離を実現していったものとみられる。高辰《たかとき》と高生《たかしげ》は、この手紙の文末で、今回のことは「極密御内談」の件であり、情報が漏れると「大事件」になると綴っている。呉服業からの撤退が、三井家にとっていかに大きな出来事であったのかを窺い知ることができる。

三井呉服店時代のパンフレット

呉服店から百貨店へ

新たに創られた三越家では、使用人筆頭者が「三越得右衛門」名義で当主をつとめていたが、明治十年（一八七七）、高生の二男高信《たかのぶ》が三越家相続人である得右衛門を襲名した。その後、明治二十五年（一八九二）、三井家は得右衛門を三井の姓に戻して、同族に加える決定をくだす。その結果、三越呉服店は三井家の事業として「回収」され、翌年、合名会社三井呉服店として再出発した。しかし、陳列販売方式の導入など、一連の経営改革を進めた三井呉服店は、明治三十七年（一九〇四）に株式会社三越呉服店として再び分離独立することになる。翌年一月、全国主要新聞各紙に「デパートメントストア宣言」の広告を掲載し、三越は日本における百貨店の先駆けとなった。

駿河町雪　明治時代、小林清親筆。手前左が三越呉服店。丸に井桁三ではなく、今日によく知られている丸越の暖簾がかかっている。奥の和洋折衷の建物が、明治七年（一八七四）二月に竣工し、明治九年に三井銀行本店となった「駿河町三井組ハウス」（→28）。

27 明治七年の危機

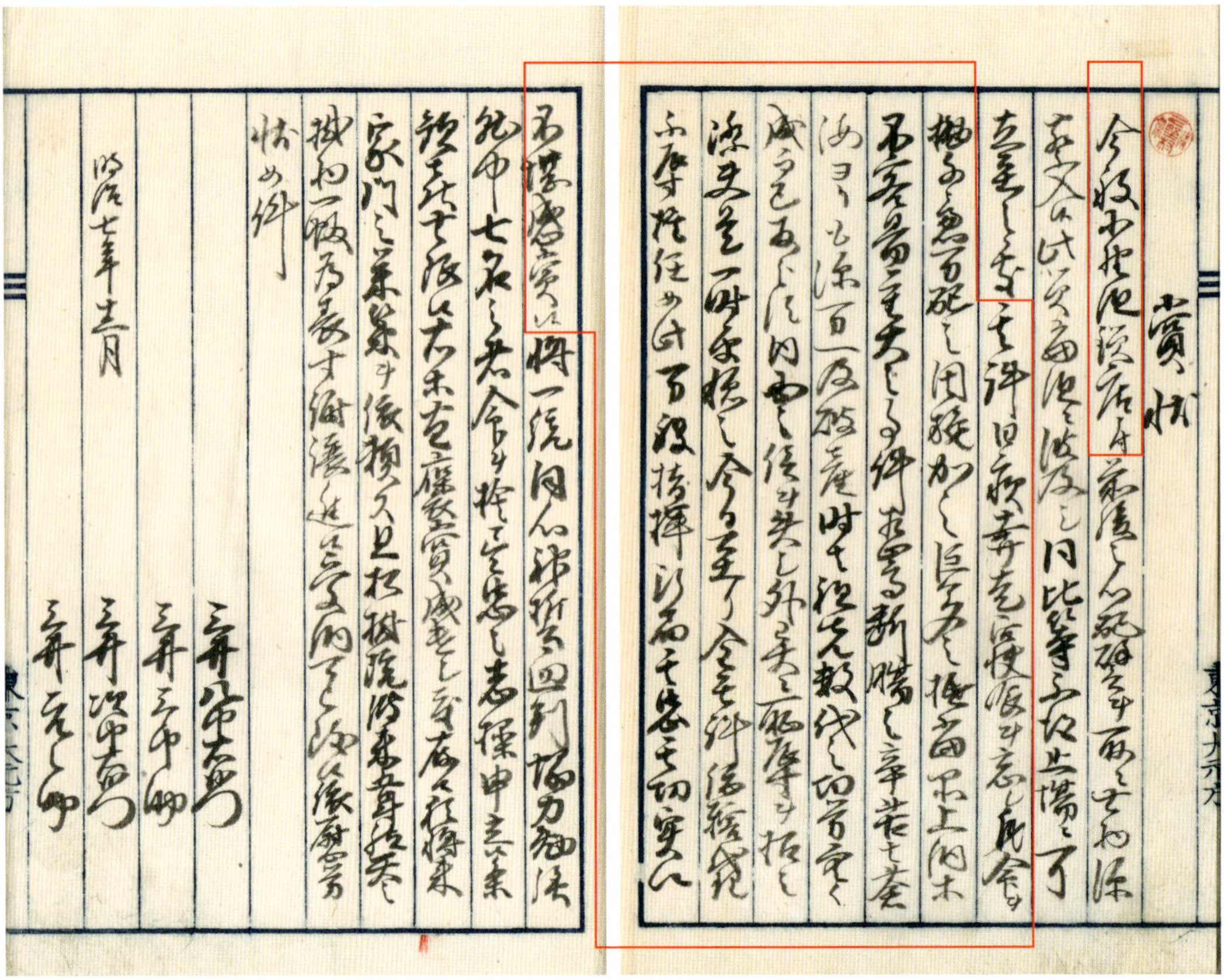

役替等級申渡控（やくがえとうきゅうもうしわたしひかえ）

三井組の統轄機関である大元方が作成した重役手代に対する辞令および賞状の写し。この記事は、明治7年（1874）12月、三井八郎右衛門（北家八代・高福《たかよし》）、三郎助（小石川家七代・高喜《たかよし》）、次郎右衛門（後の北家九代・高朗《たかあき》）、元之助（伊皿子家七代・高生《たかしげ》）、源右衛門（新町家八代・高辰《たかとき》）、篤二郎（永坂町家六代・高潔《たかきよ》）から三野村利左衛門にむけた謝辞。

史料の読み

今般小野組鎖店ニ付（中略）其許日夜奔走、寝喰ヲ忘レ身命ヲ抛、千慮万配之周旋、加之巨多之抵当品上納等不容易重大之事件相嵩、断腸之辛苦者蒼海ヨリも深、万一及破産時者祖先数代之功労空く成而已ならす、内国之信ヲ失シ、外異ニ恥辱ヲ招之際、夫是一時平穏之今日至リ、全其許総轄代理不辱権任、如此万般指揮行届、其忠其功実以不堪感賞候

現代語訳

このたび小野組は破綻した。（中略）あなた（三野村）が寝食を忘れて奔走し、いろいろと周旋した。しかし、巨額の抵当品を政府に上納するという難事にあい、その苦しみは大変なものだった。この危機により、万一破産した時は、祖先数代の苦労が水泡に帰すのみでなく、日本の商人として恥をさらすところであった。このように平穏の今日に至ったことは、あなたの指揮が行き届いた結果であり、その忠孝を称えたい。

記事について

明治七年（一八七四）、小野組が破綻した時、三井組も同じような危機に直面していた。その際、三野村をはじめとする重役手代が懸命に働いたことに対して、最大級の賛辞を送っている。この「賞状」の宛名（「三野村利左衛門殿」）のあとに、西邑《にしむら》乕《とら》四郎《しろう》や三野村利助（三野村利左衛門の養嗣子）など、褒賞を受けた合計一一名の名前が記されている。

三井組の官金取り扱い

明治政府の銀行制度が変転していくなかで、三井・小野・島田という為替方《かわせかた》三家（→23）が取り扱っていた大蔵省の官金出納業務は、明治六年（一

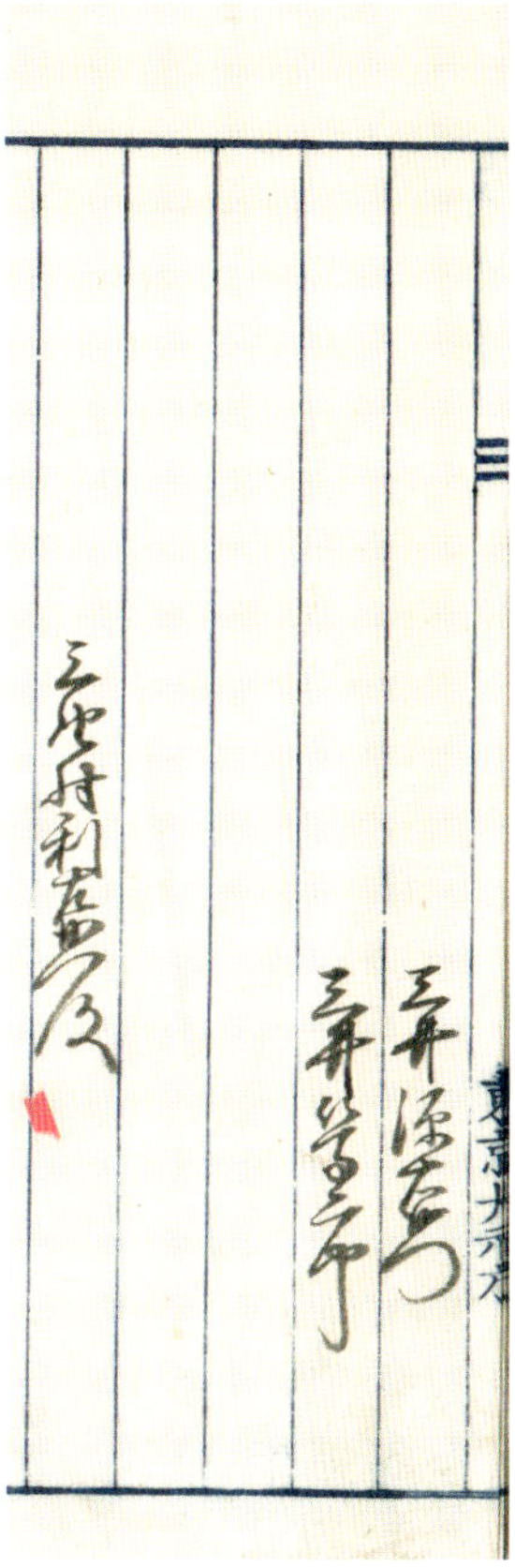

八七三）創立の第一国立銀行が担当することとなった（→25）。しかし、その他省庁や各府県の官金出納は、従来と同様に三井組、小野組、島田組に委ねられていた。これらの業務は、租税などの官金を預かって上納するまでのあいだ、自由にそれを運用することができるという点で、三井組にとって重要な資金源となっていた。小野組が各府県の官金出納業務を先取りするなかで、三井組も出張店を全国的に拡充し、明治六年七月には、一三県の官金取り扱いをつとめるまでに至った。

「抵当増額令」

そのようななかで、明治七年十月二十二日、いわゆる「抵当増額令」が政府より出された。従来までは、官金預かり金額の三分の一に相当する抵当を差し出すことになっていたが、その抵当額が預かり金相当にまで引き上げられた。しかも、その期限が十二月十五日に設定された。これは、官金を元手に債権の購入や貸し付けなどを行っていた為替方三家に衝撃をあたえた。小野組と島田組は、抵当物の調達に失敗し、それぞれ十一月と十二月に閉店する（左下図）。三井組の場合、二〇〇万円をこえる抵当物を納めることが求められたが、各出張店では、放漫な資金運用がおこなわれており、いずれも滞貸を増加させていた。

外国銀行からの借入

この難局を三井組がいかに乗り切ったのだろうか。この点はながく議論の尽きないテーマであったが、最近の研究によって、三井組が不足した資金をオリエンタル・バンク（英国東洋銀行）から借り入れていたことが明らかにされている。三井組は、明治七年の五月から十二月のあいだに、多額の抵当を設定したうえで、同行より合計一〇〇万ドルに及ぶ融資を受けた。この借入金を元手に公債や地券を調達し、期限までに抵当物を納入することができた。外国銀行からの借り入れという緊急事態は、外資による乗っ取りの危険をはらんでおり、三井組内部でも、一部の人のみが知る機密事項であったといわれている。オリエンタル・バンクとの折衝や政府関連情報の収集に、三野村利左衛門をはじめとする重役手代たちの働きが大きかったことは、三井同苗がその功績を称えた文面からうかがえる（冒頭図）。

政府の保護

このように「抵当増額令」の危機は乗り越えたものの、三井組は借入金の返済という新たな問題をかかえることになった。明治八年（一八七五）半ば頃には、大幅な債務超過状態に陥ってしまい、ガンに冒されていた三野村が再び奔走する。翌年、三野村は大蔵卿（大臣）の大隈重信と交渉し、設立されたばかりの三井物産が政府米の輸出を請け負い、その輸出代金をオリエンタル・バンクからの借入金の返済に流用できるようにした。破綻を免れたとはいえ、結局、三井組は政府の手厚い保護に頼らざるを得なかったのである。

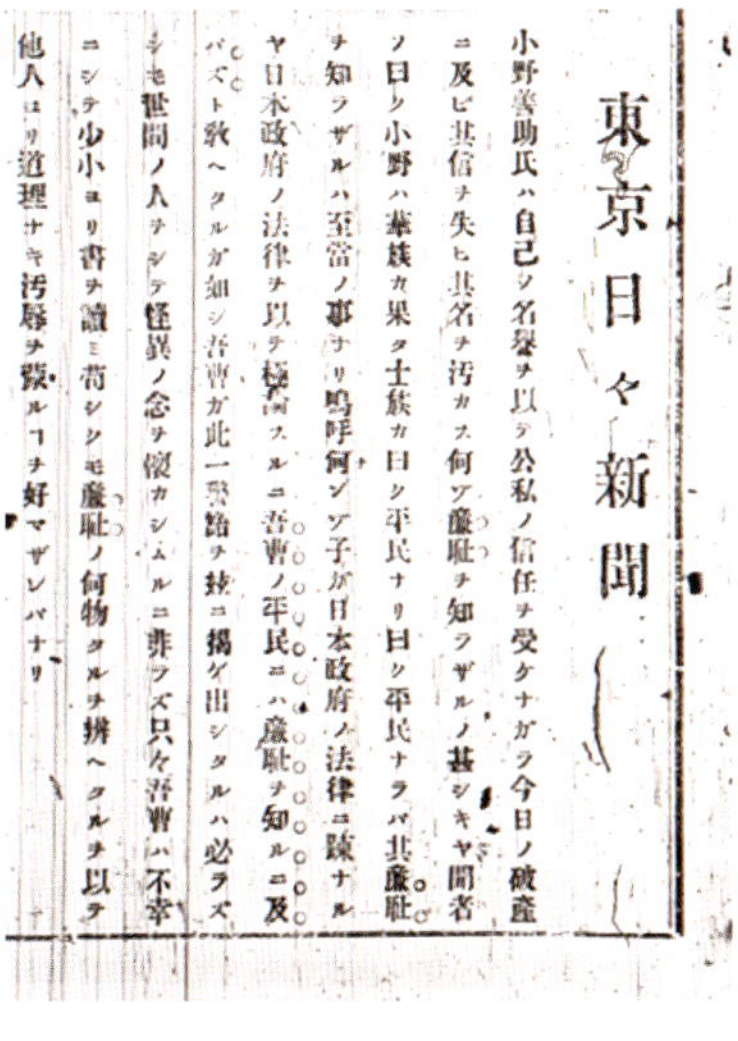

東京日々新聞

小野善助氏ハ自己ノ名聲ヲ以テ公私ノ信任ヲ受ケナガラ今日ノ破産ニ及ビ其信ヲ失ヒ其名ヲ汚カス何ゾ廉耻ヲ知ラザルノ甚シキヤ聞者ノ曰ク小野ハ華族カ果タ士族カ曰ク平民ナリ曰ク平民ナラバ其廉耻ヲ知ラザルハ至當ノ事ナリ嗚呼何ゾ予ガ日本政府ノ法律ニ疎ナルヤ日本政府ノ法律ヲ以テ極論スルニ吾曹ノ平民ニハ廉耻ヲ知ルニ及バズト教ヘタルガ如シ吾曹ガ此一祭路ヲ抜ニ掲ゲ出シタルハ必ラズシモ世間ノ人ヲシテ怪訝ノ念ヲ懐カシムルニ非ラズ只々吾曹ハ不幸ニシテ少小ヨリ書ヲ讀ミ苟シクモ廉耻ノ何物タルヲ辨ヘタルヲ以テ他人ヨリ道理ナキ汚辱ヲ蒙ルコトヲ好マザレバナリ

小野組破綻を伝える新聞

28 日本最初の私立銀行

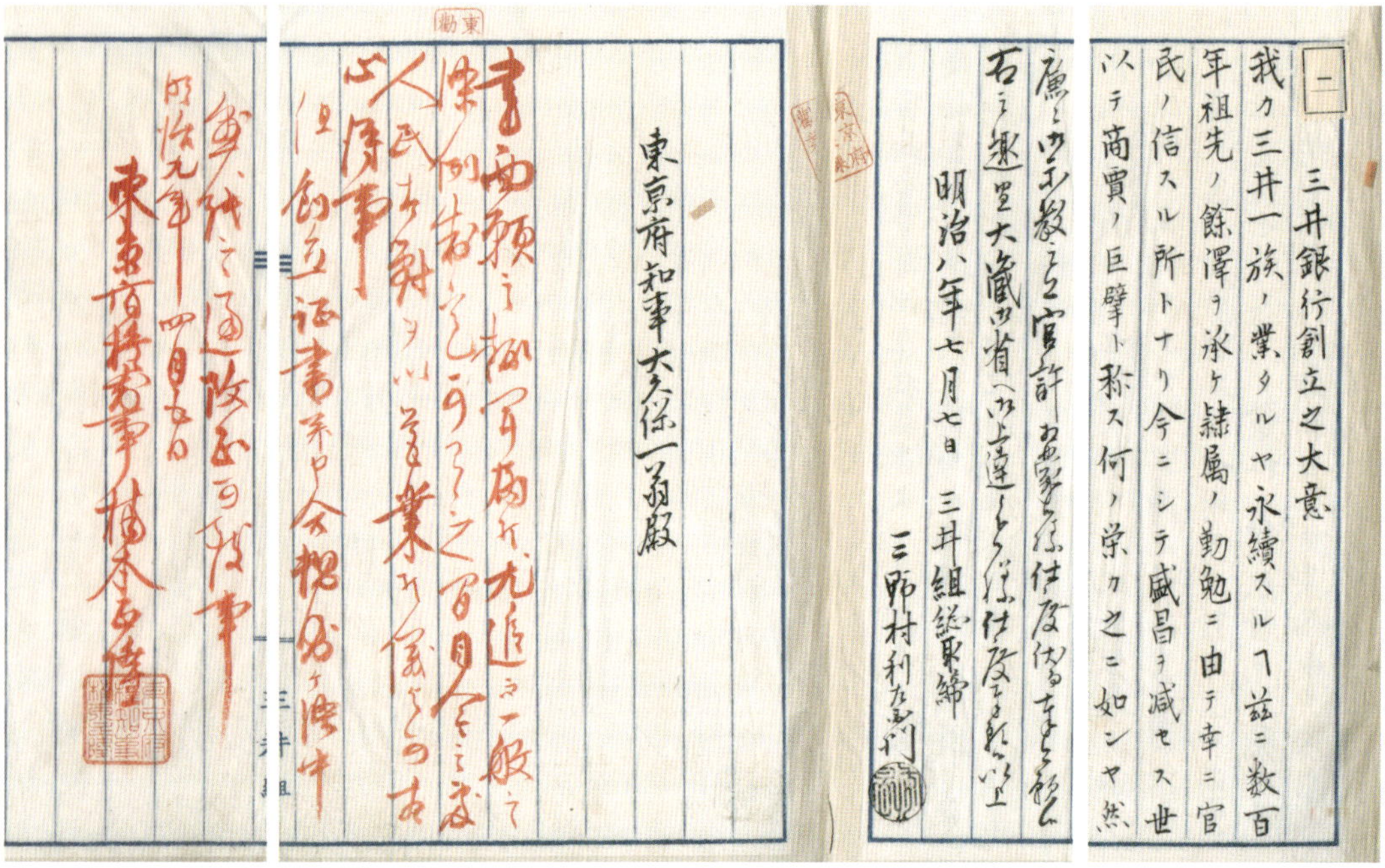
三井銀行創立之大意
我カ三井一族ノ業タルヤ永續スルヿ茲ニ数百年祖先ノ餘澤ヲ承ケ隷屬ノ勤勉ニ由テ幸ニ官民ノ信スル所トナリ今ニシテ盛昌ヲ減セス世以テ商賈ノ巨擘ト称ス何ノ栄カ之ニ如ンヤ然
明治八年七月七日　三井組総取締　三野村利左衛門
東京府知事大久保一翁殿

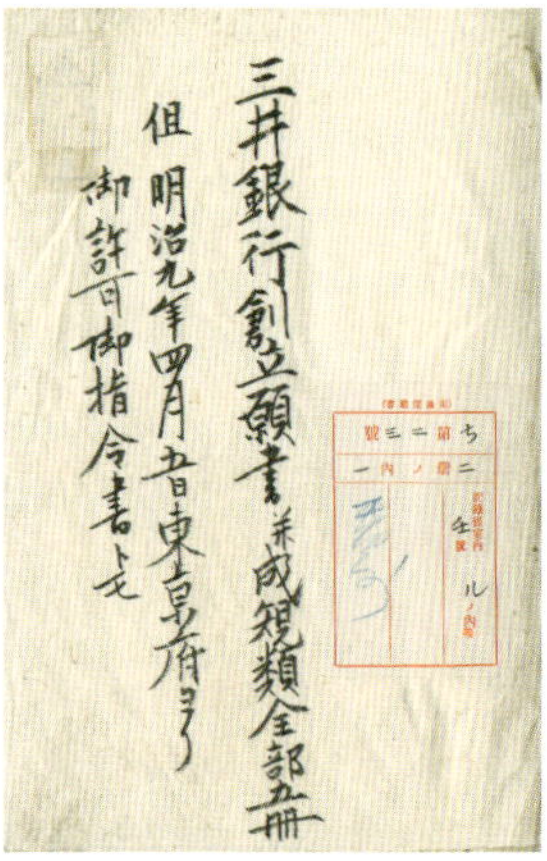

三井銀行創立願書

明治8年（1875）7月7日に、三井組総取締・三野村利左衛門名義で東京府へ提出された三井銀行創立願書。願書は「三井銀行創立之大意」、「三井銀行創立証書」、「三井銀行申合規則」、「三井銀行成規」、「書式」の五部からなっており、それぞれ草稿のまま提出された。上の図版は「創立之大意」の冒頭と末尾部分。三井組は、東京府をつうじて大蔵省から修正の要請をうけ、指示どおりに改訂した。そのうえで、あらためて願書を提出し、明治9年5月23日付で銀行設立の認可指令をうけた。

史料の読み

（朱書部分）

書面願之趣聞届候、尤追而一般之條例制定可有之間、目今之処人民相対ヲ以営業候儀与可相心得事

但創立証書幷申合規則ヶ條中懸紙之通改正可致事

明治九年四月五日

東京府権知事　楠本正隆　印

現代語訳　願書の趣旨は承知した。もっとも私立銀行に関する条例が制定されるまでの間、ひとまずは法律によらず、人民相対で営業を許可する。ただし、願書に貼り付けた修正文（懸紙）のとおりに改正すること。

記事について　東京府は、大蔵省から受けた指令をそのまま願書の末尾に朱書きし、三井組に返却した。政府の銀行制度が十分に整備されていない過渡的な状況のなかで、三井銀行の創立準備がすすめられたことを示している。

三井銀行の設立

明治五年（一八七二）、政府はアメリカの国法銀行をモデルにして、国立銀行条例を制定した(→25)。「国立銀行」（国の法律に則った民間銀行）が多数設立されることで、貨幣制度を安定させることが目論まれた。ところが、実際に開業したのは、第一国立銀行など四行のみであり、条例を改訂する必要に迫られていた。そのようななかで、「抵当増額令」の危機を切りぬけた三井組が(→27)、銀行創立の願書を東京府へ提出したのである。国立銀行

以外に「銀行」の名称を使用することを禁じていた大蔵省は、新たな制度が確立するまでの措置として、法律によらず相互の合意（「人民相対」）のもとで営業を認めることとした。

三井銀行の組織

明治九年（一八七六）七月一日、日本最初の私立銀行として、「駿河町三井組ハウス」（下図）で三井銀行が開業した。三井組の事業を継承し、資本金二〇〇万円で出発する。三井組の資産の一部を残した「三井組大元方」と、北家をはじめとする三井家同族（八家）が、三井銀行からの借入金を元手に、それぞれ一〇〇万円、五〇万円を出資するかたちとなった。残り五〇万円については、三井組使用人から募集した。総長（頭取にあたる）には北家当主の三井高福《たかよし》（→24）が就いたが、経営の実権を握っていたのは総長代理副長の三野村利左衛門であった（→22）。ただ、明治初期の三井を牽引し、銀行創立の立役者となったこの人物は、ガンのため開業式には列席できず、明治十年二月に五七歳の生涯をとじた。その後継者として、養嗣子の利助が副長の座に就いた。また、役員（行員にあたる）に関しては、三井組の奉公人の大部分が継続的に雇用された。奉公人制度（→19）のもと、店に住み込んでいた彼らは、銀行設立の頃には原則的に通勤するようになっていく。

開業当初の営業

開業当初の主な業務は、これまでどおり、各省、各府県の官金取り扱いであった。そのため、三井組の出張店をそのまま引き継ぎ、東京本店、大阪・京都・神戸分店のほか、愛知、下関、松阪など各地に二六の出張店を置いた。創立時に金銭出納を取り扱っていたのは、外務省、内務省、陸軍省、海軍省、文部省、工部省、宮内省、開拓使、その他に東京や大阪などの各府県などであった。明治十三年（一八八〇）上期末の時点で、三井銀行の預金残高における官金預かり高は四三％にのぼっている。ところが、明治十五年に日本銀行が開業すると、官金業務の縮小は確実なものとなった。三井銀行は官金依存からの脱却を余儀なくされ、民間預金を吸収して普通銀行への転換を図っていくことになる。

東京駿河町三井組三階家西洋形之図

明治6年、歌川国輝（二代）筆。明治7年（1874）2月に旧呉服店の跡地に竣工した通称「駿河町三井組ハウス」。設計は「海運橋三井組ハウス」と同じく二代目清水喜助（→25）。総建坪約620坪で、正面と東側にはバルコニーがつけられており、屋根には巨大な鯱が載せられている。右後ろにみえるのが「海運橋三井組ハウス」（第一国立銀行）。当時、これら二つの擬洋風建築物を並べて描く構図が好まれた。

29 三井銀行の経営改革

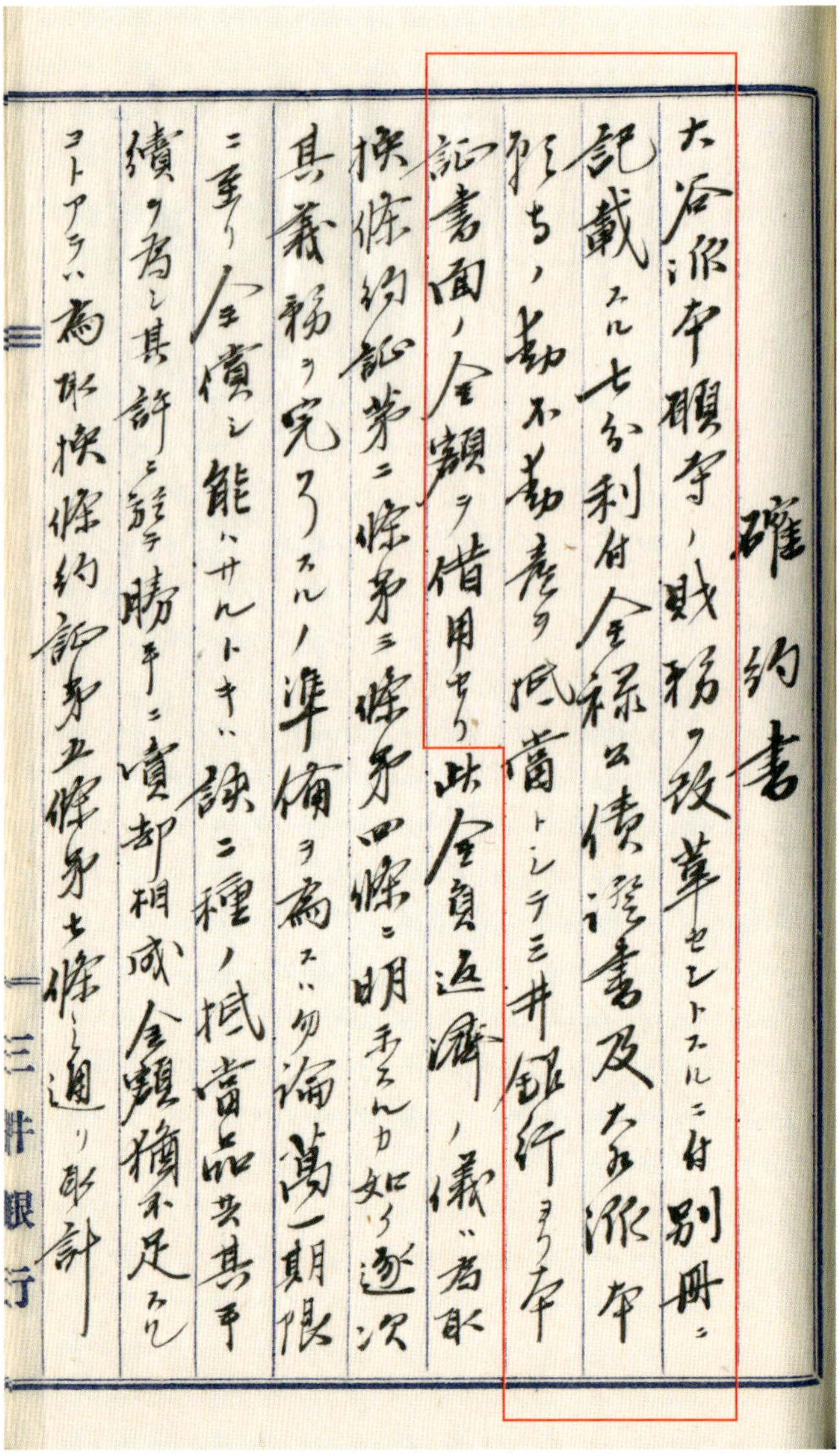
確約書

大谷派本願寺ノ財務ヲ改革セントスルニ付別冊ニ
記載スル七分利付金禄公債証書及大谷派本
願寺ノ動不動産ヲ抵当トシテ三井銀行ヨリ本
証書面ノ金額ヲ借用セリ此金負返済ノ儀ハ右取
扱条約証第二条第三条第四条ニ明示スルカ如ク逐次
其義務ヲ完了スルノ準備ヲ為スハ勿論万一期限
ニ至リ全償シ能ハサルトキハ該二種ノ抵当品共其本
債ノ為ニ其許ニ於テ勝手ニ売却相成金額猶不足スル
コトアラハ右取扱条約証第五条第七条ニ適リ取計

三井銀行

東本願寺書類

右の「確約書」は、三井銀行と真宗大谷派（東本願寺）との間で取り交わされた借用金に関する契約書類の写し（冒頭部分）。明治18年(1885)、三井銀行は負債を抱え込んだ東本願寺の再建に乗り出し、多額の融資を実施した。貸出金が回収されるまでの期間、東本願寺の財務に関する書類が三井銀行に提出されており、それが三井家に保存された(上図)。

史料の読み　大谷派本願寺ノ財務ヲ改革セントスルニ付、別冊ニ記載スル七分利付金禄公債証書及大谷派本願寺ノ動不動産ヲ抵当トシテ三井銀行ヨリ本証書面ノ金額ヲ借用セリ（後略）

記事について　明治十八年（一八八五）十二月、大蔵大臣松方正義の要請を断れず、三井銀行は、東本願寺に三〇万円を融資するとともに、本山の財務改革を請け負うことになった。右の記事には、公債証書および動不動産を抵当に差し出す旨が記されている。

ところが、東本願寺の実収入は予定を下回りつづけ、三井銀行の貸出額は、年々累積して明治二十四年には約一〇〇万円に達した。これは、当時の三井銀行本店の貸出額の一〇分の一の金額であった。東本願寺に代表されるように、明治二十年前後の三井銀行では、政府要人との関係から生ずる情実的な貸し付けが行われており、回収リスクの高い債権が多数存在していた。このような旧態依然とした経営を抜本的に改革したのが中上川《なかみがわ》彦《ひこ》次郎《じろう》であった。

三井銀行の経営不振

明治十五年（一八八二）に日本銀行が創立されると、官金を主要な資金源としていた三井銀行は、民間商業銀行への転換を迫られた。総長代理副長西《にし》邑乕《むらとら》四郎《しろう》のもと、民間預金の吸収は一定程度の成功をおさめたが、その一方で、融資の審査体制は整えられず、政治家がらみの貸出金が累積していた。明治二十四年（一八九一）六月時点で、三井銀行の全貸出金のうち、回収が確実とみられていたものは約三割にすぎなかった。

中上川彦次郎の登場

三井家に大きな影響力を持つようになっていた井上馨は（→37）、このような状況に危機感をいだき、改革の推進者として、山陽鉄道社長の中上川《なかみがわ》彦次郎に白羽の矢をたてた（左下図）。井上が中上川に入行を要請していた頃、京都分店が取付騒ぎに見舞われる。明治二十四年七月、三井銀行の経営難を指摘する記事が新聞に掲載され、京都の預金者たちの不安をあおった。掲載翌日には、預金払い出しを求める人びとが店頭に集まり、その数は午前六時に六、七〇人にのぼった（上図）。この騒ぎを契機に、行内でも早急な改革の実施が訴えられるようになる。一方、三井入りの誘いをうけた中上川は、まず

京都分店の取付騒ぎの情景

叔父の福沢諭吉に相談していた。福沢は電報ですぐに快諾をすすめており、手紙で「三井の信用を以てすれば天下の金を左右するに足るべし」と書き送っている。それをうけて上京した中上川は、八月に三井銀行理事、翌年には副長に就任し、事実上の経営責任者の地位におさまった。

学卒者の採用と不良債権整理

中上川は、三井銀行を改革するにあたって、学卒者を積極的に採用した。特に、母校の慶應義塾出身者から有能な人材を引き入れ、奉公人中心の経営体制に新しい風を吹きこんだ。このときに登用されたのは、朝吹英二《あさぶきえいじ》、武藤山治《むとうさんじ》、日比翁助《ひびおうすけ》、小《こ》林一三《ばやしいちぞう》、藤原銀次郎、池田成彬《いけだせいひん》（→45）などであった。かれらは、その後、三井のみならず、日本の経済界で華々しく活躍することになる。

人材の確保に取り組みつつ、まず中上川が着手したのが不良債権の整理であった。冒頭で紹介した東本願寺の場合、中上川は「枳殻邸《きこくてい》」（渉成園）の抵当権を登記すること、返済が履行されない場合はそれを競売にかけることを申し入れ、貸出金を全額回収した。同様に、債権の回収・整理を強行した事例としては、松方正義や大隈重信の口利きで貸し付けが行われていた第三十三銀行、からくり儀右衛門こと田中久重が設立した田中製造所などが有名である。その過程で、三井銀行は製糸工場、機械工場を手に入れていった（→36）。

業務の合理化

さらに、中上川は政府高官（松方正義や桂太郎など）の不良債権に対しても厳しい処置をとるとともに、官金出納のために置かれた分店と出張店を適宜閉鎖していった。こうして、中央政府との癒着のなかで生まれる情実を断ち切り、最終的には、明治三十六年（一九〇三）に官金取扱をすべて返上する。その他にも、貸出限度額の設定、行員の待遇改善など、さまざまな施策をすすめた。明治三十一年には池田成彬、米山梅吉（→43）らを欧米に派遣し、銀行業務全般を調査させるなど、人材の育成と業務の合理化に努めている。三井銀行が普通銀行としての基礎を固めるにあたって、中上川の残した功績はきわめて大きかった。

中上川彦次郎《なかみがわひこじろう》**（一八五四－一九〇一）**　豊前中津藩士の家に生まれる。母親は福沢諭吉の姉。慶應義塾卒。工部省を退官後、福沢とともに『時事新報』を創刊。三井銀行で辣腕をふるう一方で、三井の中枢部に位置して「工業化路線」を推し進めた（→36）。

30 三井物産の創立

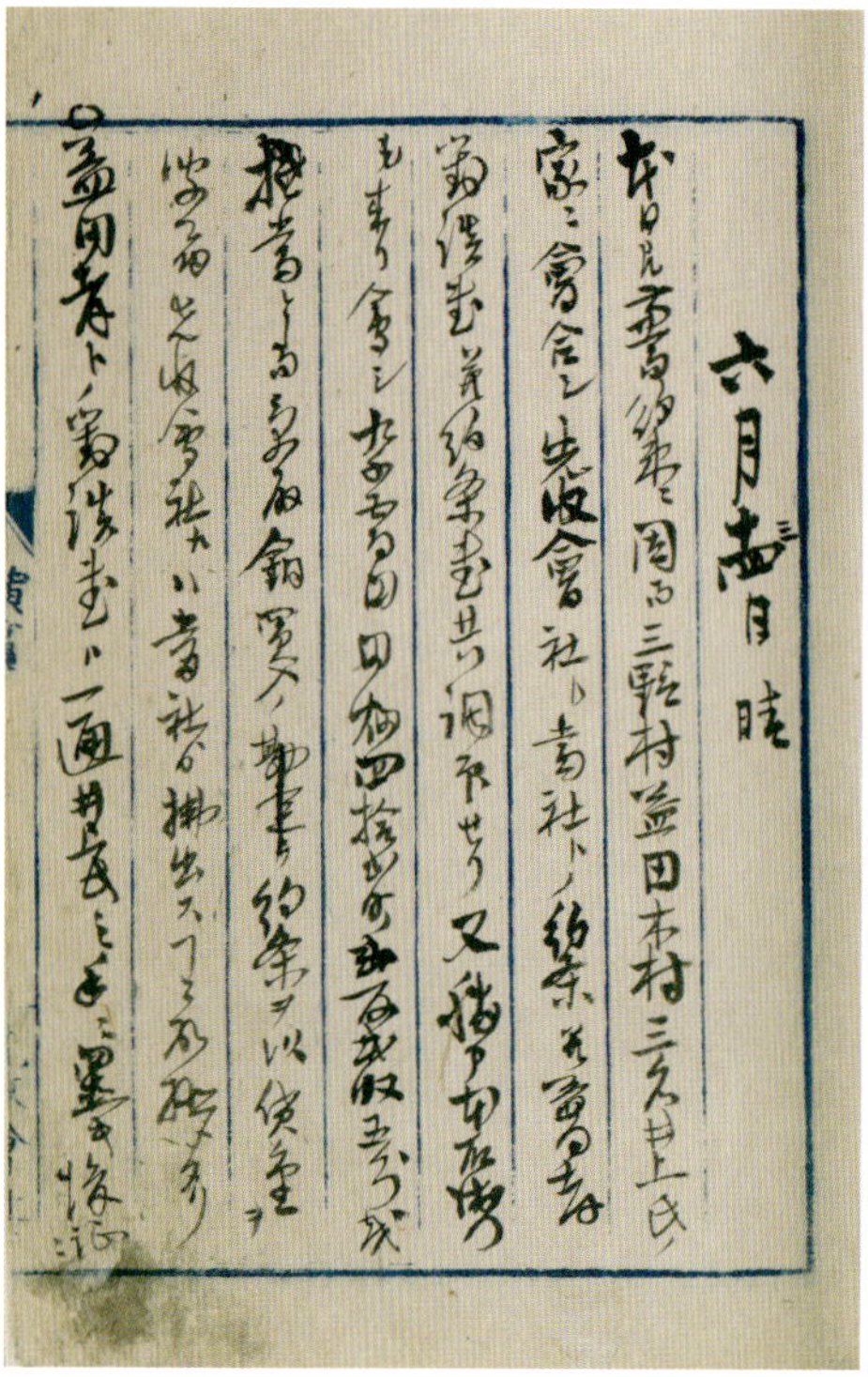

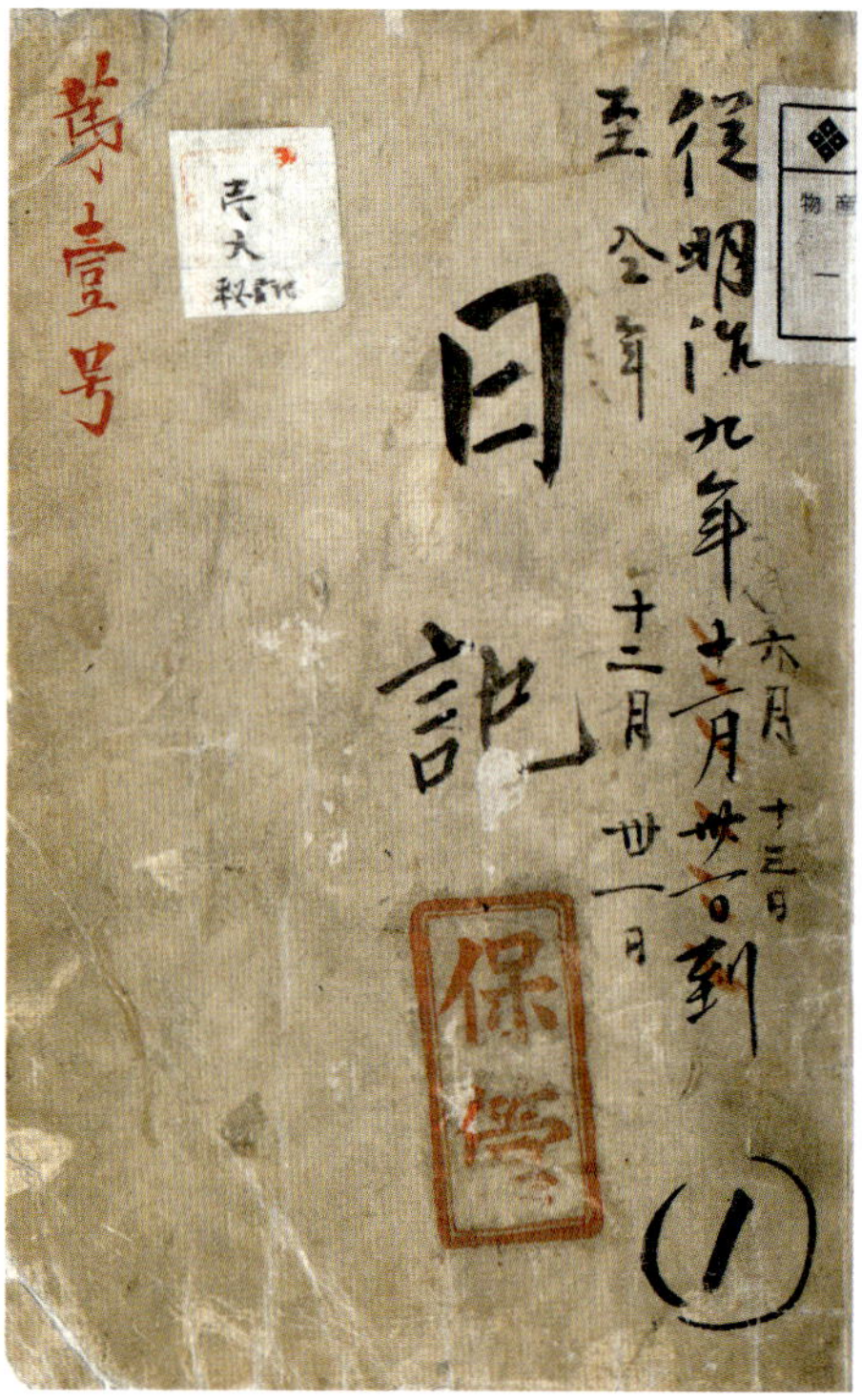

三井物産「日記」

三井物産「日記」は、同社本店の業務日誌で、取引内容、社員の動き、人事、三井銀行や政府・官庁との連絡などを知ることのできる貴重な史料である。明治9年（1876）から明治31年（1898）までの全24冊がある。

ここに掲げたのは、「日記」第1号の表紙と冒頭の記事である。明治9年7月1日の創立を前に、6月13日に井上馨邸でおこなわれた会談の記録で、「本日は兼而約束ニ因而三野村、益田、木村三名井上氏ノ家ニ会合シ先収会社ト当社〔三井物産―引用者〕トノ約条幷益田孝対談書幷約条書共調印セリ」とあり、先収会社の業務を引き継いでの三井物産創立が確定したことが記されている。初期の「日記」では、総轄・益田孝や副総轄・木村正幹が、自ら筆をとることが多かった。この日の記事は、益田が書いている。

先収会社

明治六年（一八七三）、財政上の意見対立によって大蔵大輔《たいふ》を辞職した井上馨（→37）は、大阪の商人・岡田平蔵らとともに、鉱山業と貿易業を営む岡田組を立ち上げたが、創業間もなく岡田が急死したため、あらたに先収会社を立ち上げ、明治七年に業務を開始した。先収会社の主な業務は、陸軍省へ納入する絨《じゅう》（毛織物）・毛布・武器等の輸入、東北米や山口県の地租引当米などの取引であった。明治八年（一八七五）十二月、井上の政府への復帰が決まり、先収会社は閉鎖されることになった。そのとき、三野村利左衛門（→22）は、先収会社を三井で継承し、経営を益田孝に任せたいと、井上と益田に持ちかけた。当初、益田は消極的であったが、三野村は様々なルートを通じて働きかけ、何度か話し合いを持つうちに、益田の気持ちが動いたようである。明治九年（一八七六）五月一日、井上宅において、井上馨・益田孝・三野村利左衛門の三者会談がもたれ、先収会社を三井が引き継いで新会社を創立することが内定した。その日の会談で、新規契約・新規商売の開始については三野村の同意を必要とするが、新会社の基本的な経営権は益田が握ることなど、新会社の基本が固まった。六月十三日に、三野村と益田・木村正幹との間で契約が調印され、先収会社を引き継いで三井物産会社を創立することが確定した（冒頭図）。

三井物産の創立

明治九年(一八七六)六月二十三日、三井物産会社創立願書が東京府知事あてに提出され、七月二十八日付けで認可の指令を受けた(創立は七月一日とされている。なお、現在の三井物産は、ここで創立された三井物産とは法的継続性のない別個の企業体である〔→50〕)。

新会社は、三井武之助・三井養之助の組合約定によって成立し、両名を社主とした。創立に合わせて、武之助、養之助両名と三井家同族との間で、両者は「判然其身代ヲ別ニシタルモノ」であり、相互に負債を償う等の義務を負わないこと、両名は三井家同族と籍を別にするが、一族の列からは除かないことなどを取り決めた。

三井物産は、日本産品の海外輸出、内地需要品の輸入をその目的にかかげ、思惑商売を極力排し、確実な口銭収入に依拠することを営業の基本方針とした。資本金は定めず(明治十三年八月に二〇万円と定める)、三井銀行との間に五万円、第一国立銀行との間に一万円を限度とする借越契約を結んだ。創立時の正確な従業員数は判明しないが、創立間もない明治九年九月二日時点での社員(月給雇用者)は、一六人であった。

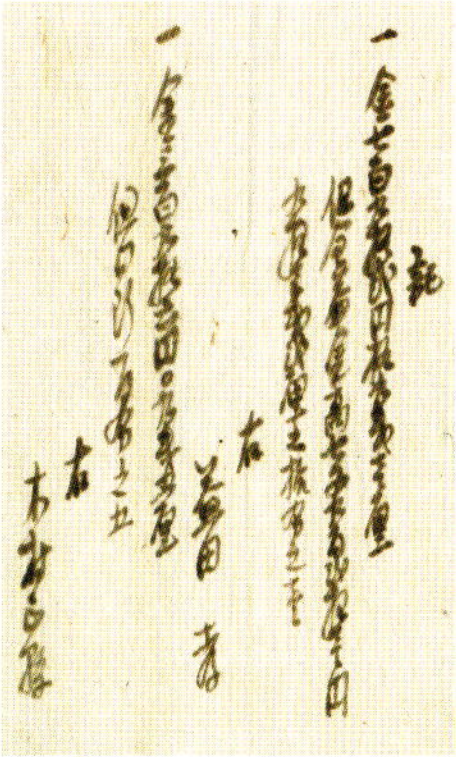

第一回決算報告
益田と木村への賞与額の記載箇所

国産方の合併

三井物産は、明治九年十一月十五日に、三井組国産方を合併し、その人員五一名を受け入れた。三井組国産方は、諸国物産取扱を目的として、明治七年(一八七四)年八月に設立され、米穀をはじめとする各地物産の流通ならびに荷為替金融を扱うとともに、明治政府の意を受けて米穀の海外輸出も取り扱っていた。国産方は、先収会社とならぶ、三井物産のもう一つの前身と言える。

益田孝と木村正幹

三井物産の創立は、総轄(明治十三年、社長と改称)に就任した益田孝あってのことであった。益田は、佐渡地役人の家に生まれ、文久三年(一八六三)の幕府遣仏使節の随員従者として渡欧経験があった。幕府瓦解後、横浜のアメリカ一番館=ウオルシュ・ホール商会に雇われ、一年ほど勤める間に、貿易の実務を習得した。その後、岡田平蔵に誘われ大阪の金銀分析所を手伝うことになり、その頃井上馨の知遇を得た。井上のすすめで大蔵省に入ったが、井上の下野に連なって辞任、先収会社の創立に参加し、その経営の実際を取り仕切っていた。そうした益田の力量に三野村は目をつけたのである。

副総轄(同、副社長)に就任した木村正幹は、天保十四年(一八四三)生まれの元長州藩士で、井上が先収会社を創立した際に、誘われて参加した。堅実な性格であったようで、三井物産においては、商売を縦横に展開する益田を支える役割であった。無資本で出発した三井物産の潤沢ではない資金面は、もっぱら木村が手配していたという。

こうした二人に、三井は破格の待遇を用意した。契約では、益田の俸給が月額二〇〇円、賞与金が三井物産の純益金のうち一〇%、木村は、同じく一〇〇円と五%となっていた。第一回決算(明治九年七月から十二月)では、契約に従い、益田に七九二円余、木村に三九六円余の賞与が支払われた(上図)。

益田孝(一八四八ー一九三八) 三井物産を世界的商社に育て上げ、三井全体のリーダーとなり、三井財閥の組織を作り上げた。茶人としても著名で、鈍翁と号した。

31 初期三井物産の経営

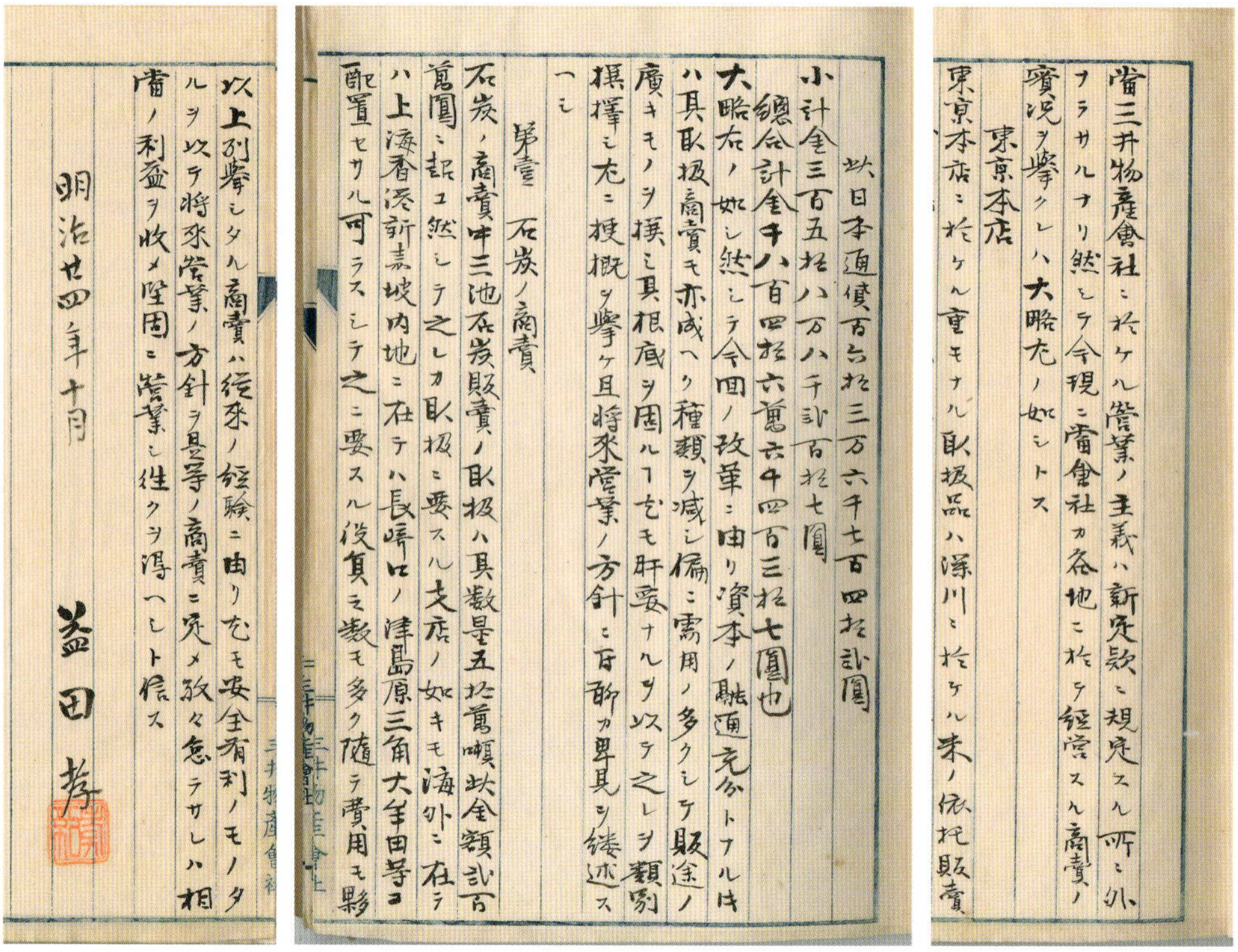
當三井物産會社ニ於ケル營業ノ主義ハ新定款ニ規定スル所ニ外ナラサルナリ然レトモ今現ニ當會社カ各地ニ於テ經営スル商賣ノ實況ヲ擧クレハ大略左ノ如シトス

東京本店

東京本店ニ於ケル重モナル取扱品ハ深川ニ於ケル米ノ依托販賣

此日本通貨百六拾三万六千七百四拾弐圓
小計金三百五拾八万八千弐百拾七圓
總合計金千八百四拾六萬六千四百三拾七圓也

大略右ノ如シ然レトモ今回ノ改革ニ由リ資本ノ融通充分トナルトキハ其取扱商賣モ亦成ヘク種類ヲ減シ偏ニ需用ノ多クシテ販途ノ廣キモノヲ撰ミ其根底ヲ固ルコトモ肝要ナルヲ以テ之レヲ類別撰擇シ左ニ梗概ヲ擧ケ且將來營業ノ方針ニ至ル迄卑見ヲ陳述スヘシ

第壹　石炭ノ商賣

石炭ノ商賣中三池石炭販賣ノ取扱ハ其數量五拾萬噸此金額弐百萬圓ニ超ユ然レトモ之レカ取扱ニ要スル支店ノ如キモ海外ニ在テハ上海香港新嘉坡内地ニ在テハ長崎口ノ津島原三角大牟田等ニ配置セサル可ラスシテ之ニ要スル役員ノ數モ多ク随テ費用モ影

以上列擧シタル商賣ハ従來ノ經驗ニ由リ尤モ安全有利ノモノタルヲ以テ將來營業ノ方針ヲ是等ノ商賣ニ定メ孜々怠ラサレハ相當ノ利益ヲ收メ堅固ニ營業シ徃クヲ得ヘシト信ス

明治廿四年十月

益田孝

物産会社営業実況報告幷意見書

明治24年（1891）10月、三井の組織改革・事業整理が進められる過程で、益田孝が作成した文書である。明治23年（1890）中の三井物産の商品ごとの取扱高を詳述して営業の状況を明らかにしている。将来の営業方針については、組織改革によって資本の融通が充分となれば、取り扱い商品の種類はなるべく減らして、「需要ノ多クシテ販途ノ広キモノ」を選ぶべきであるとしている。具体的には、石炭、棉花、織物、輸出米、「外国ニ関スル雑業」（ロンドン支店から輸入する機械・小間物など）、内地米、海産物（魚肥・魚油の類）、生糸及び製茶（横浜での売込）の8つの商売を上げて、これらは、従来の経験から、最も安全有利なものであり、今後の営業の方針をこれらの商売に定めれば、相当の利益を収め、堅固な営業が可能であると述べている。

初期の取り扱い商品

創業当初の三井物産では、政府米の輸出をはじめとする米穀取引、西南戦争の軍需、政府から無利息資金を得ての荷為替業務など政府関係の商売が大きな比率をしめていた。しかし、政府関係の商売は、横浜正金銀行の創立（荷為替業務を失う）、千住の官営製絨《じゅう》工場創立（絨の輸入減少）などもあり、次第に減少して行った。

明治十年代後半には、石炭（三池炭の輸出と国内での販売）が中心的な商品となってゆく。石炭輸送のために、初期から汽船も所有していた。企業勃興期（明治十九年以降）を迎えると、綿紡績機（左上図）などの機械輸入が次第に増加してゆき、棉花取引も成長をはじめる。明治二十年代末には、石炭・機械・棉花などが基盤的商品として定着する。

損益の推移

創立当初から明治十三年（一八八〇）まで、三井物産は順調に利益をあげていた。明治十四年（一八八一）には、松方デフレによる打撃を受け、内国米穀売買の失敗に、海外輸出品の代金回収不調なども重なり、一〇万円を超える巨額の損失を計上した。また明治十年代には、ロンドン支店への初期投資による損失があり、企業勃興期には、鉱山業や北海道漁業で損失を出している。こうした損失は、石炭取り扱いでの利益や、船舶運用の利益などでカバーをしていたことが、近年の研究で明らかになっている。

初期の海外支店

三井物産の最初の海外支店は、明治十年（一八七七）に開設された上海支店であった。以後、明治十一年に香港とパリ、十二年にニューヨークとロンドンに海外支店が開設された。しかし、このうち、香港支店は明治十四年（一八八一）に、ニューヨーク支店は十五年に、パリ支店は二十一年（一八八八）に、それぞれ閉店されている。海外貿易の基盤が未確立な状況では、支店を維持することができなかったのである。

プラット社の紡績機　三井物産は、英国の紡績機械メーカー・プラット社と代理店契約を結び、企業勃興期に簇生する紡績会社に大量の紡績機械を販売した。写真は、大日本紡績平野工場（元平野紡績）で稼働する1888年プラット社製の紡績機。

ロンドン支店の確立

そうした中で、ロンドン支店は、初期の困難を乗り越えて定着した。ロンドンでの三井物産の業務は、明治十年（一八七七）にロバート・アーウィンを代理店とすることから始まった。明治十二年（一八七九）に、笹瀬元明を派遣し、日本人店員による支店を開設した。初期のロンドン支店は、多額の損失を出していた。ロンドン支店が収益をあげるようになるのは、明治十六年（一八八三）以降のことである。明治十年代後半には、政府米輸出の取扱での利益が大きく、明治二十年代に入ると日本への機械輸入などで利益をあげられるようになった。その間に、貿易業務に不可欠の海運や保険に関するノウハウを蓄積し、またロンドンでの信用も積み重ね、貿易商社としての基盤が形成された。

『中外物価新報』

三井物産の本業ではないが、初期三井物産のユニークな活動に、『中外物価新報』の発行がある。明治九年（一八七六）十二月二日、『中外物価新報』が三井物産によって創刊された。内務省勧商局長河瀬秀治の勧めを受けた益田孝がその創刊を決意し、編集人には河瀬の紹介により勧商局より太田原則孝を迎え、また新聞の印刷・配達などの実務面では『東京日日新聞』を発行していた日報社社長福地源一郎の支援を得ての刊行であった。明治十五年（一八八二）に、匿名組合「商況社」が設立され発行元が同社に移されるまで、三井物産内中外物価新報局が同紙を発行した。『中外物価新報』は、その後『中外商業新報』と紙名を変更し、今日の『日本経済新聞』に繋がっている。

三井物産の帳簿　先収会社（↓30）では、洋式帳簿を用いて複式簿記による会計記帳がなされていた。三井物産もそれを受け継いで、洋式帳簿を用いた。三井文庫には、創業から明治後半までの、「LEDGER」「JOURNAL」「CASHBOOK」が保存されている。当時の日本では、洋式帳簿は製造されておらず、これらの帳簿は、ロンドンから取り寄せられていた。

32 三井物産、世界への展開

支店長諮問会々議録

明治35年に開催された支店長諮問会での、石炭販路拡大策についての議論の一部である（左が表紙）。益田孝（理事）が、岩原謙三（ニューヨーク支店長）に対し、ニューヨーク支店から外国海運会社へ、汽船の燃料用石炭購入を働きかけられないものかと、ただしている。それは難しいと言う岩原に対して、益田は「紐育ハ生糸綿等白キモノ丈ニ熱心ニシテ黒キ炭ニハ縁薄キ故十分働カサルニハアラサルカ」と迫っている。

上記史料は、手書きで、「蒟蒻版」という方法で複写されている（翌年の議事録からは活版印刷となる）。「蒟蒻版」は戦前期の三井物産で多用されているが、経年変化で文字が薄れて行く。この史料も一部判読が困難になりつつある。

支店長諮問会（支店長会議）の議事録は、明治33年（1900）から昭和6年（1931）までの18回分が、現在確認されている。

輸出商への成長

明治二十六年（一八九三）に合名会社に組織を改めた三井物産は、その営業を順調に伸ばしていった。三井物産の取扱高は、明治三十年（一八九七）には、輸出一〇四三万円、輸入三三五四万円であったものが、明治四十四年（一九一一）には、輸出一億一一六四万円（対三十年比、一〇・七倍）、輸入一億一三三三万円（同、三・四倍）へと増加している。特に、輸出取扱高の伸びが顕著で、輸入額と拮抗するまでになっている。明治四十四年の三井物産の取扱高は、輸出において日本全体の約四分の一、輸入で約五分の一を占めるに至った。

この時期においても、石炭、機械、棉花、綿糸などの商売が基盤であったが、日露戦争後の時期に、急速に取扱高を伸ばしたものに生糸があった。三井物産は、対米輸出を中心とする生糸輸出で、外商を圧倒してシェアを伸ばしていった。

支店網の拡大

商売の拡張と表裏一体で支店網が拡大された。明治二十六年二月の時点で、国内の支店は、横浜、大阪、神戸、函館、小樽、馬関の六店、出張店・出張所が三池、口之津、長崎、島原、三角、高崎、若松の七箇所にあった。海外支店は、上海、香港、ロンドン、シンガポールの四店で、出張店・出張所が、天津とボンベイにあった。二十六年一月時点での職員録に掲載されている従業員（手代見習い以上）は、約二五〇名であった。

明治四十四年五月の時点でみると、国内で、名古屋、門司の二支店が増え、三池と長崎が支店に昇格している。馬関支店、島原出張所、三角出張所、高崎出張所は廃止されている。海外支店は、台北に新設、ニューヨークが再開（左図）、天津とボンベイが昇格している。出張所は、台南、京城、安東県、大連、漢口、サンフランシスコと、アジアを中心に新設されている。従業員も、一一六六人となっている。

「工業化の組織者」

こうして、三井物産は、多様な商品を世界各地と取引する総合商社への途を歩んでいった。その活動は、商業・金融・海運など多岐にわたるとともに、単なる商事会社の枠を超えて、世界の最新の情報を集め、それに基づき産業企業の発展を支援する「工業化の組織者」と呼ばれる側面も持っていた。一例であるが、豊田佐吉の事業への支援は有名である。

三井物産ニューヨーク支店　明治29年（1896）に再開された三井物産のニューヨーク支店が入っていたビルディング。

支店長会議の開催

三井物産では、各地の支店長を東京に招集して、支店長会議（大正二年までは支店長諮問会議）を開催している。会議には本店本部の重役・担当者も出席し、そのほかに三井鉱山などの関係会社の担当者が参加することもあった。

支店長会議については、詳細な議事録が作成されており、そこから三井物産の経営方針、各商品・各支店の現状・課題、組織運営の問題点や改善策などを具体的に知ることができる。

たとえば、大正二年（一九一三）の支店長諮問会議（七月十日から七月三十一日）の議事録は、活版印刷で六二六頁にも及ぶ大部なものである。「商品取扱金額ノ劇増ハ悦フヘキカ如キモ金融ノ関係若クハ純益ノ割合等ニ鑑ミ縮少方針ヲ執ルヘキモノアルカ如シ之ニ関スル意見如何」など一〇の諮問案についての議論と、石炭・機械・棉花など商品別分科会での議論が記録されている。

支店長会議では、本店側と支店長との間で、あるいは支店長同士で、激しい議論が交わされることもあった（冒頭図版解説）。支店長会議は、本店の方針を支店長に伝達する場でもあったが、一騎当千の支店長達が、自由闊達な議論を展開し、三井物産の経営戦略を練り上げていく場でもあった。

三井物産支店長会議記念撮影　大正15年（1926）6月に開催された支店長会議の際に、三井北家大書院前で撮影された写真。前列中央（右から9人目）に三井合名会社々長の三井高棟（→38）の姿がある。

33 三池炭鉱の払下げ

官営三池鉱山局 記念撮影

この写真は、明治22年（1889）1月、官営三池鉱山が三井組に引き継がれる際、三池鉱山局事務所の玄関で撮影されたもの。未刊に終わった「三井鉱山五十年史」が製作される過程でまとめられた「写真集」に収められている。

中段左から７人目が、三池鉱山局で事業計画を主導していた事務長の小林秀知。8人目が、明治17年（1884）に工部省御用掛に任命されて三池鉱山局勤務となり、その二年後に勝《かっ》立《たち》坑兼勤・三池鉱山局工業課長となっていた団琢磨（左下図）。団は勝立坑内の湧水対策のために、明治20年（1887）から欧米の炭鉱事情を調査しており、三井への払下げ決定を帰国途上のニューヨークで耳にした。

官営期の三池炭鉱

伝承によれば、三池における石炭の歴史は古く、一五世紀半ばまでさかのぼる。農夫の伝治左衛門が、稲荷《とうか》山で焚き火をしたところ、黒い岩に燃え移り、「燃ゆる石」が発見されたという。その後、江戸時代中後期に、柳川藩の家老小野春信が平野山で石炭採掘をはじめ、三池藩が稲荷山、生山を開坑した。明治六年（一八七三）、新政府はそれら三つの石炭山を官有とした。官営三池鉱山は、石炭市場が拡大していくなかで、洋式技術の導入をすすめ、飛躍的に発展していく。年間出炭量は、明治六年の三万トンから明治十一年の約一〇万トンにまで増大した。

三井物産による三池炭輸出

官営時代の三池で採掘された石炭（三池炭）は、製塩用や汽船の燃料用として国内で販売されていた。貿易赤字に悩まされていた政府は、外貨獲得を目的に、三池炭を海外へ輸出することを企図し、その取り扱いを創立準備中の三井物産（→30）に委ねようとした。三井物産が開業する一ヶ月ほど前の明治九年六月、益田孝は三池炭の海外輸出許可を政府へ出願するとともに、伊藤博文の薦めにより、三池鉱山事務主任（当時）の小林秀知と面会している。同年九月、三井物産と政府との間に「三池石炭売捌約定書《みいけせきたんうりさばきやくじょうしょ》」が締結され、三井物産による三池炭の一手販売が開始された。明治十七年（一八八四）には、上海や香港での販売高が一〇万トンを超え、三池炭の約六割を海外輸出が占めるようになった。

三池炭鉱の落札

明治二十一年（一八八八）になると、緊縮財政をすすめる政府は、三池鉱山を最低四〇〇万円以上の競争入札で払い下げる決定をくだす。益田孝は、三池炭の輸出とともに海外支店網を広げた三井物産にとって、落札は不可欠だと三井銀行の副長西《にし》邑虎《むらとら》四郎《しろう》を説き、同行より一〇〇万円を借り受けて入札に臨んだ。開札の結果は、佐々木八郎四五五万五〇〇〇円、川崎儀三郎四五五万二七〇〇円、加藤総右衛門四二七万五〇〇〇円、三井武之助・養之助四一〇万円。

三井は四番札であったが、一番札の佐々木、三番札の加藤も、益田が落札を確実なものにするために用意した代理人であった。競争者がいなければ、高値の札から順に棄権させ、最低価格で落札しようとしていた。しかし、益田が二番札の川崎に辞退するよう交渉するも失敗し、結局、二三〇〇円という僅差で佐々木（三井）が落札することになる。川崎は三菱（岩崎）の代理人であるというのが、当時からの世評であった。のちに益田は、松方正義蔵相に「三池も佐々木八郎でとれてよかったノ―、何も云ふなよ、あのままで受けておけ」と言われ、「ハイ承知しました」と一番札での落札に納得したと回顧している。また、「四五五万五〇〇〇円の内に団も入っている」と益田が松方に申し入れ、団琢磨を残すよう働きかけた、という逸話も現在までながく語り継がれている。

三池炭礦社から三井鉱山へ

落札者の佐々木から全権を委任された三井組は、明治二十二年（一八八九）一月三日に三池鉱山の払下げを受け、「三池炭礦社」を創立した。その最高責任者である三池炭礦社事務長に団を迎え入れた（下図）。その後、三池炭礦社は明治二十五年に三井鉱山合資会社、翌年に三井鉱山合名会社となり、明治四十二年（一九〇九）に三井合名会社鉱山部を経て、同四十四年に三井鉱山株式会社となった。三井三池炭鉱は、日本屈指の出炭量を誇り、「三井のドル箱」（→34）に成長する。第二次世界大戦後、エネルギー転換のなかでも採掘を続けたが、平成九年（一九九七）に閉山を迎えた。

官営期の馬車鉄道（明治11年） 三井に払い下げられた後、明治24年（1891）には、宮浦坑・七浦坑と積出地（横須浜）を結ぶ専用鉄道が敷設される。

団琢磨（一八五八－一九三二）と辞令 一四歳のときに黒田家より海外留学生に選抜されて渡米。マサチューセッツ工科大学（ＭＩＴ）に学び、鉱山学科を卒業。帰国後、大阪専門学校、東京大学助教授を経て工部省入り。明治二十二年、「三池炭礦社」の事務長となる。月俸一五〇円、賞与五〇〇円という破格の待遇だった(当時の総理大臣の年俸は約一万円)。三池炭鉱では、技術者・経営者としての能力を余すところなく発揮し、その後、三井合名会社理事長として三井の事業を主導していく。昭和七年（一九三二）、血盟団員に襲われ、七五歳でその生涯をとじた（→45）。

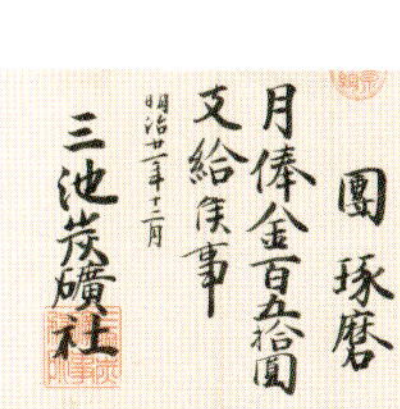
團琢磨
月俸金百五拾圓
支給候事
明治廿二年十二月
三池炭礦社

34 三井のドル箱

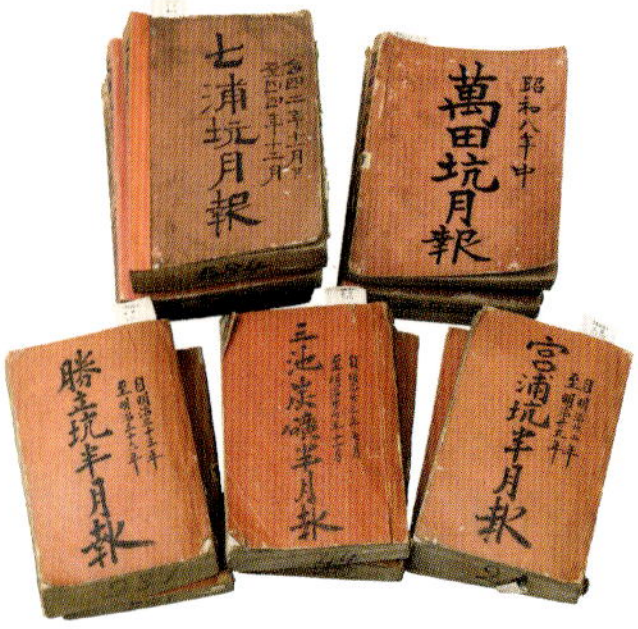

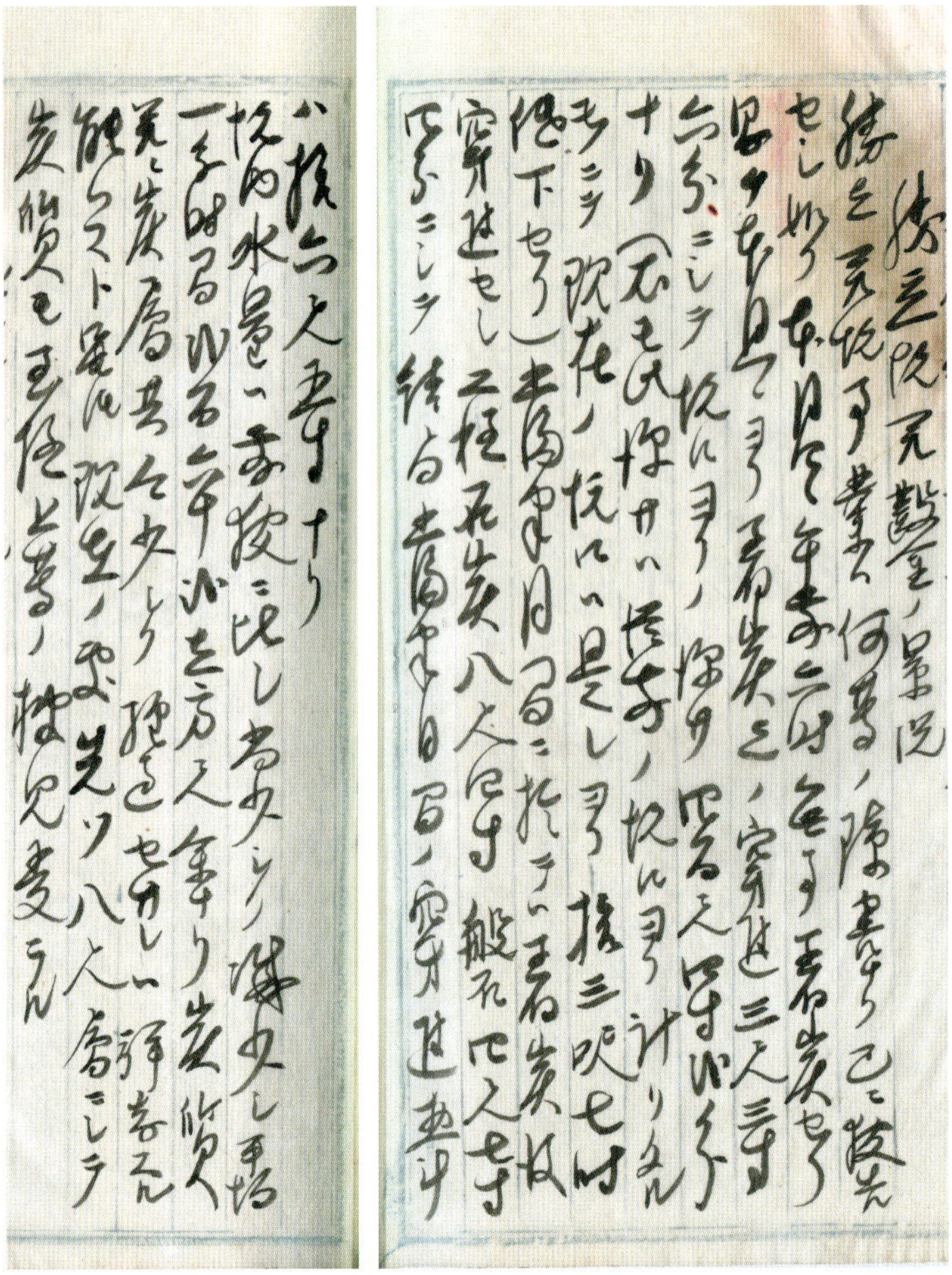

三池炭礦半月報

三池炭鉱では、七浦、勝立《かったち》、宮浦、万田など各坑で「半月報」ないし「月報」が作成されている。「三池炭礦半月報」（ないし「月報」）はそれらをまとめたものと推定される。各坑の掘進・採掘・排水状況だけでなく、石炭市況、コークスの製造などについても細かく記されている。

この記事（右上）は、明治23年（1890）7月から明治27年11月までの「三池炭礦半月報」のうち、明治27年3月上半期の報告。水没危機にあった勝立坑で、ようやく着炭にこぎつけた苦難の様子がいきいきと伝わってくる。勝立坑の再興は、団琢磨の経営者としての名声を高めただけでなく、三池炭鉱が「三井のドル箱」として発展していくための起点にもなった。

史料の読み　勝立開坑事業ハ何等ノ障害ナク、已ニ報告セシ如ク本月四日午前六時無事着炭セリ、即チ本月一日ヨリ着炭迄ノ穿進三尺三寸六分ニシテ坑口ヨリノ深サ四百尺四寸弐分ナリ（中略）坑内水量ハ前報ニ比シ尚少シク減少シ平均一分時間弐百六十弐立方尺余ナリ、炭質幷ニ炭層共今少シク経過セサレハ詳知スル能ハスト雖トモ、現在ノ処先ツ八尺層ニシテ炭質モ至極上等ノ様見受ラル

現代語訳　勝立坑の開坑事業は順調にすすみ、すでに報告したとおり、三月四日午前六時、炭層にたどりついた。坑口からの深さは約一二一メートル。（中略）水量は減少し、平均で一分間二六二立方尺（約七トン）。八尺層（約二・四メートルの炭層）で炭質は上等のようにみうけられる。

記事について　勝立坑は湧水問題のため開発が遅れ、一時水没する事態に陥っていた。それを復旧させたのが、官営時代にイギリスで最新鋭のポンプを調査し、三池炭鉱のトップに就いた団琢磨であった。

払下げ時の三池炭鉱

三池炭鉱が払下げられた明治二十二年（一八八九）の七月、大地震が九州地方を襲い、連日の豪雨もあいまって、官営期から開発中であった勝立坑が、多数のポンプとともに水没した。このような難しい状況のなかで、団琢磨は三井の炭鉱経営をスタートさせた。最大の難関は、三池炭鉱を悩

ます多量の湧水問題をいかに解決するかであった。特に、水没前の勝立坑では、一分間におよそ一〇トンもの出水を記録している。団は、官営時代にイギリスで実見したデーヴィーポンプ（左図）が必要であることを確信するようになっていく。

勝立坑の再興

勝立坑復旧のために、新鋭ポンプの導入を決意した団は、三井の首脳陣を説得するため、三池炭鉱払下げ価格の約十分の一にあたる五〇万円の予算書と辞表を携えて上京したという。デーヴィーポンプは、地上から水を吸い上げる強力な大型ポンプで、水没する危険がないという優位性をもっていた。益田孝らに対して、揚水に成功すれば水没した機械を回収できるし、不成功におわっても勝立坑以外の場所で使用できるので、その損失はポンプ据付費と開鑿《かいさく》費の八万円以内にとどまると説いた。その結果、巨額の予算案が認可され、ただちにポンプ購入の電報がうたれた。この経緯について、後に団は「其時始めて身は既に一介の技師ではなく一個の経営者となったことを自覚した」と語っている。明治二十五年（一八九二）七月、二基のポンプが大牟田に到着し、翌年十月には坑内水をすべて排出することに成功した。その後、デーヴィーポンプは、各坑に配備されるようになり、湧水の激しい三池炭鉱において画期的な意味をもった。

デーヴィーポンプ

明治27年頃の採炭夫　三井鉱山が社史編纂のためにまとめた「三池鉱業所沿革史」（昭和17年）に紹介されている図。

筑豊・北海道への進出

勝立坑の採炭が軌道にのると、宮原、万田と三池炭鉱は次々に新坑を開発した。明治三十五年（一九〇二）、深さ約二七〇メートルで着炭した万田坑は、操業一〇年目に年産八〇万トンをこえる主力坑へと成長した。三池で開発をすすめる一方、合名会社に改組した三井鉱山は、九州北部の筑豊地方へ進出していった。明治三十年代には、嘉穂郡と田川郡での鉱区買収をすすめ、「山野炭礦」と「田川炭礦」を置いた（後に、山野鉱業所、田川鉱業所となる。下図）。明治四十年代には、北海道の鉱区へも触手を伸ばし、その後、登川（夕張）、砂川で本格的な採炭を開始した。

「三井のドル箱」

このように三井鉱山は優良鉱区を確保し、明治末には、日本の全鉱区の約一五％、全出炭量の約一九％を占めた。なかでも三池炭鉱の出炭量がもっとも多く、三井鉱山が採掘した石炭の六割以上が三池炭であった。しかも、明治四十二年（一九〇九）時点でみれば、三池炭鉱の単独の利益金は約二四五万円にのぼり、三井鉱山の利益金約三〇〇万円の八割、三井銀行、三井物産、三井鉱山の三社合計利益金の三割超を占めた。「三井のドル箱」として、三池炭鉱は大きな役割を担っていく。

田川伊田坑（大正10年）　炭坑節で有名な田川伊田坑。中央左に「あんまり煙突が高いので／さぞやお月さん煙たかろ」と歌われた煙突がみえる。この二本煙突と深さ約360メートルの竪坑櫓（煙突よりやや左）は、現在も、田川のシンボルとしてそびえたっている。

35 三池港の開港

三池港閘門（みいけこうこうもん）

明治41年（1908）4月、三池港が開港した。上の写真は、三池港のドック入口に設置された閘門で、ドック内に海水を引き入れる直前に撮影されたもの。日本で唯一の閘門式のドックは、一部の修理・改修を経て、現在でも当時のまま利用されている。
この閘門は、鋼鉄製の二つの扉（一枚の重量約91トン）が潮の干満に応じて開閉し、ドック内の水深を約8.5メートルに維持するもっとも重要な施設である。遮水を確実にするため、両扉の接触部には、虫害に強く比重の重い南米産「グリーンハート」という特別な木材が用いられている。満潮時には、この扉は水面下となるため、それより高い位置に通路が設けてある。閘門の水路幅は約20メートルで、当時最大であった1万トン級の船が入渠する前提で設計された。

三池炭の海上輸送

三池炭鉱の位置する大牟田川河口（福岡県大牟田市）は、遠浅の内海で知られる有明海に面している。潮の干満差は、五・五メートルに達するほどで、満潮のときでなければ、船の出入りは困難だった。そのため、三池の石炭は、島原半島先端の口之津港（現長崎県南島原市）まで、小さな船で運ばれた。口之津で荷揚げされた石炭は、三井物産の汽船や外国船に積み替えられ、その多くは上海、香港、シンガポールにむけて輸出された。

三池築港計画

三池炭鉱の開発がすすむと、大牟田から口之津までの輸送量に限界が生じ、石炭の積み替えにかかる費用も大きくなっていった。三池での出炭量は、明治二十三年（一八九〇）に五〇万トン弱であったのが、明治三十四年には約九〇万トンまで増えた。潮の干満差に左右されず、直接汽船に積み込むための施設が求められるようになった。

三井鉱山の専務理事となっていた団琢磨は、牧《まき》田環《たまき》（→42）らをともなって、明治三十一年（一八九八）にはカーディフなどイギリスの港湾を視察しており、帰国後、すぐに三井首脳から三池築港計画の同意をとりつけることに成功した。明治三十五年、三〇〇万円という巨額の予算で工事が開始される。

大工事の様相

この築港工事は、下図のとおり、諏訪川より四ツ山の山麓にいたる約三六万坪の区画を埋め立て、そのなかに四万坪のドックを築造する計画であった。また、ドックの外側には、一五万坪の内港を設け、約一・八キロの突堤をもって外海につうじる航路をつくる設計であった。

明治三十五年（一九〇二）十一月、まず予定埋立地の外周を潮止めするため、石垣で堤防を築く作業から開始された（左図）。二年後の五月、石垣工事の落成とともに、約一〇〇〇名を動員して干潮時に一気に締め切った。そのうえで、岸壁の高さ約一二メートルの繋船壁の築造、水位を維持するための閘門の設置（冒頭図）、内港および航路の浚渫などがすすめられた。明治四十一年（一九〇八）、ドック内に水が引かれ、四月一日に「三池港」と命名されて開港した。五年余りを要した大工事の費用は総額三七五万円、使用した人夫の延人数はじつに二六〇万人に及んだ。

潮止め工事の様子（明治37年） 土木機械がなかった当時において、石垣の築造、岸壁工事、ドック内の掘り上げなどの作業は、すべて人力で行われた。

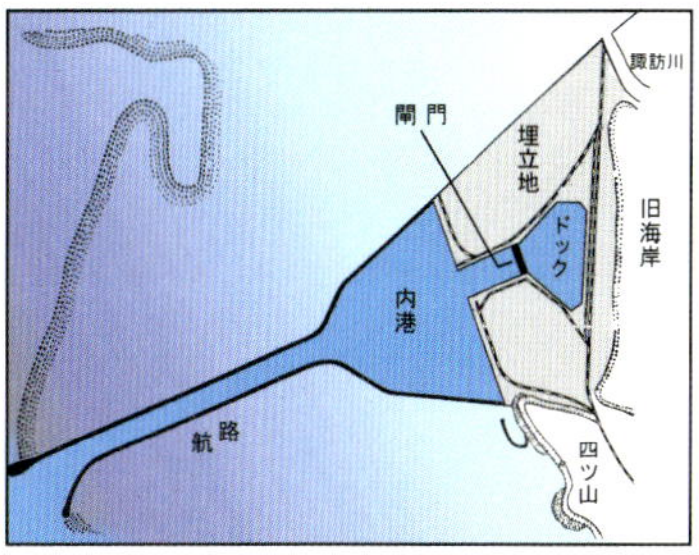

三池築港図

三池港の意義

三池港の完成により、ドック内に一万トンの船舶三隻が同時に繋留し、潮の干満にかかわらず石炭を積み込むことが可能となった。また、ドックの繋船壁には二台の「三池式快速船積機」が据え付けられた。これは、イギリスに製作を依頼した新式の機械で、設計者の黒田恒馬と団の名前から、「ダンクローダー」と呼ばれた。明治四十四年には、入港船が三四七隻（約六七万総トン）にのぼり、翌年の石炭積出量は約一四〇万トンに達した。

「百年の基礎」

三池築港工事は、三池炭鉱の発展に不可欠な大事業となったが、団の構想によれば、大牟田という地域の未来を見据えたものでもあった。後年、団は次のように語った。

「石炭ハドウシテモ尽キルノダ（中略）築港ヲヤレバ、（中略）石炭カ無クナッテモ他処ノ石炭ヲ持ッテ来テ事業ヲシテモ宜シイ（中略）、築港ヲシテ置ケバ、何年持ツカ知レヌケレド、幾ラカ百年ノ基礎ニナル」（左図）

明治四十二年（一九〇九）四月、三池港の開港祝賀式において、三井鉱山社長の三井高景《たかかげ》（小石川家八代）は、団の意向を汲むような式辞を述べている。

「三池築港ハ其目的専《もっぱ》ラ三池石炭ノ輸出ニ在リト雖《いえども》、亦《また》之ヲ永久ニ伝ヘテ幸ニ公衆ノ用ニ供スルヲ得ハ、洵《まこと》ニ我々ノ本懐ナリ」

それから一〇〇年経った今、三井の港として築造された三池港は、九州とアジアをつなぐ国際物流の拠点としての役割を果たしている。

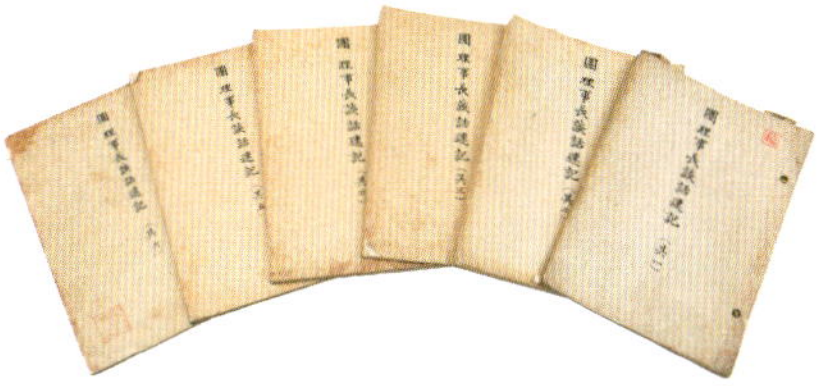

団理事長談話速記（昭和2年） 団琢磨が自身の経歴や三井の事業などについて回顧したもの。現在まで語り継がれている団の言葉や理念は、この記録に拠っていることが多い。

36 工業化路線とその挫折

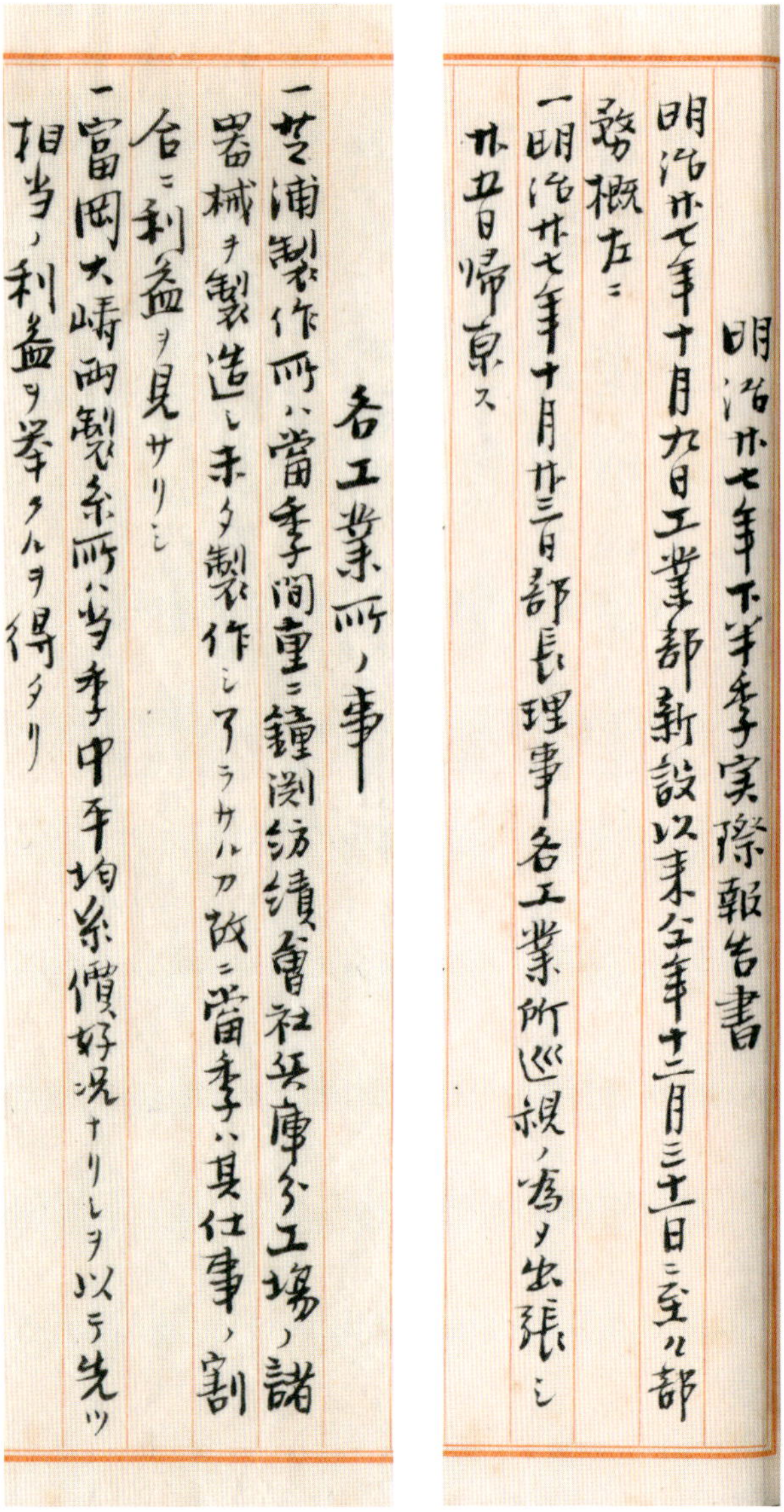
明治廿七年下半季実際報告書
明治廿七年十月廿日工業部新設以来全年十二月三十日ニ至ル部
務概左ニ
一明治廿七年十月廿三日部長理事各工業所巡視ノ為メ出張シ
廿五日帰京ス

各工業所ノ事
一芝浦製作所ハ当季間重ニ鐘淵紡績会社兵庫分工場ノ諸
器械ヲ製造シ未タ製作ニアラサルカ故ニ当季ハ其仕事ノ割
合ニ利益ヲ見サリシ
一富岡大嶹両製糸所ハ当季中平均糸価好況ナリシヲ以テ先ツ
相当ノ利益ヲ挙クルヲ得タリ

元方工業部 明治27年下半季実際報告書
明治26年（1893）11月、三井組は「元方」と名称を変更し、翌年10月、事業改革の一環として「工業部」を新設した。この報告書は、設立から2ヶ月後の概況を記したもので、貸借対照表、損益勘定表、財産目録などが付されている。

記事について　「各工業所ノ事」によれば、芝浦製作所が「鐘淵紡績兵庫分工場」の機械製造にとりかかったばかりで利益は出ていないこと、当初は富岡と大嶹《おおしま》の両製糸所の成績が良好であったことなどが分かる。このように、三井内で製造業の育成に熱心に取り組んだのは、三井銀行の抜本的な改革を推し進める中上川彦次郎であった。

中上川の工業化路線

明治二十六年（一八九三）十一月、三井組は「元方」と改称された。三井銀行常務理事の中上川《なかみがわ》彦次郎（→29）は、「元方委員」という名の重役を兼任し、益田孝とともに格段の重みをもって、三井内外に指導力を発揮するようになる。中上川は官営事業の払下げ、抵当流れにより、製糸・紡績・機械工場を手に入れていった。また、「預金即ち借金なり」という持論のもと、三井銀行の資金力を背景に工業会社への投資を積極的におこなった。

工業部の新設

明治二十七年十月、中上川主導のもと三井は「工業部」を新設し、各社所属の工場を買い取って一括で管理することにした。三井銀行から富岡製糸所、大嶹《おおしま》製糸所、芝浦製作所（現東芝）を、三井呉服店（→26）から新町紡績所を引き継いだ。翌年、前橋紡績株式会社の資産を買収して前橋紡績所とした。これらの工場はさまざまな経緯で三井の傘下に入った。その来歴を簡単に示しておく。

富岡製糸所　明治五年（一八七二）に政府の模範工場として操業開始。明治二十六年に三井へ払い下げられ、三井銀行の管理下に入る。

新町紡績所　明治十年（一八七七）、群馬県新町（現高崎市）に設立された官営模範工場。明治二十年（一八八七）に三越得右衛門（→26）が払い下げをうけ、三井呉服店の経営となる（左図）。

芝浦製作所　三井銀行が田中製造所の累積債務を整理する過程で入手・改称した機械工場。

大嶹《おおしま》製糸所　江戸商人の川村迂叟《うそう》が栃木県で創設した大嶹商舎。その子伝衛《つたえ》の設立した第三十三銀行が、明治二十五年に破綻。その抵当流れで三井銀行の管理下に入り、大嶹製糸所となる。

前橋紡績所　旧前橋藩士らが明治十四年（一八八一）に建設した工場。明治二十七年に株式会社化、翌年、三井の傘下に入る。

その他、中上川は三井銀行による投資・融資をつうじて、鐘淵紡績（後のカネボウ）、王子製紙などの経営権を掌握していった。

新町紡績所　明治31年（1898）頃の工場全景。

工業部の挫折

冒頭の記事のとおり、富岡と大嶹の両製糸所の成績は好調であった。三井の首脳陣のなかでも製糸業は有望という意見がまとまり、明治二十八年（一八九五）に名古屋・三重の両製糸所が設立された。ところが、翌年に日本の生糸輸出は激減し、新設の製糸所は赤字の連続となった。富岡と大嶹の業績も悪化し、芝浦製作所も苦しい経営がつづいた。工業部門の成績がふるわないなか、明治三十一年末に元方工業部は廃止される。四つの製糸所と二つの紡績所は三井呉服店に、芝浦製作所は三井鉱山に引き継がれた。また、王子製紙、鐘淵紡績も不安定な経営をつづけ、中上川が力を入れた事業は、「失敗」と判断されるようになっていった。

工業化路線への批判

この頃、三井鉱山と三井物産の資金需要は大きく、三井銀行が資金を各工業会社に投下し続けるのは困難であった。そのため、工業部門が不振に陥ると、中上川の性急な「工業化路線」は強い批判にさらされるようになる。反中上川の急先鋒は益田孝であった。くわえて、三井家顧問の井上馨との折り合いも悪くなり、中上川は次第に発言力を失っていった。銀行の不良債権整理で政府要人に容赦しなかったこと、井上と関係の深い毛利公爵家や九州の貝島家への融資を拒否したこと、三井家憲（→37）の制定に反対したことなどが、井上の怒りを買ったと伝えられている。

中上川の死

三井内部で孤立するようになった中上川は、明治三十二年（一八九九）秋以降、腎臓病を患い、二年後の十月に失意のなかで死去した。四七歳の若さであった。中上川の死後、益田孝がリーダーシップを握って「工業化路線」からの修正を図った。富岡・大嶹《おおしま》などの製糸所は原合名会社（原富太郎）に売却した。また、芝浦製作所は株式会社として分離独立させ、銀行所有の鐘淵紡績、王子製紙などの株式も一部売却し、それらを傍系の事業として位置づけた。益田は、銀行・物産・鉱山という三本柱で三井の発展を志向したのである。

富岡製糸所の生糸（明治34年頃）　合名会社三井呉服店時代の生糸。明治31年（1898）末時点で、富岡製糸所は、主にアメリカへの輸出を目的に「別製飛切上」、「飛切上」、「飛切」、「壱等」、「等外」の五種の生糸を製造している。三井文庫所蔵の生糸は「飛切上」。100年以上たった今でも、その光沢は失われていない。

37
三井家憲の制定

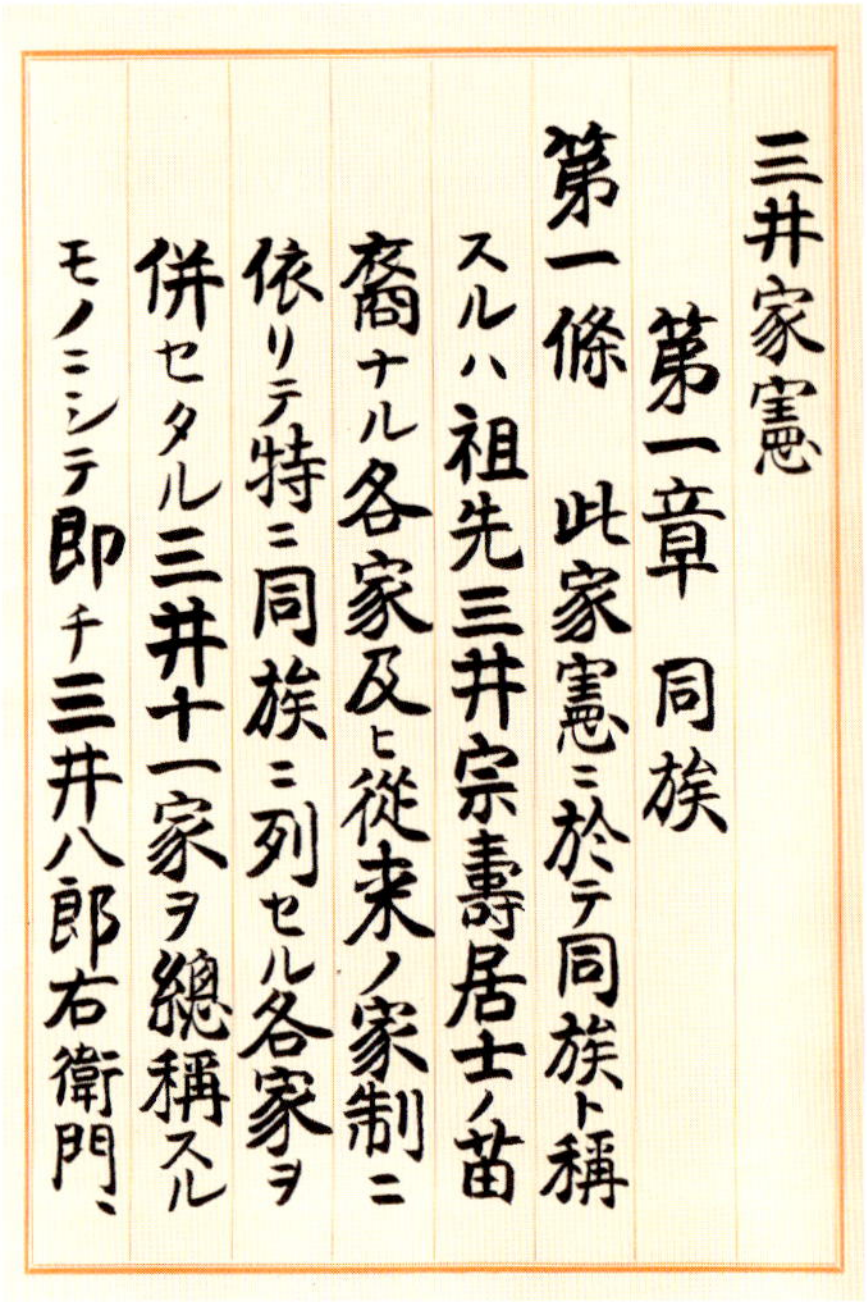
三井家憲
第一章 同族
第一條 此家憲ニ於テ同族ト稱スルハ祖先三井宗壽居士ノ苗裔ナル各家及ヒ従来ノ家制ニ依リテ特ニ同族ニ列セル各家ヲ併セタル三井十一家ヲ總稱スルモノニシテ即チ三井八郎右衛門、

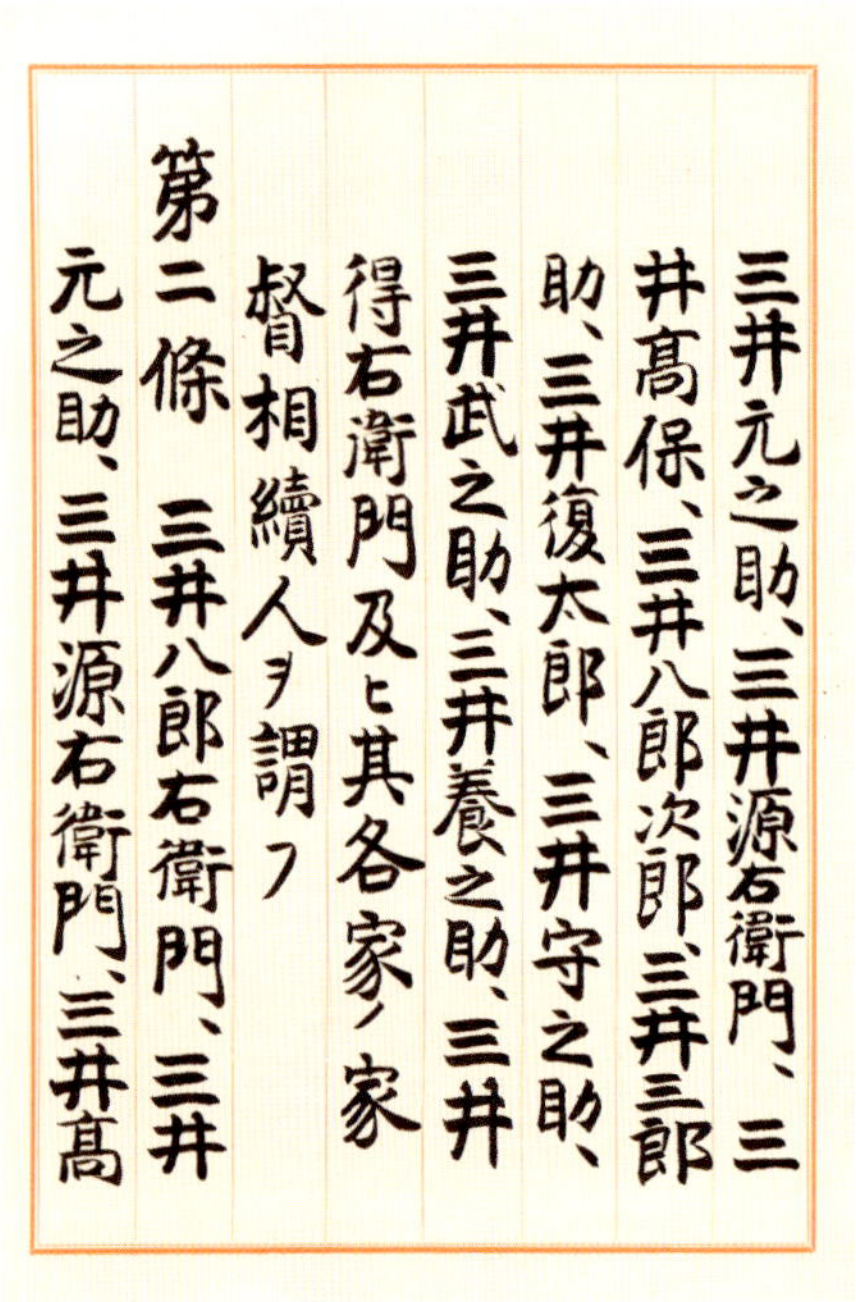
三井元之助、三井源右衛門、三井高保、三井八郎次郎、三井三郎助、三井復太郎、三井守之助、三井武之助、三井養之助、三井得右衛門及ヒ其各家ノ家督相續人ヲ謂フ
第二條 三井八郎右衛門、三井元之助、三井源右衛門、三井高

三井家憲

宗竺遺書（→09）に替わる三井家最高の規範として制定され、明治33年（1900）7月1日に施行された。第二次大戦後、昭和21年（1946）7月16日の三井家同族会においてその廃止が決議される（→49）まで、何度かの改訂を経ながら存続した。大きな改訂は、明治37年（1904）に、三井家同族会事務局管理部の機能強化に際してなされたもので、（三井営業店）重役会に関する条文が一括して削除されている。明治42年（1909）には、三井合名会社設立（→38）に合わせて必要な改訂が施されている。三井家憲は門外不出とされ、その全容は、戦後になって初めて世に知られるようになった。上掲の史料は、三井家同族会に伝わる原本で、制定後の改訂が、朱筆（一部墨筆）で加えられている。

三井家憲表紙

三井家憲の制定

明治維新後の日本社会の近代化、とりわけ近代的法制度の整備と人心の変化に対応するため、宗竺遺書に替わる三井家の最高規範＝三井家憲が必要となった。三井家憲は、明治二十年代半ばの三井諸事業の整理過程でその必要性を井上馨《かおる》（左下図）が強く主張し、明治三十一年（一八九八）頃から本格的検討が開始された。都筑馨六（外務官僚、井上馨の女婿）、穂積陳重（法学者）が草案を作成し、同族ならびに重役たちにより検討が重ねられ、明治三十三年（一九〇〇）に一〇九条からなる成文がなった。

　明治三十三年七月一日、三井集会所において、三井家憲実施奉告祭が挙行された。「三井家憲制定ニツキ契約」に三井十一家の当主が署名し、三井家憲の同族間における有効性を確認した。また、立会人として井上馨、三井高生《たかしげ》（伊皿子家隠居）、三井高辰《たかとき》（新町家隠居）、都筑馨六が署名をした。

　同時に、「三井家憲施行法」「同族会事務局規則」などが制定された。

同族の範囲

三井家憲は、第一条で、三井家同族を「祖先三井宗寿（高利）居士ノ苗裔ナル各家及ヒ従来ノ家制ニ依リテ特ニ同族ニ列セル各家ヲ併セタル三井十一家ヲ総称スルモノ」（冒頭史料）と定義づけ、第六条で、

「第一条ニ記載シタル同族各家ハ、祖宗ノ遺訓ニ基キ此家憲ヲ以テ永世渝《かえ》ルヘカラサル同族ト定メ、将来如何ナル事由アリト雖トモ廃家若クハ退族ヲ為シ又ハ新ニ他家ヲ同族ニ加フルコトヲ許サス」として、三井家の範囲を十一家に限定固定した。

同族の義務、行動への規制

三井家憲では、同族の義務として、同族は同心協力すべきこと、節倹の家風を保持すべきことなどの心がまえとともに、各営業店で営業に従事することを求めていた。そして、同族の行動への具体的な制限がさだめられていた。政党に加入しあるいは公然政治に関係すること、負債をなすこと、債務の保証を為すことが禁止された。商工業を営むこと、商工業へ出資すること、三井関係以外の会社などの役員・社員となること、官務・公務につくことなどは、同族会の許可を要するとされた。

財産

三井家憲は、同族の財産についても詳細に規定していた。同族の財産は、営業資産、共同財産、家産に分けられた。営業資産は、三井家の事業への投資資産と営業準備金であった。共同財産は、同族各家災厄の救助・同族共同の臨時負担・営業資産増加の準備などに当てられるものであった。営業資産と共同財産については、三井家同族の共有財産として三井家同族会（→38）の管理下で運用されることとされた。上記以外に同族各家が所有する財産が家産であり、各家の自由にまかされる財産であった。

各営業店からの利益配当金から、同族予備積立金（共同財産）や、各家準備積立金への積立が義務づけられており、それらの積立金の管理は同族会が行い、同族会の決議を経なければ支出できなかった。このように、同族の財産と収益には、同族会による強い規制がかかる構造となっていた。

「財産共有制」の維持

三井家憲制定の重要な目的の一つは、「個人主義」を基本とする近代的法制の整備が進展し、同族の意識も次第に変化していくなかで、近世以来の「財産共有制」を維持することであった。三井家憲の中には、「財産共有制」を表立ってうたった条項はない。しかし、制裁に関する規定で、同族除名の場合には、営業資産及び共同財産の持分を違約金として没収すると定めることにより、共有財産の分割を回避しようとしていた。

さらに、「同族間ニ如何ナル争ヲ生スルモ、裁判所ニ出訴スルコトヲ許サス、此場合ニ於テハ、先ツ同族会ノ指定シタル裁定者ノ裁断ヲ請フヘシ」（第一四条）と定めることにより、財産分割を含めて、近代的法制度のもとでの、個人的（ないしは各家レベルでの）権利行使を牽制していた。

三井家顧問・井上馨

三井家憲の制定を一貫してリードした井上馨は、「三井家憲施行法」により、終身の三井家顧問の地位につき、同族ならびに重役が三井家憲を遵守するよう監督することとなった。この施行法の前文には、「……伯爵井上馨殿ハ明治七年及ヒ明治二四年ニ於テ三井家ノ危難ヲ予防シ其衰運ヲ挽回セシメ、依テ以テ今日ノ隆昌ヲ来スコトヲ得ルニ至ラシメタリ」との文言があり、明治前期における三井家の危機を乗り越えるにあたって、極めて重要な役割を井上が果たしていたことが窺い知れる。

井上馨《かおる》（一八三五－一九一五）　明治の元勲のひとりで侯爵。外務大臣、大蔵大臣、内務大臣などを歴任。財界へ強い影響力を持った。明治六年、一時野に下った折に、三井物産の前身となる先収会社（→30）を設立した。写真は『世外井上公伝』より。

38

三井合名会社の設立

旧三井本館

旧三井本館は、明治29年（1896）10月に起工、明治35年（1902）10月に完成した。横河民輔の設計による、地上四階（屋根裏を含む）・地下一階、延べ床面積約2800坪の建築であった。日本最初の「鉄骨鉄筋式補強建築」で、外装には、花崗岩（備中産と筑波産）と化粧煉瓦（深川に窯場を築いて特製）が使われた。鉄材は、米国カーネギー製鉄所製の鋼鉄2000トン以上が使われたという。三井家同族会、三井合名会社、傘下直系会社の本店がここに置かれた。関東大震災の折に、内部が火災に襲われ、館内にあった文書類が焼失した。そのため、三井合名会社設立前後から震災までの時期については、いずれの会社についても、今日に伝わる史料が少ない。旧三井本館は、震災後に、現三井本館（→44）に建て替えられた。

模索の過程

明治二十年代に入ると、三井では、各営業店（傘下事業会社を「営業店」と呼称した）の改組や、中枢部での様々な組織の設置・改廃が相続いた。

三井の三本柱として発展してきた銀行・物産・鉱山が、明治二十六年（一八九三）七月、商法一部施行に合わせて、同族当主を出資社員とする合名会社にそれぞれ改組された。

同年十一月、三井家同族会が設立され、その事務機構として三井組を改称して三井「元方」が設置された（明治三十三年の家憲施行により三井家同族会事務局に改称）。三井家同族会は、同族当主を正員、同族隠居・成年推定相続人・「特ニ会員ニ推薦シタル者」（実際には営業店の重役たち）を参列員とし、三井の家政と事業に関する最高意思決定機関と位置付けられた。

事業部門に関する実質的な意思決定の場は、明治二十九年から明治三十八年の間に、三井商店理事会→三井営業店重役会→三井家同族会事務局管理部と推移した。三井家同族会事務局管理部（部長＝小石川家八代・高景《たかかげ》、副部長＝益田孝）に至って、三井全事業にわたる方針を総合的視野から統一的に立案し推進する組織が成立した。

こうしためまぐるしい変化は、家政と事業との関係、財産共有制と各同族の権利との関係、同族と専門経営者との関係、各営業店と三井全体との関係、所有と事業統轄との関係などを最も適切に解決できる形を、三井家憲（↓37）の理念に沿いつつ、民法・商法の制定施行をも睨みながら、模索する過程であった。

その到達点が、明治四十二年（一九〇九）十月十一日に設立された三井合名会社であった。以後、家政は三井家同族会が、三井の全事業は三井合名会社が統轄する体制が定着した。

三井合名会社＝持株会社

三井合名会社は、傘下各事業会社の株式を所有し、それら諸会社を統轄することを目的とした持株会社であった。設立から間もない明治四十三年一月末時点での同社所有株式は、左上表の通りである。直系会社の内、三井銀行と三井物産は、三井合名会社設立と同時に、それぞれ株式会社に改組された。東神倉庫は、三井銀行から倉庫部門を分離独立して株式会社化された。

表には三井鉱山の名前がない。三井合名会社は、形式的には、三井鉱山合名会社が、定款と商号を変更することによって設立されており、その際、三井鉱山を三井合名会社の鉱山部とする形がとられたためである。二年後の明治四十四年（一九一一）に、鉱山部を三井鉱山株式会社として分離独立させている（三井合名会社による一〇〇％所有）。

出資社員

三井合名会社は、三井十一家の当主を出資社員とする無限責任の会社であった。社長には、北家十代・高棟《たかみね》が就任した（左下写真）。定款では社員に関して、以下のことを定めていた。資本金五千万円に対する各社員持分を、北家当主二三％、各本家当主一〇・五％、各連家当主三・九％とする（これは三井家憲が定める同族財産の持分割合に従っている）。社員が戸主権を喪失したときには、その社員としての権利義務は家督相続人に継承される。社員が、持分の全部または一部を他人に譲渡もしくは担保に差入れることを禁止する。

定款におけるこれらの規定と、三井家憲における、同族除名の際には営業資産持分を制裁金として没収するとの規定等があいまって、三井の財産共有制が維持されることになった。

閉鎖的所有と有限責任の実現

出資社員を三井各家当主に限定した三井合名会社が、直系会社の株式を一〇〇％所有することにより、三井の事業資産を三井家同族が閉鎖的に所有する体制が確立した。その一方で、直系会社の株式会社化により、営業組織の有限責任化が可能となった。持株会社による傘下事業の所有と統轄という方式は、明治四十年（一九〇七）の欧米視察の際にアメリカで見聞したカーネーギーの事例を参考に、益田孝（↓30）が立案したものであった。

表　三井合名会社の所有株式　明治43年1月31日

		数量（株）	時価額（円）
直系会社	三井銀行*	200,000	20,000,000
	三井物産*	200,000	20,000,000
	東神倉庫*	7,000	700,000
傍系会社	芝浦製作所*	20,000	1,000,000
	王子製紙	88,015	1,272,420
	小野田セメント製造	2,500	93,750
	堺セルロイド*	29,520	767,350
その他	東亜興業	1,600	40,000
	横浜電線	1,000	50,000
	合計		43,923,520

*は三井合名会社が全株式を所有。ただし、東神倉庫は、三井銀行・三井物産・三井家同族所有分と合わせて全株式となる。
王子製紙は旧株と新株2種の合計。

三井高棟《たかみね》（一八五七―一九四八） 北家八代・高福《たかよし》の八男（↓24）。北家九代である長兄高朗《たかあき》の養子となる。明治十八年、家督を相続し、八郎右衛門名を継ぎ、北家十代となる。明治二十九年、男爵受爵。三井合名会社の初代社長となり、理事長団琢磨との名コンビを謳われる。昭和八年に七十七歳で隠居（↓45）。

39 三井財閥のガバナンス

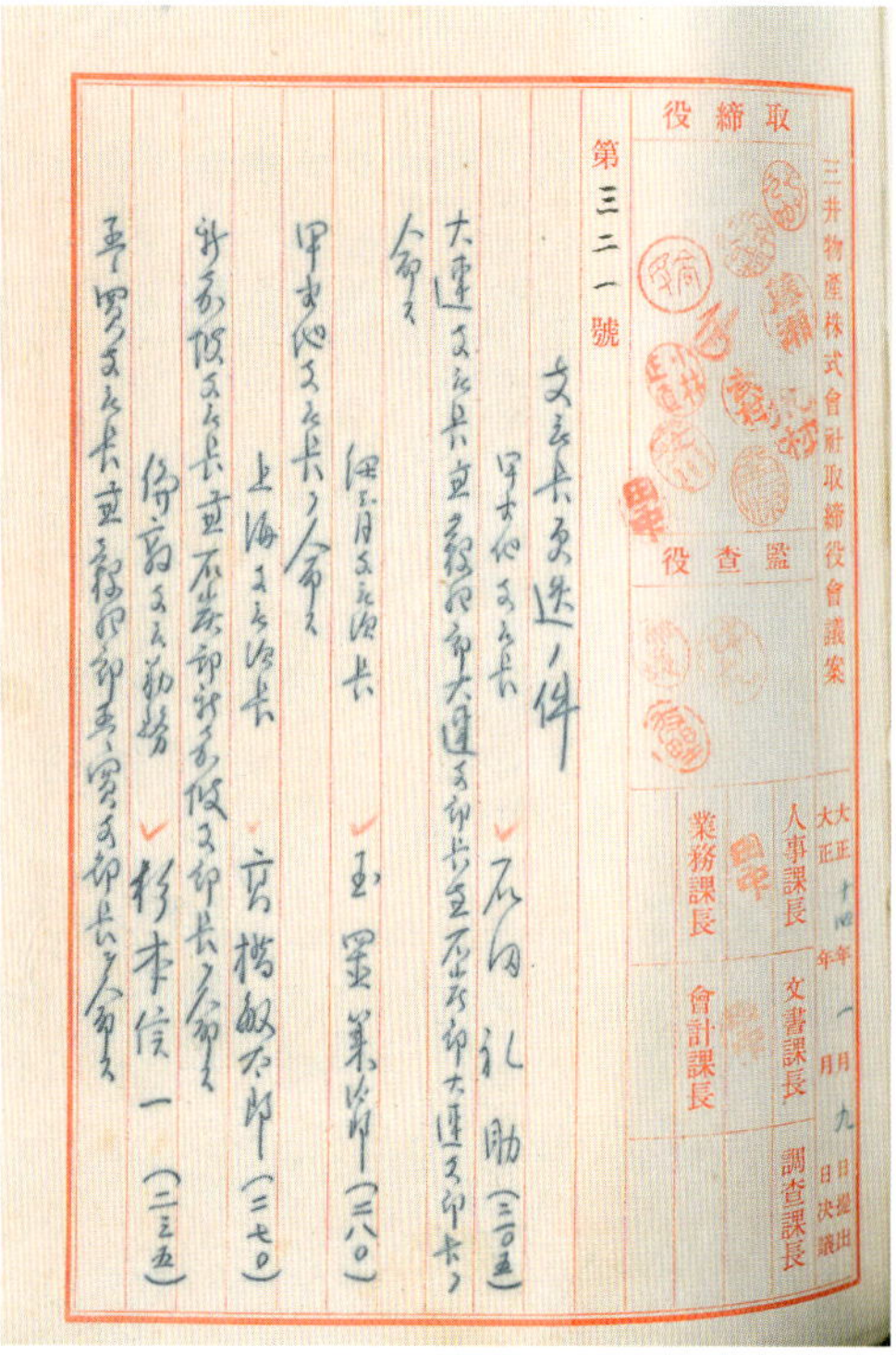

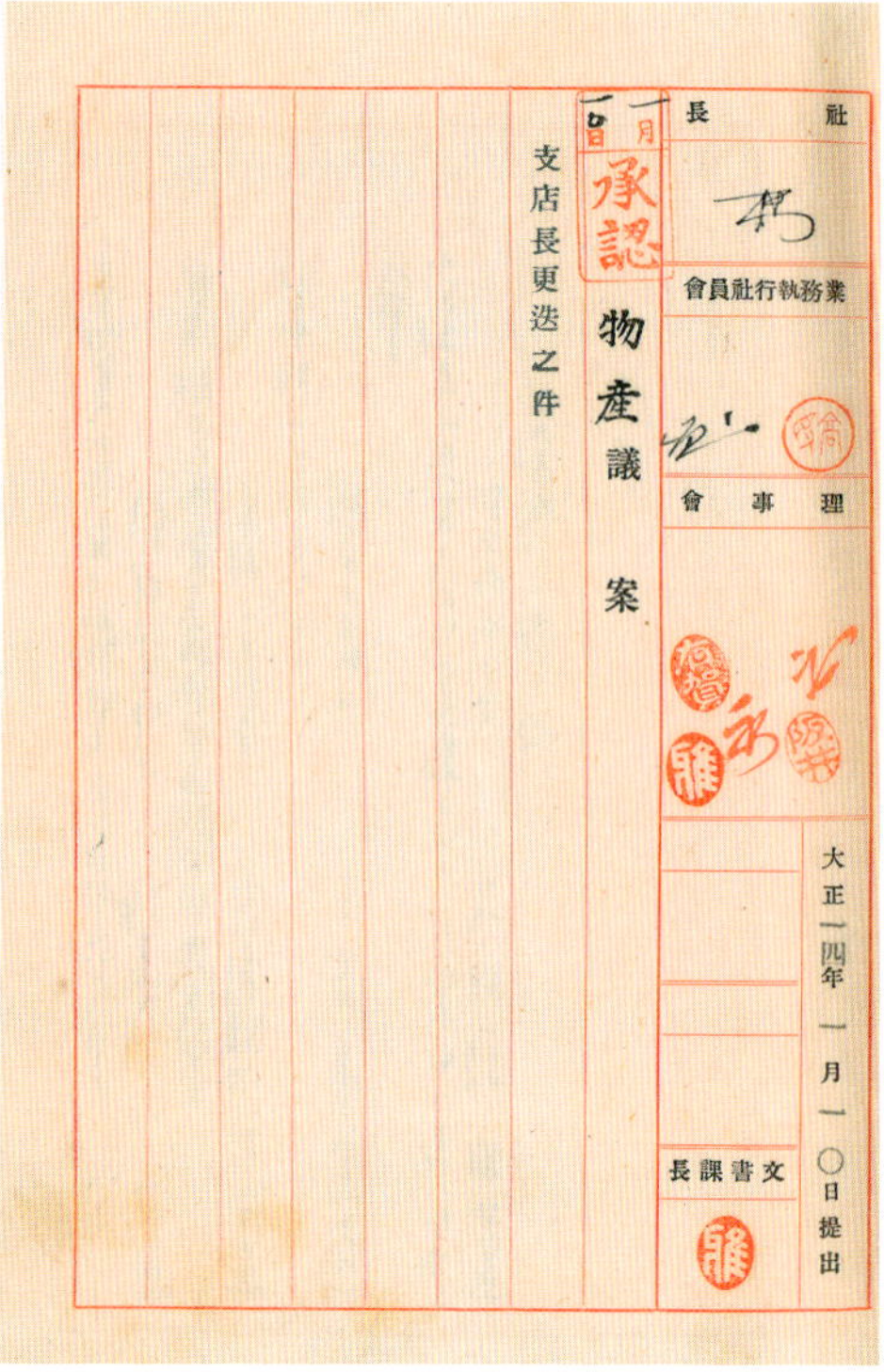

物産議案「支店長更迭之件」

三井物産の取締役会議案のうち、重要な議案は、三井合名会社の承認を必要とした。三井合名会社へ回される重要議案は、大正末期から昭和初期の三井物産の場合、取締役会議案の六割弱を占めていた。内容は、店長以上の人事、起業費、関係子会社の新設、寄付金、規則の制定改廃、決算など多岐にわたっていた。

ここに掲げたのは、後に三井物産のトップを務めることになる石田礼助をカルカッタ支店長から大連支店長に転任させる案件などの人事議案である。左が、三井物産会社の取締役会議案で、社長以下取締役の押印があるが、これのみでは最終決定とはならない。右は、三井合名会社へ提出された同議案に添付された三井合名会社議案用箋で、承認の印に、三井合名会社社長・三井高棟、理事長・団琢磨の花押などが記されている。

三井合名会社による統轄

三井合名会社の設立により、三井家同族が資本を閉鎖的に所有し、持株会社である三井合名会社が傘下事業会社を所有し統轄するという三井財閥の体制が確立した。傘下事業会社は、それぞれの分野で、日本を代表する企業であり、三井財閥は日本経済において揺るぎない地位を占めるに至った。財閥が、戦後の企業グループとは大きく異なる点の一つが、財閥本社による傘下会社の統轄である。三井合名会社が、傘下会社を統轄する手段には、①傘下会社の取締役会報告の提出、②各社株主総会前における業務報告会の開催、③経理などに関する報告書の提出、④各社役員への人員派遣、⑤各社役員・幹部人事についての事前承認、などがあった。各種の報告や、役員への派遣によって傘下会社の経営状況を掌握する体制が整えられていた。

重要議案の審議制度

傘下会社のうち、三井物産・三井鉱山・東神倉庫に対してはより強力な統轄手段があった。それは議案の審議制度である。これら三社では、毎回の取締役会で「決定」された議案のうち重要なものを「未決」として三井合名会社へ提出した。それ以外の取締役会決定議案は「決議」とされ、三井合名会社へ報告された。三社から提出された「未決」議案は三井合名会社で審議され承認されると初めて正式に可決となった。

　傘下会社から三井合名会社に提出された議案は、そのほとんどが原案通りに承認された。しかし、それは三井合名会社での審議が形式的なものであったことを意味するのではなく、傘下会社から提出される議案については三井合名会社の首脳との間で事前の折衝がおこなわれ、調整の済んだ議案が三井合名会社に提出されたものと考えられている。

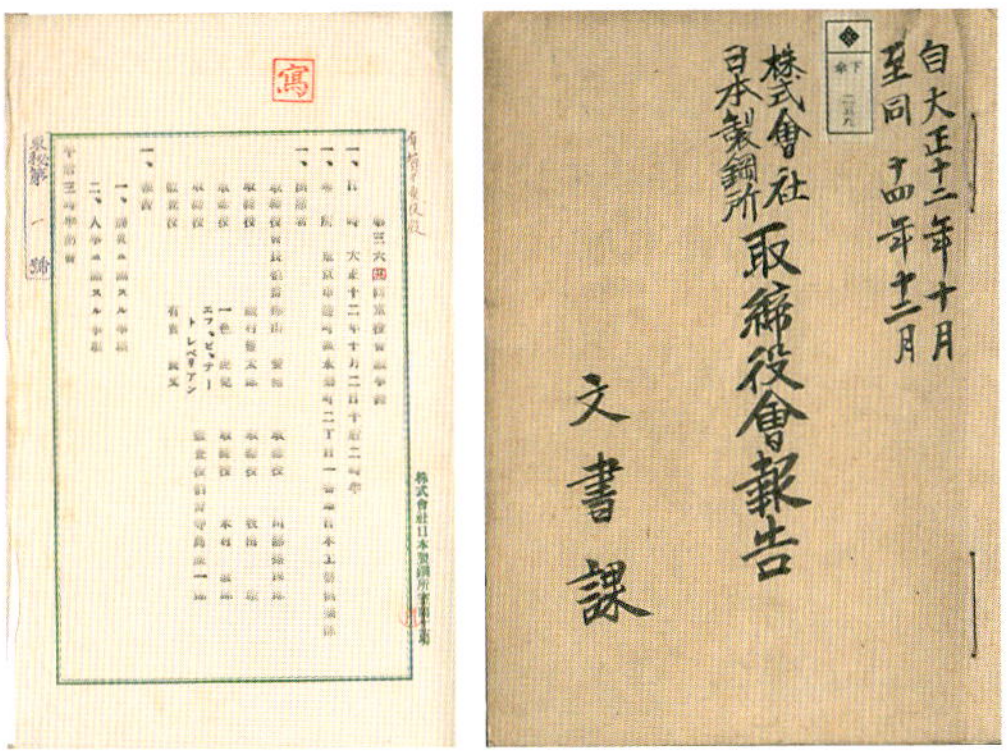

日本製鋼所取締役会報告　日本製鋼所は、北海道炭礦汽船（三井合名会社の子会社）が最大株主だったが、三井合名会社も直接株式を所有していたので、取締役会の報告を毎回、三井合名会社に提出していた。また、決算は、三井合名会社の事前承認を要した。日本製鋼所は、三井傘下の数少ない重工業メーカーであり、三井合名会社にとり重要な子会社であった。

　三井銀行・三井信託・三井生命保険の金融三社については、こうした三井合名会社による議案審議制度はおこなわれていない（大正八年の株式公開以前の三井銀行については、おこなわれていたと考えられている）。なお、東神倉庫は、三井合名会社が所有株式を三井物産に売却した昭和十三年（一九三八）五月以降、議案審議対象外となった。

三井合名会社における意思決定

　三井合名会社の最高議決機関は三井十一家の当主である社員が構成員となる社員総会であったが、開催は年に数回程度で、附議される案件は、三井合名会社の決算、重要人事、新規子会社の設立などごく限定されたものだけであった。特に定められたもの以外は、三井家同族（三〜四名）が務める業務執行社員会で決定されることになっていた。

　大正三年（一九一四）八月、三井合名会社に、理事長職が新設され、団琢磨が就任した。これは、金剛事件（軍艦金剛受注に伴う贈賄事件）を受けて、制度と人事を再構築する措置の一環であった。大正七年には、理事会（専門経営者で構成）が発足し、業務執行社員会に提出する議案その他重要な事項を審議する機関と位置付けられた。その後、業務執行社員会は、理事会の決定を追認する性格を強めて行き、実際には理事会が三井合名会社（そして三井財閥）における実質的な意思決定の場としての役割をはたすようになった。傘下会社から提出される重要議案も、ここで審議された（左図）。

三井財閥における意思決定過程（大正7年〜昭和7年の三直系会社の場合）

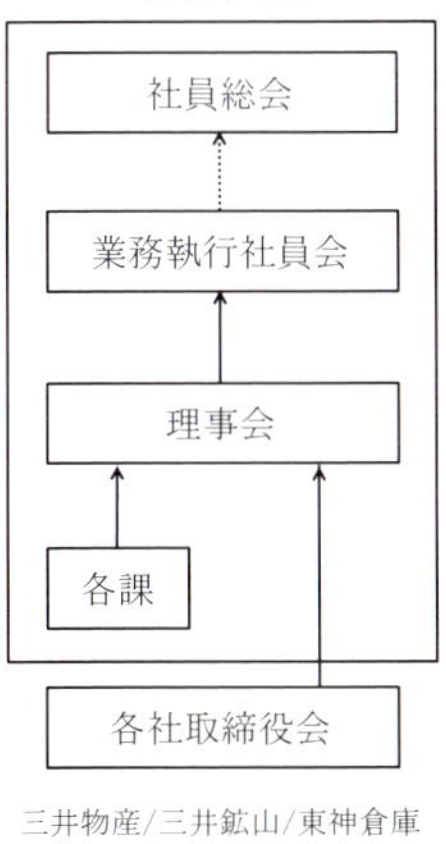

同族の役割

　三井財閥内部でのこうしたガバナンスのあり方に、資本所有者である三井家同族は、どのように関わっていたのであろうか。同族は、三井合名会社の出資社員として社員総会という最高意思決定の場に参画する。同族の重鎮は、三井合名会社の業務執行社員として経営判断に携わる。さらに同族は、傘下会社の役員（社長、取締役、監査役）に手分けして就任していた。三井銀行・三井物産・三井鉱山では、昭和九年（一九三四）初頭までは、三井家同族が社長を務めており、複数の同族が役員に就任していた。

　三井家同族が、重要な方針決定や人事に関して、公式・非公式双方の場で、強い異論を唱えて方針が変更されることもあった。「番頭政治」とも言われる三井においても、専門経営者達は、同族の意向を充分に斟酌する必要があったのである。

40 同族の欧米視察

欧米視察時の三井高棟一行（明治43年）

明治43年（1910）2月頃、三井家顧問の井上馨から、三井合名会社々長の高棟《たかみね》（後列中央）に対して、欧米を巡遊すべしとの勧めがあった。同行したメンバーは、夫人苞子《もとこ》（前列中央）、長女慶子《のりこ》（前列右）、団琢磨（前列左）、桜井信四郎（三井合名会社職員）、属最吉《さっかさいきち》（後列左）、通訳の久田愛子、慶子付女中の北島花子の8名。後年、益田孝は、三井のトップマネジメントを担う人物として団をこの視察に随行させたが、帰国後、高棟から「あれならば誰よりも一番よい」と言われたと語っている。7ヶ月にもわたる旅は、高棟にとって、団の人柄や能力を知るよい機会となり、その後の三井の事業が、団・高棟体制ですすめられていく布石にもなった。なお、全旅程212日のうち事業視察は50日程度であり、観光や教育機関訪問などに多くの時間をあてている。この欧米視察は、三井総領家の当主として、諸外国の文化や芸術に対する見識を広めるためにも、有意義なものであったと思われる。

高棟一行の旅立ち

三井高棟《たかみね》の視察旅行については、桜井信四郎がまとめたものと推定される「外遊記」によって、詳しく知ることができる。明治四十三年（一九一〇）四月二十一日、高棟一行は下関急行列車で新橋駅を発った。途中停車駅で大勢の関係者の見送りを受けながら、翌日には下関に到着した。二十三日、門司で大阪商船の嘉義丸に乗船して大連へと向かう。二十五日には大連へ入港し、翌日から旅順の二百三高地、南満州鉄道株式会社（満鉄）の各工場などをまわっている。二十九日、満鉄の特別な計らいで用意された寝台車に乗り込んで北上し、五月二日には、長春でシベリア線「特別買切客車」に乗り換えてハルピンに向かった。その後、ロシア、ドイツ、イタリア、フランスなどを経て、ロンドンに長く滞在する。一行は、大西洋を渡ってカナダに上陸した後、ニューヨークなどでの視察を終えて、アメリカ大陸を鉄道で横断し、帰国の途についた。その旅程を追ってみよう。

ロシアの旅（一六日間）

五月三日　ハルピンを出発、ロシア入り
十一日　モスクワ到着

九日間にわたるシベリア鉄道の長旅は、快適なものとはいえなかった。「外遊記」によれば、割増金を「強迫」されたり、乗っている貨車を外されそうになったり、「露国鉄道の役人衆の無法なるには驚くの外なし」と憤ることたびたびであった。無理が祟ったのか、高棟《たかみね》は発熱のため医師の診断をうけており、一行は、日本大使と相談することが「安全」と考え、首都に向かう。

十四日　サンクトペテルブルク着（高棟回復、エルミタージュ美術館などに行く）

ヨーロッパ巡遊（四一日間）

十八日　ベルリンに向けて出発（翌日着）

二十六日　ウィーンを経てイタリアへ

二十九日　ベネチア着（左下図）

六月一日　高棟らはフィレンツェ着（団と属《さっか》は製錬工場などの見学のためミュンヘンへ向かう）

四日　ローマ着（コロシアムなどを見学）

三井苞子「欧米漫遊記」　高棟《たかみね》夫人の苞子《もとこ》が、この旅での出来事や各地の印象などをつづった日記。6月8日にはパリに到着し、「婦人ノ衣類ヤ宝石デキカザル所新流行地ナリ」と書きとめられている。翌日には慶子《のりこ》とともに、仕立屋にドレスを注文し、20日には大使館での晩餐会に招待され、「此土地ニテ有名」な「衣装クラベトテ中々晴ガマシイ」、「我々モ新調ノ洋服デ行ク」と記されている。

七日　ローマ発、翌日パリ着（ルーブル美術館、ノートルダム大聖堂などを観光）

高棟は団らと合流し、フランスの大銀行や株式取引所などを訪問した。苞子《もとこ》と慶子《のりこ》はパリの日々を楽しんでおり、ドレスを新調したり、ティファニーで宝石を買い求めたりしている（左上図）。

イギリスに滞在（約二ヶ月）

二十七日　一行はパリを出発、ロンドンに到着

二十八日　三井物産ロンドン支店へ

二十九日　日英博覧会を訪問

滞在中、多くの金融機関、工業地域の視察を行った。主な訪問先は、イングランド銀行、香港上海銀行、ロイズ、カーディフ炭鉱、ヴィッカース製鋼所など。「外遊記」によれば、石炭の輸出港として名高いカーディフに立ち寄った高棟一行は、船積作業の速度を計り、三池港の新鋭設備と比較している（→35）。結果は、三池港よりも「稍遅緩」であるとしている。

アメリカでの事業視察（約一ヶ月半）

九月九日　リバプールからアメリカ大陸へ（豪華客船エンプレス・オブ・ブリテン号に搭乗）

船上では舞踏会もあり、常に平穏な航海であったため、一行は「元気旺盛」のまま、十五日にカナダのケベックに入港した。

十六日　モントリオール着（翌日には出発）

十七日　ニューヨークに到着（プラザホテル泊）

アメリカンロコモーティブ社やゼネラルエレクトリック社（GE）を何度も視察している。また、高棟はボストンやニュージャージー州にも足を伸ばし、留学時代の恩師や学校を訪ねている。

十月十四日　ニューヨークから鉄道横断の旅

食堂、厨房室、料理人の部屋、三つの寝室と喫煙室が連結された特別車両に乗り込んだ。ワシントン、グランドキャニオン、ロサンゼルスなどの各地で途中下車しながら、観光や視察を重ねた。

十一月一日　サンフランシスコで東洋汽船の天洋丸に乗り込む（七日ホノルル寄港）

十八日　横浜港着（高棟子女、桟橋にてお出迎え）

ベネチアのホテルで休息　ベネチアに到着した一行は、ゴンドラに乗り込んで、ブリタニアホテルに泊まる。

41 三井物産の多角化

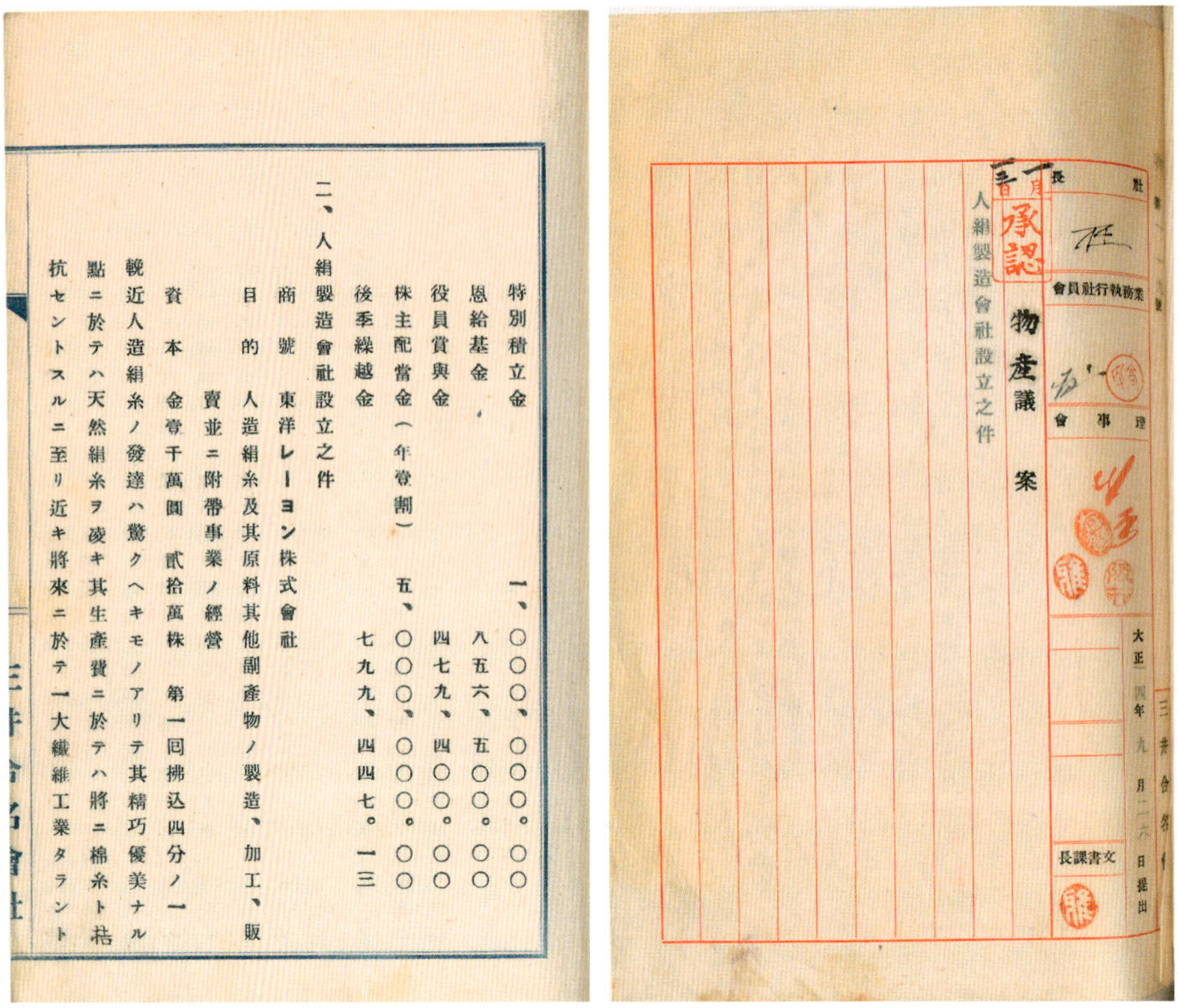
特別積立金 一、〇〇〇、〇〇〇。〇〇
恩給基金 八五六、五〇〇。〇〇
役員賞與金 四七九、四〇〇。〇〇
株主配當金（年壹割） 五、〇〇〇、〇〇〇。〇〇
後季繰越金 七九九、四四七。一三

二、人絹製造會社設立之件
商號 東洋レーヨン株式會社
目的 人造絹糸及其原料其他副產物ノ製造、加工、販賣並ニ附帶事業ノ經營
資本 金壹千萬圓 貳拾萬株 第一回拂込四分ノ一
輓近人造絹糸ノ發達ハ驚クヘキモノアリテ其精巧優美ナル點ニ於テハ天然絹糸ヲ凌キ其生産費ニ於テハ將ニ棉糸ト拮抗セントスルニ至リ近キ將來ニ於テ一大纖維工業タラント

三井合名會社

承認
社長
業務執行社員會
理事會
物産議案
人絹製造會社設立之件
大正十四年九月二六日提出
文書課長
三井合名

人絹製造会社（東洋レーヨン）設立議案と三井合名会社「理事会記録」

右は、三井合名会社議案用箋。三井物産から大正14年（1925）9月26日に提出された議案が、翌年1月13日に三井合名会社で承認されている。通常は提出から数日内に、三井合名会社の承認が得られるが、この議案については3ヶ月余りの月日を要している。
左は、同議案を承認したことを記録した三井合名会社の「理事会記録」。三井合名会社の理事会には、三井合名会社自身の議案の他に、傘下の三井物産、三井鉱山、東神倉庫の重要議案が回付され審議されていた（→39）。「理事会記録」により、大正13年（1924）以降、昭和15年（1940）までの、三井財閥の重要な意思決定の全体像（金融部門を除く）を把握できる。

一九二〇年代の三井物産

第一大戦期に、日本経済は輸出が急増し、空前のブームを経験した。その機会をとらえて多数の商社が創設されたが、それらの多くは、第一次大戦後から一九二〇年代の間に、破綻をきたして消滅していった。三井物産の場合も、第一次大戦期に業績を急伸させた後、戦後恐慌や一九二〇年恐慌の際に、いくつかの支店で巨額の損失を蒙ったが、それ以前の分厚い蓄積によってカバーをすることができた。一九二〇年代には、「地方市場」進出方針により国内売買の比率を高め、石炭・機械を中心とする安定した高収益をあげていた。

三井物産の場合、業績の善し悪しにかかわらず、配当率をほぼ一定にして、利益を内部に留保する方針がとられた。一九二〇年代には、内部蓄積を増大させ、貿易金融の「自己金融」化も進展した。

時期にもよるが、三井物産に限らず、三井銀行や三井鉱山においても、配当は安定的で、三井合名会社としては、特に必要がなければ、直系会社に内部留保させておくという方針が窺われる。

三井物産の投資戦略の変化

三井物産では、大正七年（一九一八）に、従来の社内保険を縮小し、社外の別会社として大正海上火災保険を設立した。大正九年（一九二〇）には、棉花部を分離して東洋棉花を設立した。この二社は、三井物産にとって重要な関係会社であるが、いずれも三井物産の商社としての機能の一部を外部化するという性格であった。

一九二〇年代半ばになると、三井物産の投資戦略に変化が現れる。従来、三井物産は、一手販売権の獲得などのためにメーカーへの出資や役員の派遣を行うことはあっても、傘下に製造業を持つことは、ほとんど無かったが、この時期、あいついで製造業等の傘下会社を設立する。三機工業（大正十四年、機械据付工事請負）、東洋バブコック（昭和三年、ボイラー製造）、東洋キャリア（昭和五年、空調機器）、東洋オーチス・エレベータ（昭和七年）などである。昭和三年（一九二八）には、日本製粉（前年破綻した鈴木商店の系列）を傘下に納めている。

大正十五年（一九二六）の支店長会議において、筆頭常務取締役（当時の三井物産では、社長は三井家同族が務めており、筆頭常務取締役が実質的な経営トップであった）の安川雄之助（左下図）が、これまでは出来る限り資金の固定を避けてきたが、「時勢対応ノ一策トシテ」今後は、金融の許す範囲内で工業並に設備事業に対する投資もおこなって行くと述べている。

東洋レーヨンの商標「沖之白石」
レーヨン（人造絹糸＝人絹）は、化学繊維の一種で、生糸以上の光沢を持ち、生糸に比して安価に製造できることから1920年代以降、需要が急速に拡大した。

東洋レーヨンの設立

東洋レーヨン株式会社（現東レ）の設立は、こうした投資戦略を代表する案件として、安川の主導のもと推進された。同社は、大正十五年（一九二六）一月十二日、三井物産の子会社として設立された（資本金一〇〇〇万円。昭和八年増資の際に、一部株式公開に踏み切るが、それ以前は、設立発起人引受株などを除いて三井物産が所有していた）。滋賀県の琵琶湖岸に工場を建設し、昭和二年（一九二七）八月に、ビスコースレーヨン糸の紡糸に成功し、同年末から市場への販売を開始した。東洋レーヨンは、国内市場ならびにアジア市場で、販路を広げ、順調に業績を伸ばしていった。

一九三〇年代の投資動向

一九三〇年代に入ると、世界経済のブロック化が進行し、三井物産の貿易取引には制約要因が増してくる。そうした状況下で、三井物産の社外投資は急増する。昭和恐慌からの回復過程（昭和九年以降）に入ると、拡大を遂げる重化学工業分野を中心に、新たな取引の確保を視野に入れた投資がなされ、傘下系列会社が増加していった。

社外投資とは別に、自社内の造船部門（大正六年に岡山県玉湾に造船部を設置）への投資も昭和六年（一九三一）以降増加した。造船部門は、昭和十二年（一九三七）に株式会社玉造船所として分離独立し、昭和十七年に三井造船へ社名を変更する。また、船舶部門（明治三十六年に船舶部を設置）でも、新型ディーゼル船への更新をはかりながら所有船腹を増大させた。船舶部は、昭和十七年に、三井船舶として独立する。

日中戦争期（昭和十二年以降）に入ると、戦時統制により商業活動への制約が一層増すなか、こうした投資活動はさらに加速し、三井物産は、所用資金確保のために銀行からの借入を増大させていく。

安川雄之助（一八七〇－一九四四） 一九二〇年代の三井物産で経営トップを務め、東洋レーヨン設立を主導した。カミソリ安とも称せられた切れ者であったが、昭和恐慌期に財閥批判が高まりを見せる中で、財閥営利主義の象徴と目され、辞任を余儀なくされた。

42 石炭化学工業の展開

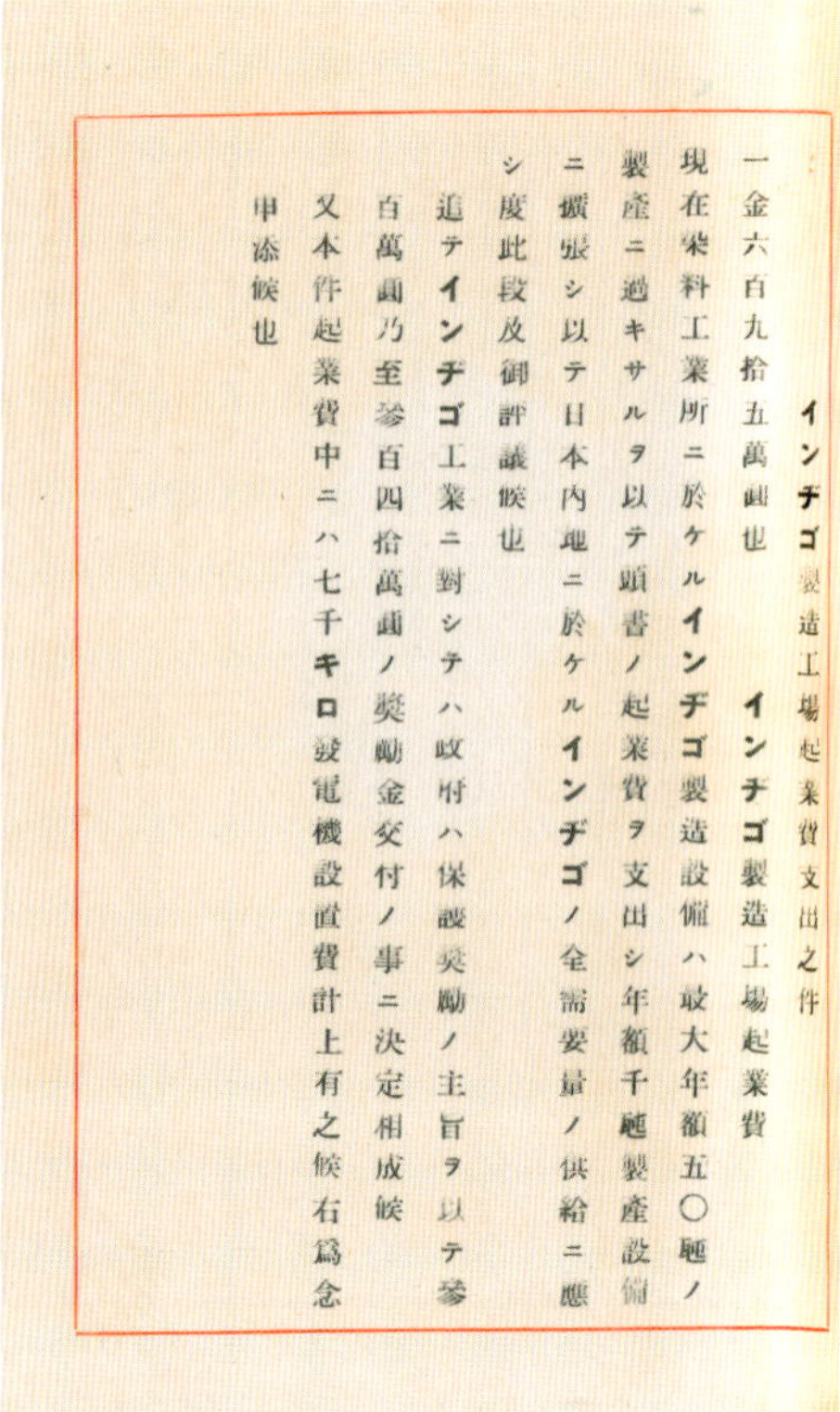
インヂゴ製造工場起業費支出之件
一金六百九拾五萬圓也　インヂゴ製造工場起業費
現在染料工業所ニ於ケルインヂゴ製造設備ハ最大年額五〇噸ノ製産ニ過キサルヲ以テ頭書ノ起業費ヲ支出シ年額千噸製産設備ニ擴張シ以テ日本内地ニ於ケルインヂゴノ全需要量ノ供給ニ應シ度此段及御評議候也
追テインヂゴ工業ニ對シテハ政府ハ保護奨勵ノ主旨ヲ以テ參百萬圓乃至參百四拾萬圓ノ奨勵金交付ノ事ニ決定相成候
又本件起業費中ニハ七千キロ發電機設置費計上有之候右爲念申添候也

三井鉱山会社議案
三井鉱山の取締役会で「決定」された重要な案件は、三井合名会社に提出され、そこでの承認を得なければならなかった（→39）。ここでの記事は、三井鉱山の一事業所である三池染料工業所（後の三井化学工業）において、インジゴ製造工場の設備を拡張するという案件（昭和4年10月26日に認可される）。インジゴの工業化は、三池染料工業所の名声を高めた象徴的な出来事であり、三井が化学事業部門の拡大を加速させる画期にもなった。

石炭化学の幕開け

日露戦争後、世界経済の後退と国際収支の悪化によって、国内で不況が蔓延するなか、三井鉱山は新たな事業に本格的に取り組むようになった。その主要なものが、亜鉛製錬と合成染料を中心とする化学工業であった。当時の日本では、硫酸工業などの勃興がみられたが、多くの化学製品は輸入に依存していた。たとえば、防錆防食の効果をもつ亜鉛や、国際的に急速な発展をみせていた合成染料は、その大部分をドイツから購入していた。

三井鉱山での石炭化学事業のきっかけは、三池炭鉱で金属製錬用コークスの生産を拡大することにあった。三池炭を高温乾留する際に副産物が発生し、それがコークス製造にとって弊害をもたらすため、まず副産物の回収計画がはじまった。明治四十五年（一九一二）、三池炭鉱付属の「焦煤（コークス）工場」主任中井四郎の提案により、大牟田で最新鋭のコッパース式コークス炉が建設された（左上図）。それと同時に、副産物の回収工場（タール蒸留工場、ガス工場、硫安工場）も順次操業を開始した。

亜鉛製錬の開始

同じ頃、神岡鉱山（岐阜県）で亜鉛鉱の採掘に着手していた三井鉱山は、亜鉛製錬の実地調査のため、神岡鉱山の製煉主任西村小次郎をドイツへ派遣した。その調査結果をふまえて、大牟田で水平蒸留炉の建設にとりかかる。大正二年（一九一三）には亜鉛地金の産出に成功し、翌年一月に神岡鉱山付属「大牟田亜鉛製煉所」として操業を開始した。「焦煤（コークス）工場」からコークスを受け取るとともに、大正四年からは、同工場に亜鉛鉱の焙焼過程で製造される硫酸を送った。

合成染料の国産化

コークス製造にともなう副産物回収の基礎が築かれると、三井鉱山は合成染料の研究開発に乗り出した。牧田環（左下図）の発案によって、これまで利用価値のなかった副産物のアントラセンを原料に、アリザリン染料を生産する計画がすすめられ、大正三年（一九一四）にアントラセン工場が「焦煤（コークス）工場」内で操業を開始した。その二年後、国産化された最初の合成染料が市場に送り出された。

大正2年頃のコッパース式コークス炉（福岡県大牟田町）

予期せぬ成功

これらの事業へ活発に投資していた三井鉱山は、第一次世界大戦の勃発にともなう海外製品の輸入途絶によって、大きな収益をあげた。大正七年、事業再編の一環として、国内有数の亜鉛製錬工場として活躍していた神岡鉱山付属「大牟田亜鉛製煉所」は、「三井鉱山三池製煉所」と改称され、独立の事業所となった。同様に、利益を増大させていた「焦煤（コークス）工場」も「三池染料工業所」という三井鉱山の一事業所に昇格した。団琢磨（→33）は、後に、「エクスペリメント」ではじめた事業が「コンナ事ニナッテシマッタ」と、予期せぬ成功に驚いている。ところが、戦争が終結すると輸入が再開され、一転して化学部門の成績は悪化した。特に三池染料工業所の赤字は大きく、三井内部でも批判の声が上がり始めた。しかし、牧田の岳父である団の後ろ盾もあって、三井鉱山では新たな染料事業のための試験・研究に力が注がれた。

インジゴの工業化

長年の努力が実を結び、大正十五年（一九二六）、当時輸入が急増していたインジゴの工業化に成功した。冒頭の史料にみられるように、昭和四年（一九二九）に政府の奨励金を受けて、インジゴの大量生産計画が決定され、その三年後に人造藍工場が稼働した。同所で生産されたインジゴは、国内需要のほとんどを満たし、政府の輸入防圧目標をほぼ達成した。それだけでなく、「三井インジゴ」として海外でも販路を伸ばしていった。

石炭化学コンビナート

インジゴの成功を追い風にして、三井鉱山はアンモニア合成・硫安事業への進出を本格化していく。昭和六年に三池窒素工業が、その二年後に東洋高圧工業が同じく大牟田で設立された。三井鉱山の一事業所である三池染料工業所、三池製煉所、関係会社の電気学工業、三池窒素、東洋高圧は、それぞれ技術的な関連性を持ちながら発展していった。このように、副産物の有効利用をきっかけに、大牟田という一定の地域内で、相互に原料や半製品を融通する石炭化学コンビナートが成立した。

牧《ま》田《きた》環《たまき》（一八七一－一九四三） 明治二十八年（一八九五）に三井鉱山に入社後、三池港の築港工事などに力を発揮した。同三十五年には団琢磨の長女（芽枝子）と結婚。大正二年（一九一三）に三井鉱山取締役に就任、団暗殺後の昭和七年（一九三二）には三井合名会社の理事となる。

43 金融部門の拡大

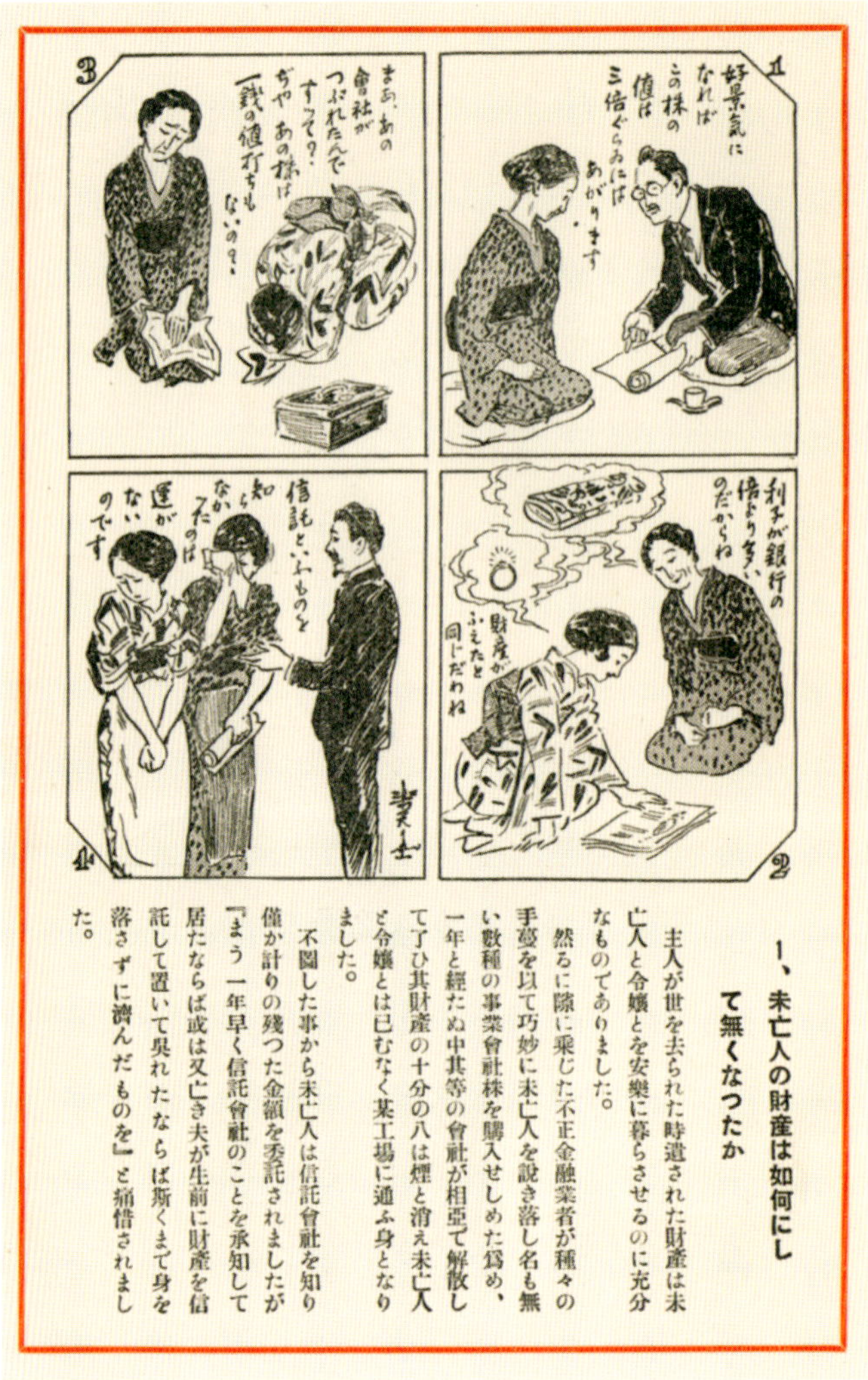

1、未亡人の財産は如何にして無くなつたか

主人が世を去られた時遺された財産は未亡人と令嬢とを安樂に暮らさせるのに充分なものでありました。

然るに隙に乘じた不正金融業者が種々の手藝を以て巧妙に未亡人を說き落し名も無い數種の事業會社株を購入せしめた爲め、一年と經たぬ中其等の會社が相亞て解散して了ひ其財產の十分の八は煙と消え未亡人と令嬢とは已むなく某工場に通ふ身となりました。

不圖した事から未亡人は信託會社を知り僅か許りの殘つた金額を委託されましたが『まう一年早く信託會社のことを承知して居たならば或は又亡き夫が生前に財產を信託して置いて吳れたならば斯くまで身を落さずに濟んだものを』と痛惜されました。

信託実話（昭和2年頃）
三井信託が作成したパンフレット。アメリカの大手信託会社が発行した実話集を参考にして、三井信託の実例をとりあわせたもの。三井信託は、その他にも「信託の必要」などの冊子を配布し、個人財産を管理・運用する信託業務の効用について、平易に説明している。第一次世界大戦を経て日本経済は成長し、格差の拡大という問題をはらみつつ、所得水準は上昇した。そのような背景から、1920年代の日本では、社債市場の著しい発展がみられた。

社債市場の拡大

一九二〇年代の日本では、急速な都市化が進展し、おもに大都市で、道路、電気、ガスといったインフラの整備がすすめられた。また、電力業の発展にともなって、都市近郊電鉄の路線拡大と郊外住宅地の開発が盛んにみられた。

第一次世界大戦後の反動恐慌以降、株式市場が低迷するなか、こうした大規模な設備投資を必要とするインフラ産業、特に電力業や鉄道業において、巨額の資金需要が発生することとなった。その一方で、大手銀行では遊資が堆積し、金利も急落したため、社債の発行がにわかに活発化していった。日本全国の社債発行高は、大正四年（一九一五）に約五〇〇〇万円であったのが、昭和二年（一九二七）年には約六億三〇〇〇万円にまで増加する。発行社債の多くは、大手銀行が引き受け、信託会社と生命保険会社がそれを補完した。

信託業への進出

社債市場が活気づくなか、大正十三年（一九二四）、三井合名会社は三井信託株式会社を設立した。その二年前、三井銀行常務取締役の米山梅吉（左下図）が、アメリカでの外遊経験にもとづいて、信託業の必要性を説き、三井合名会社理事長の団琢磨とともに信託会社創立の準備を始めた。関東大震災の影響でいったんはとん挫したものの、アメリカの事情に詳しい団の後ろ盾を得て、米山は計画の実現を急ぎ、発足にこぎつけた。

大正十三年三月、日本工業倶楽部において創立総会が開催され、取締役会長に団琢磨、代表取締役社長に三井銀行を辞した米山梅吉が選任された。資本金は三〇〇〇万円で、三井合名会社の持株は総株数三〇万株のうち一四万四三二〇株（持株率四八・一％）にとどまり、全株主数は三三二人であった。一〇〇〇株以上の株主には、住友合資会社のほか、安田善四郎（二代目）、大原孫三郎、根津嘉一郎、各務鎌吉《かがみけんきち》（三菱系）らが名を連ねた。また、取締役に三井系以外の財界人も加わっており、公共的な性格を有する会社として出発した。

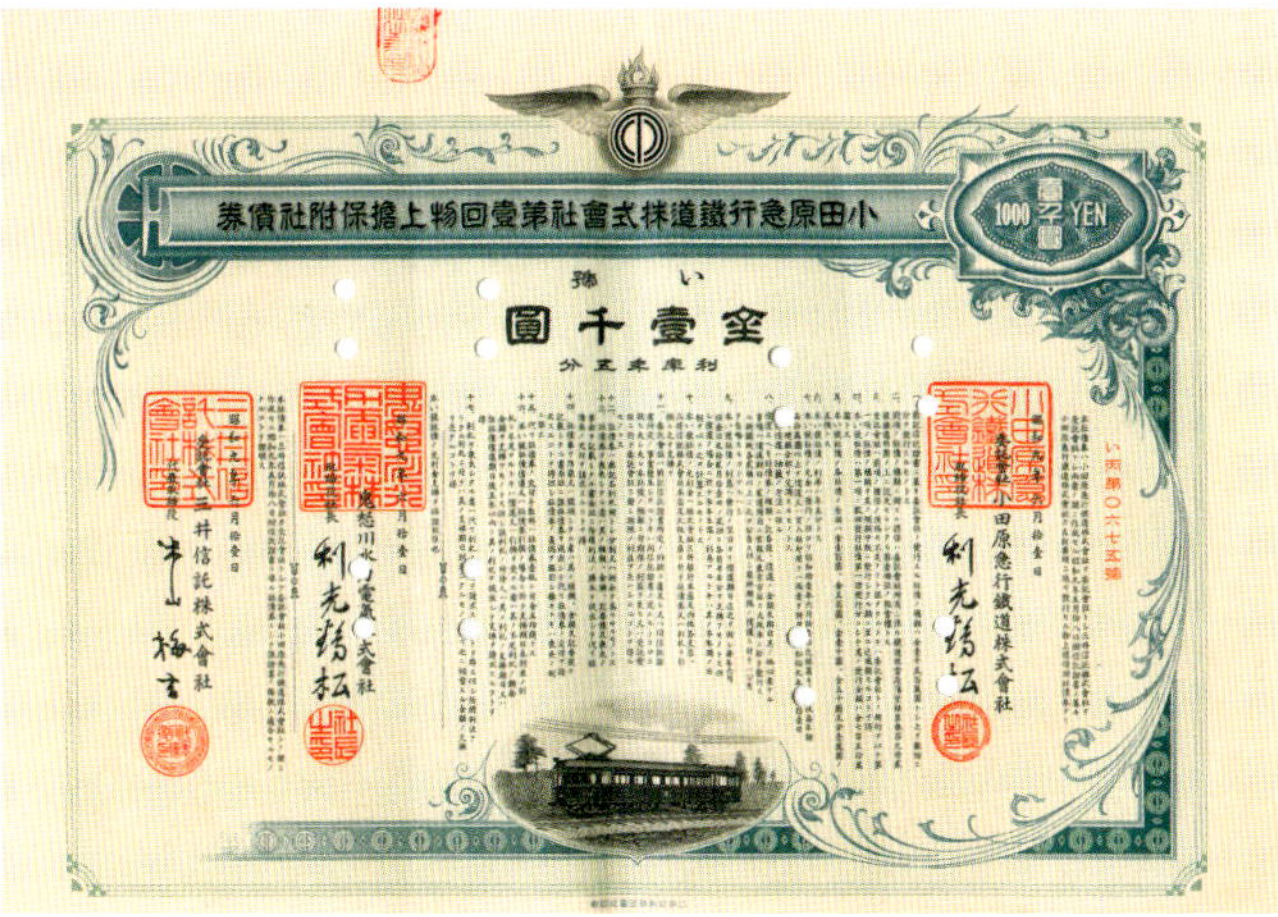

小田原急行鉄道社債　昭和9年（1934）に三井信託が発行を引き受けたもの。

生命保険事業への進出

一九二〇年代には、保険に対する認識が深まり、保険加入者の主要ターゲットとなる都市中間層が形成されて、生命保険事業が急速に発展していった。三井信託の創立まもない大正十五年（一九二六）、三井合名会社は、経営危機にあった高砂生命保険の総株式四万株のうち二万株を買収し、昭和二年に三井生命保険株式会社と名称を変更した。同社は、三井信託と同様に、三井の直系会社として傘下に加わった。開業初年度には、三井の関係会社を背景に顧客層を広げ、約二〇〇〇万円にのぼる新規契約実績をのこした。これは、高砂生命保険から引き継いだ契約高一九〇〇万円を凌駕するものであり、三井の事業として、大きな躍進を遂げたことを示している。

インフラ整備への貢献

一九二〇年代、とりわけ大正十二年の関東大震災後、社債発行の需要が急激に増加するなか、三井銀行は、電力会社と電鉄を中心に社債の発行を積極的に引き受けた。全国の社債（事業債）発行高のうち、三井銀行の引き受け分は、昭和二年に約一六％にも達した。三井信託も、定期預金より利回りの良い金銭信託で資金を獲得し、その大部分を社債投資にふりむけた。投資先は王子製紙、北海道炭礦汽船、電気化学工業といった三井系企業をのぞくと、電力や鉄道が中心であった。さらに、証券引き受け業務にも進出し、小田原急行鉄道などの社債発行を引き受けた（左上図）。また、三井生命保険も順調に収入保険料を増やし、その運用資金を株式と社債に投入した。やはり、投資先は三井系企業と電力・鉄道関係の比率が高かった。三井銀行、三井信託、三井生命保険の金融三社の投資活動と証券引受業務は、日本のインフラ産業の発展に寄与していたのである。

米山梅吉（一八六八－一九四六）　明治二十年（一八八七）に渡米。八年間の苦学の後、明治三十年に三〇歳で三井銀行に入り、四十二年に常務取締役に昇進。大正九年（一九二〇）には東京ロータリークラブの初代会長に、昭和九年（一九三四）には財団法人三井報恩会（→45）の理事長に就くなど、「奉仕の人」として知られる。

44 三井の規模

昭和4年（1929）竣工の三井本館

敷地面積約1,700坪、総建坪数約9,500坪、鉄骨コンクリート7階建（地上五階、地下二階）のアメリカン・ボザールスタイル新古典主義の洋風建築物。平成10年（1998）に、国の重要文化財に指定された。

大正12年（1923）9月1日、関東大震災が発生した。駿河町（現日本橋室町）の旧三井本館（明治35年落成）は、内部に火が回ったものの被害は少なく、復旧は容易であった。しかし、三井の事業は拡大しつづけており、旧本館は手狭となっていたため、三井合名会社は本館の新築を決定した。理事長の団琢磨は、「Grandeur」（壮麗）、「Dignity」（品位）、「Simplicity」（質素）の三つのコンセプトに加えて、耐震性と耐火性にすぐれた設計を依頼したといわれており、当時の三井の威容を誇る建物となった。

三井の企業群

第一次世界大戦の前後から、三井は重化学工業部門に進出し、その後、信託や保険などの金融事業にも乗り出した。こうした多角化戦略の展開によって、三井は多くの傘下会社を組織する巨大な財閥となった。昭和七年（一九三二）時点では、持株会社＝本社である三井合名会社を頂点に六二社で構成された（持株比率三〇％以上の会社）。三井の「直系会社」のうち、三井銀行、三井物産、三井鉱山、東神倉庫、三井信託の五社は、みずから傘下会社を有する持株会社でもあった。

三大財閥の覇権

三井と同様に、三菱や住友も持株会社を設立し、銀行や鉱山などの直営事業を基盤にして、重化学工業分野に手を伸ばしていた。一九二〇年代の不況のなかでも、三井、三菱、住友はその力を強めることに成功した。この「三大財閥」の系列企業が、日本の株式会社上位一〇〇社の総資産額に占める割合は、昭和四年時点で二八％にのぼった。なお、昭和五年末の全国主要会社四三三社のうち、三井系とされる企業は三五社、三菱系が三七社、住友系が一八社であり、三大財閥で全資本金額の約三〇％を占めたという推計値もある。なかでも、三井のシェアがもっとも高く、全資本金の約一五％を占めたといわれている（三菱一〇％、住友五％）。

三井合名会社の資産

三井の事業を統轄する三井合名会社は（→39）、第一次世界大戦期に傘下会社への株式投資を増加させ、大戦後に不動産、農林事業へ集中的に投資した。おもな収入源は傘下会社からの株式配当で、純益金は、大正十三年（一九二四）から昭和四年（一九二九）まで、約二〇〇〇万円以上を計上しつづけた。その結果、同社の資産額は、大正四年の約八〇〇〇万円から、大正九年に約三億円、昭和五年には約三億八〇〇〇万円にまで増加し、日本最大の財閥としての地位を確立した。

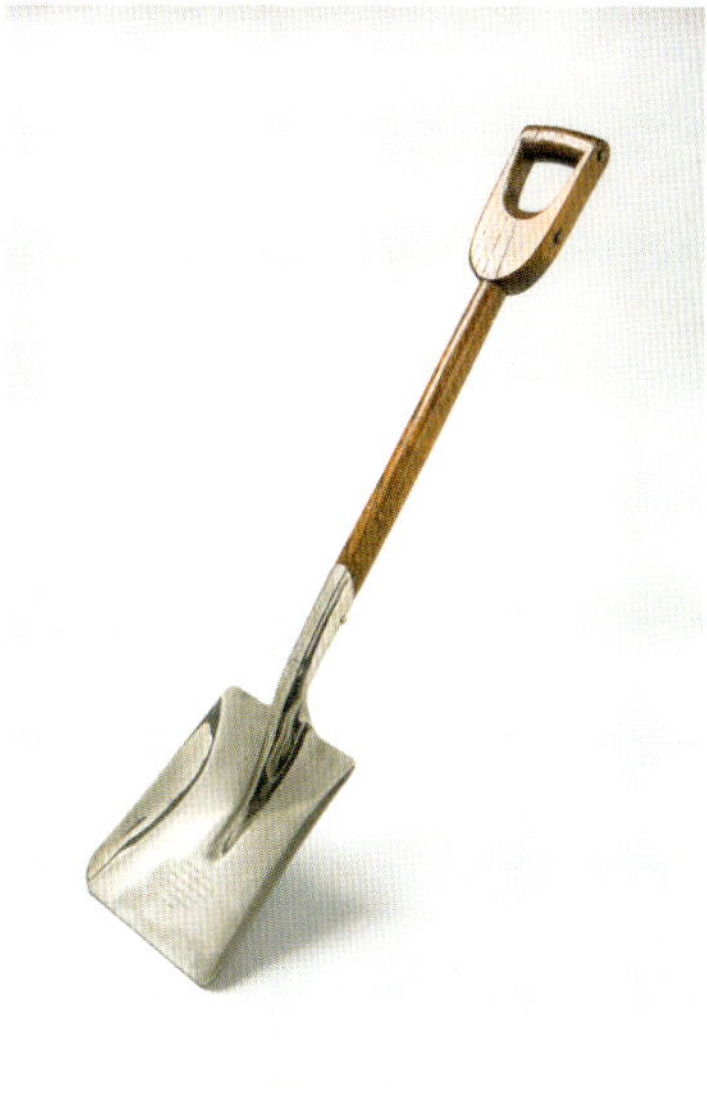

記念ショベル 大正十五年（一九二六）五月三十一日の地鎮祭の時に三井高棟《たかみね》（→38）が使用したもの。「with this shovel BARON HACHIROEMON MITSUI turned the first earth for construction of MITSUI MAIN BUILDING, May 31, 1926」と刻まれている。

純銀製記念リベット 昭和2年（1927）11月10日、上棟式がおこなわれた際、三井高棟が最後の銀鋲を屋上の鉄製構造物に打ち込んだ。三井文庫に残っているのはその複製物。

三井本館の竣工

昭和四年三月、このような三井の規模を象徴する重厚な洋風建築物が完成した（冒頭図版）。大正十三年二月、本館の新築を決定した三井合名会社は、ニューヨークのトローブリッジ・アンド・リヴィングストン事務所に設計監督を委嘱し、ジェームズ・スチュアート社との間に工事実施契約を締結した。実際に着工されるまでのあいだ、震災復興計画との調整、使用資材の確保などに奔走したのが、三井合名会社不動産課であった（大正三年に新設、三井不動産の前身）。不動産課は、英語に堪能な三井物産機械部の手島知建を課長として招き、アメリカで設計に関する交渉をすすめていった。大正十四（一九二五）年十月、建築案が確定し、翌年五月に地鎮祭が執り行われた（上図、右図）。起工から竣工までの工事日数は九六四日、総工費は二一三一万円であった。当時、一般的なビル建築費は一坪あたり二〇〇円であったから、その一〇倍の約二二〇〇円をかけたことになる。

三井の総本山

新三井本館には、換気・給湯・冷暖房の装置に加え、エレベーターや書類送達用施設などが備えつけられた。また、地下には、五〇トンの米国モスラー社製の円形扉をつけた金庫がおかれた。三井合名会社のほか、三井生命保険を除く「直系会社」（三井信託、三井銀行、三井物産、東神倉庫、三井鉱山）が入居した。三井の総本山となったこの建物は、その後、反財閥の状況下で団理事長暗殺の現場となり（→45）、敗戦時には一部接収をうけるなど、激動の時代の渦に巻き込まれていく。

アメリカ人技術者たちと日本人作業員の記念撮影 竣工までの作業員の延人数は約59万人にのぼった（1日平均610人）。

45

財閥の「転向」

団暗殺を報じる新聞

凶弾に倒れ、自宅に戻る団琢磨

昭和7年（1932）3月5日、三井合名会社理事長の団琢磨が暗殺された。午前11時25分頃、三井本館三越側玄関（三井銀行入口）の石段をのぼりかけた団に、血盟団員の若者が接近し、隠し持った拳銃を右胸部に向けて発射した。団はすぐに本館五階の医務室に運ばれ、手当てを受けたが、まもなく絶命した。1ヶ月前にも、井上準之助元蔵相が殺害されており、あわせて「血盟団事件」としてよく知られている。上の図版は、事件の翌年に三井鉱山本店が製作した「団理事長を葬ふ」という記録映画から切り出したもの。撮影は松竹キネマ。映画は、暗殺された日に団が自宅から車で出勤する再現シーンからはじまり、現場の本館玄関の様子、遺体を運び出す静止画へと続く、ストーリー仕立てになっている。財界の重鎮であった団に対する襲撃事件は、当時の日本の世相を反映した出来事であり、世界中に驚きをもって報じられた。

昭和恐慌

昭和四年（一九二九）十月二十四日、ニューヨークの株式市場が大暴落した。アメリカで発生した恐慌は、全世界をまきこんだ世界恐慌へと発展した。浜口雄幸内閣のもとで、緊縮政策がすすめられていた日本経済も、昭和五年から未曾有の不況に見舞われた。都市には失業者があふれ、農村では娘の身売りや欠食児童の問題が出るなど、かつてない厳しい不況におちいり、国民や軍部は、政治家および財界の指導者に対する不満を募らせていった。

「ドル買い事件」

このような状況下で、三井が世間から糾弾された「ドル買い事件」がおこる。昭和六年九月、イギリスが金本位制を停止すると、円の下落を見込んで投資家、金融機関、貿易商社が盛んに円売り、ドル買いを始めた。為替相場の維持を国策とする政府は、市場に介入しつつ財界に協力を求める一方で、ドルの思惑買いを「国賊」的な行為だと強く批判した。三井銀行と三井物産が、政府の要請に応じる姿勢をとりつつも、多額のドルの買予約をしていたため、世論の非難は三井に集中した。十一月には、社会青年同盟と称する一団が三井銀行営業場（三井本館一階）に乱入し、三井非難のビラを撒くなど、三井に対する風当たりは強まるばかりであった。三井銀行や三井物産は、思惑買いではなく、純粋な商取引に関わる売買だと反論したが、その真相・評価は現在でも定まっていない。

団の死と同族の引退

財閥批判が高まるなか、昭和七年（一九三二）、団琢磨が「一人一殺」を標榜する血盟団員に射殺された。実質的なトップの横死は、三井全体に大きな衝撃を与え、財閥の「転向」と呼ばれるさまざまな改革がすすめられる契機となった。昭和八年、団とともに三井の一時代を築いた三井高棟《たかみね》が引退し、北家の家督を相続した高公《たかきみ》が、三井合名会社の社長に就いた。また、団の後継者として、三井銀行筆頭常務であった池田成彬《せいひん》（左下図）が、三井合名会社筆頭常務理事に就任した。財閥批判をかわすため、池田の強力なリーダーシップのもと、一連の「転向」策が実施される。第一に、三井家同族を事業の第一線から引退させた。昭和九年には、三井銀行、三井物産、三井鉱山の社長職にあった同族がそれぞれ退任した。

社会への資金還元

第二に、社会事業や公益事業に多額の寄付を行った。昭和九年四月に、三井合名会社からの三千万円の寄付によって、社会・文化事業への助成を目的とする「財団法人三井報恩会」が発足した。この財団設立が発表されると、「三井が公益事業にぽんと三千万円」などと大きく報道された。公立の小学校教員の初任給が五〇円前後であったことを考えると、いかに巨額の寄付であったのかが分かる。具体的な事業としては、児童保護への助成や、農村で副業的な収入を得るための共同加工施設に対する支援などをおこなった（右図）。

農村の共同加工施設（昭和9年） 左は宮崎県高原《たかはる》町での竹細工作業風景、右は神奈川県山北町での缶詰製造の作業風景。

株式の公開

第三に、三井系企業の一部の株式を公開し、「利益を独占している」という批判をかわそうとした。三井物産傘下の東洋レーヨン、三井鉱山傘下の東洋高圧工業、三池窒素工業の株式が公開され、昭和八年九月には、三井合名会社所有の王子製紙、北海道炭礦汽船の株式も売却された。こうした株式の公開は、不足する事業拡充資金や先に紹介した寄付金を調達する役割も果たしていた。

「転向」の評価

このような三井の「転向」策に対して、当時から、財閥批判をやわらげようとする「カモフラージュ」にすぎない、という否定的な意見もあった。株式を公開したといっても、公開したのは三井合名会社直系のものではなく、株式の売却先も三井物産、三井生命保険、三井信託に集中しており、その評価は難しい。ただ、社会・文化事業への寄付については、多くの人びとに好意的に受け止められた。

池田成彬《いけだせいひん》（一八六七－一九五〇） 明治二十八年（一八九五）に三井銀行に入行、明治四十二年に常務就任。同行で経営手腕を発揮し、「ドル買い事件」の際にはその矢面にたった。団暗殺後、財閥の「転向」策を断行し、昭和十一年（一九三六）には、重役の定年制を設けて自らも勇退。その後も、日銀総裁、第一次近衛内閣の大蔵・商工大臣を歴任するなど、政財界で活躍した。

46 帝国銀行の発足

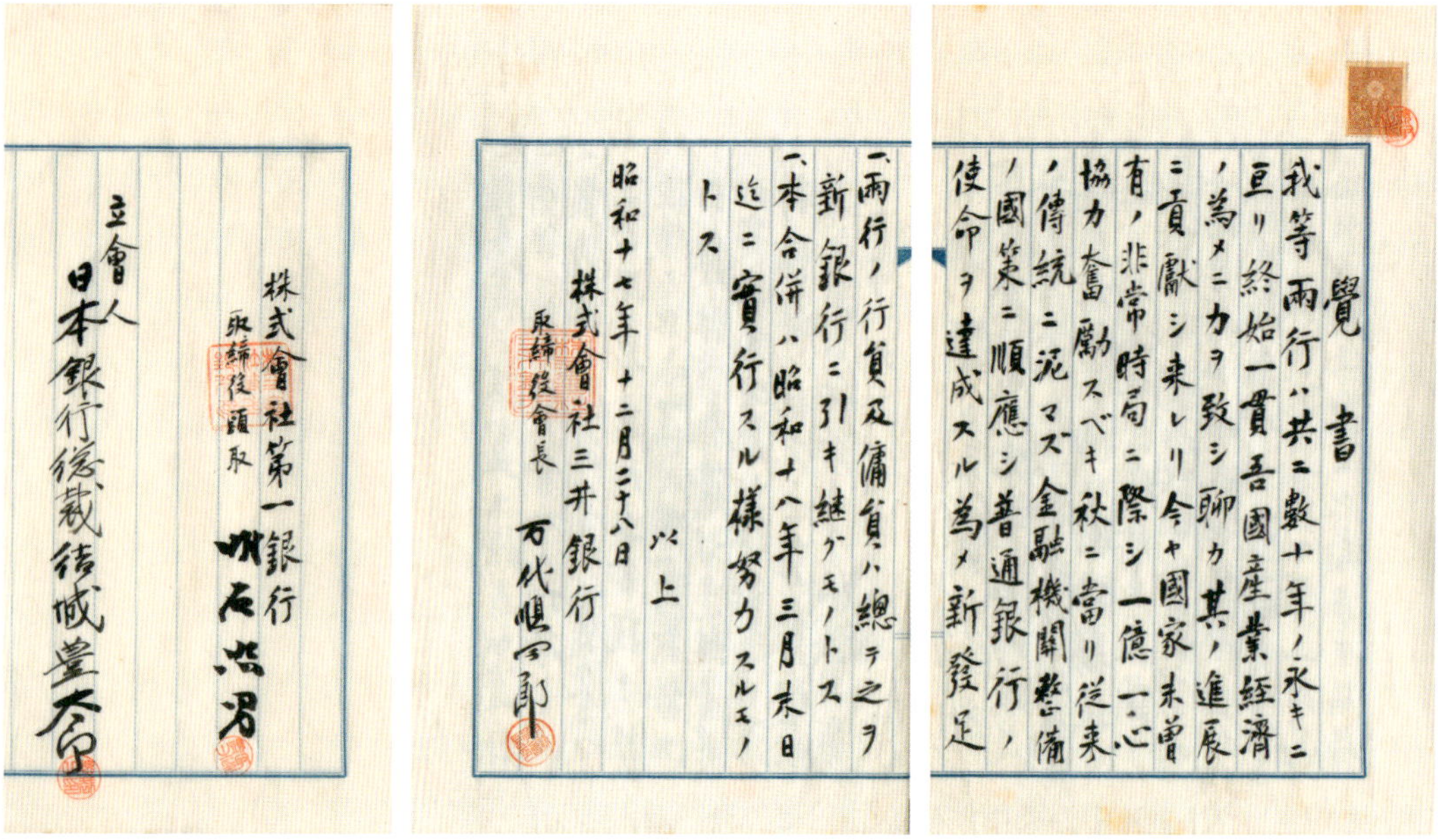
覺書
我等兩行ハ共ニ數十年ノ永キニ亘リ終始一貫吾國産業經濟ノ為メニ力ヲ致シ聊カ其ノ進展ニ貢獻シ來レリ今ヤ國家未曾有ノ非常時局ニ際シ一億一心協力奮勵スベキ秋ニ當リ從來ノ傳統ニ泥マズ金融機關整備ノ國策ニ順應シ普通銀行ノ使命ヲ達成スル為メ新發足
一、兩行ノ行員及傭員ハ總テ之ヲ新銀行ニ引キ繼グモノトス
一、本合併ハ昭和十八年三月末日迄ニ實行スル様努力スルモノトス
以上
昭和十七年十二月二十八日
株式會社三井銀行
取締役會長 万代順四郎
株式會社第一銀行
取締役頭取 明石照男
立會人
日本銀行總裁 結城豊太郎

覚書

昭和17年（1942）12月28日に三井銀行と第一銀行が取り交わした合併に関する覚書（冒頭と末尾部分）。三井銀行取締役会長の万代《まんだい》順《じゅん》四郎《しろう》と第一銀行頭取明石照男が、12月下旬に正式に合併交渉をすすめ、27日には大蔵省に出向いて両行の合併と新銀行の発足を申し入れた。それに対して、大蔵省は、新銀行が「国家的使命」を達成するため、三井家はその経営に介入してはならないという意味の条件を指示する。万代は、三井家同族から内諾を得て、合併の要領を記した「覚書」（上図）と、三井家は銀行の取締役会の決定に従うことが明記された「念書」（左下図）に調印した。昭和18年3月、会長明石、頭取万代という体制で帝国銀行が発足し、日本最初の私立銀行であり、金融界で不動の地位を保っていた三井銀行が解散する。

「少数支店主義」

一九二〇年代の三井銀行では、堅実な営業方針のもと、「少数支店主義」が貫かれていた。大衆的な資金よりも、企業を中心とする大口預金の獲得に主眼を置き、貸出先も都市部の大企業に選別されていた。三井の「直系企業」からの預金が増大する一方で、不況下で資金需要は少なく、多額の余裕資金を抱えていたため、安定的な経営を志向していたといえる。ただ、その結果として、昭和二年（一九二七）の金融恐慌後、財閥系金融機関に預金が集中するなかで、三井銀行の預金額は相対的に伸び悩んだ。昭和八年に、三井銀行の預金額は、住友、第一、安田に次いで第四位に転落する。

支店増設方針への転換

昭和十年代に入ると、三井銀行は営業方針を転換し、支店を増設して大衆預金を獲得するとともに、貸し倒れリスクの高い中小商工業金融への進出を図っていく。その最初の試みが、昭和十三年（一九三八）に開店した新宿支店であった（左上図）。日中戦争が勃発し、三井系の諸企業を中心に資金需要が急増したため、その後も池袋支店、目黒支店、五反田支店など、東京で次々と支店を開設していった。ただ、他行も同様に店舗数を増やしており、支店の拡張に出遅れた三井銀行の預金額は、他の有力銀行にその差を引き離されていく。

合併構想

昭和十三年（一九三八）、資金調達能力を低下させた三井銀行は、第一銀行（旧第一国立銀行）との合併を構想しはじめる。この頃、赤字国債の消化と戦時下での資金需要増へ対応するため、政府指導のもとで、地方銀行の合併・統合がすすめられていた。そのような背景から、三井銀行会長の万《まん》代《だい》順四郎は、統制下の固定融資によって、今後の収益が悪化していくことを予測した。そこで、大口取引中心の業務から脱却し、小口取引を拡大することで収益基盤を強化すべきと考え、三井銀行を他の有力銀行と合併させる方針をたてた。

新宿支店開設記念はがき

万代は、この計画を具体化するため、池田成彬（→45）に相談をもちかけ、その協力のもと、自らの構想である第一銀行との合併案について、三井十一家の同意を得ることに成功した。第一国立銀行頭取の明石照雄にいったんは拒絶されるものの、昭和十五年頃から資金運用に関する統制が強化され、時局産業に巨額の資金を投下する大銀行が求められるようになっており、次第に両行の合併問題が現実味を増していく。

新銀行の成立

昭和十七年（一九四二）十二月十七日、万代が日銀総裁の結城豊太郎を訪問した際、再び第一銀行との合併案が持ち上がる。二十二日、日銀副総裁・渋沢敬三（第一国立銀行の頭取であった渋沢栄一の孫）の仲介のもとで、万代と明石が会談し、その数日後には、両者の間で合併の基本条件が取り交わされた。わずか二時間のうちに、対等合併、新名称の採用など、一〇か条の合併要項が決められたといわれている。冒頭図の解説でふれたように、万代と明石が「覚書」と「念書」（下図）に調印したうえで、翌十八年一月、三井銀行と第一銀行は合併契約を締結し、三月に帝国銀行が発足した。さらに翌年、帝国銀行は、大蔵省の決定にもとづいて、明治十年（一八七七）に華族が結集して設立した十五銀行を吸収合併する。

そして戦後へ

帝国銀行は日本最大の銀行として営業を開始し、三井系企業を含む多くの軍需会社に対する融資を担当した。しかし、発足からわずか二年あまりで敗戦をむかえ、昭和二十三年（一九四八）九月には、旧第一系の行員から分離の要望が出されたことに端を発し、帝国銀行は解散する。同年十月、旧三井系、旧十五系の行員を中心とする「新」帝国銀行と、旧第一系の行員を中心とする「新」第一銀行が成立した。合併直後から、旧第一系の行員は昇給・昇格などで不満を募らせており、旧三井系の行員との間の感情的な軋轢は容易に解消しなかったのである。

その後、日本経済が復興を果たし、旧財閥系銀行が名前を復帰させるなかで、昭和二十九年（一九五四）一月より、帝国銀行も「三井銀行」と改称して再出発を果たす。

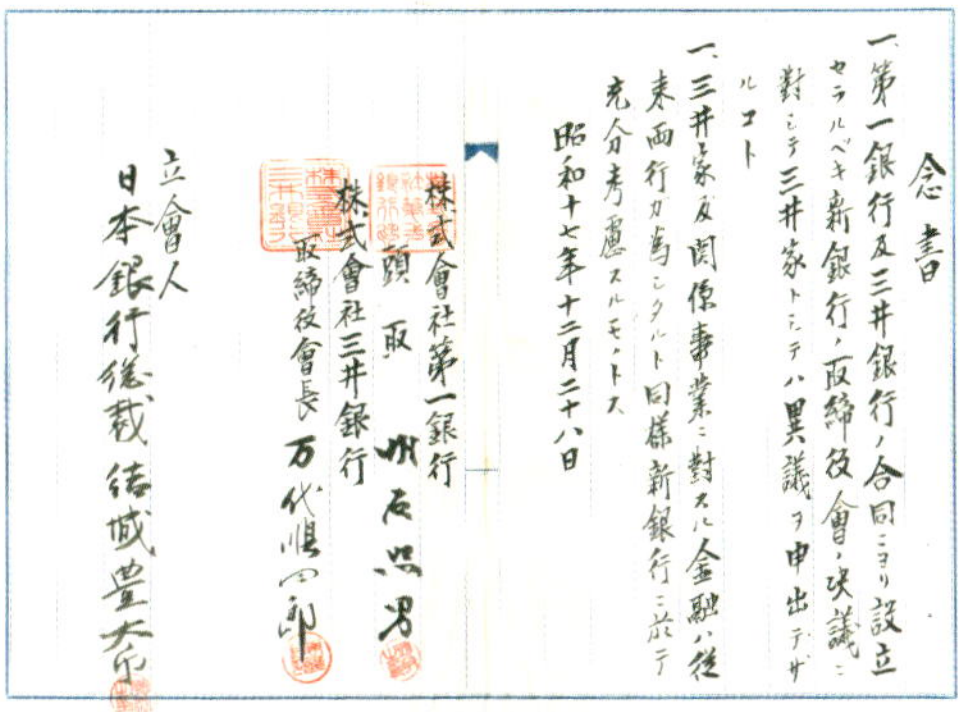

念書

一、第一銀行及三井銀行ノ合同ニヨリ設立セラルベキ新銀行ノ取締役會ノ決議ニ對シテ三井家トシテハ異議ヲ申出テザルコト

一、三井家及関係事業ニ對スル金融ハ從来両行ガ為シタル如ク新銀行ニ於テ充分考慮スルモノトス

昭和十七年十二月二十八日

株式會社第一銀行 頭取 明石照男

株式會社三井銀行 取締役會長 万代順四郎

立會人 日本銀行総裁 結城豊太郎

念書　昭和17年（1942）12月28日

47 戦争と鉱山

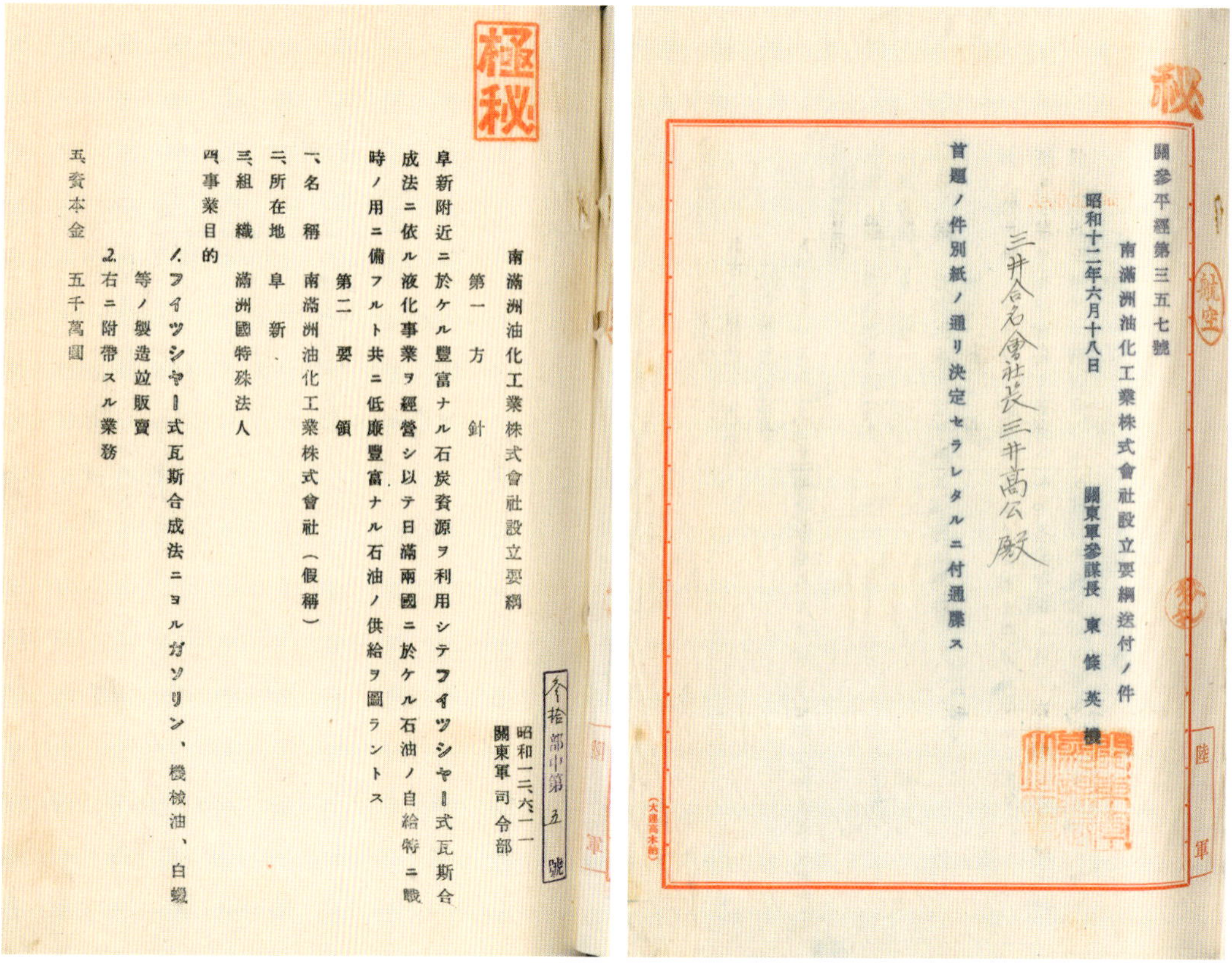
極秘

南滿洲油化工業株式會社設立要綱

昭和一二、六、一一
關東軍司令部

參謀部中第五號

第一 方針

阜新附近ニ於ケル豐富ナル石炭資源ヲ利用シテフイツシャー式瓦斯合成法ニ依ル液化事業ヲ經營シ以テ日滿兩國ニ於ケル石油ノ自給竝ニ戰時ノ用ニ備フルト共ニ低廉豐富ナル石油ノ供給ヲ圖ラントス

第二 要領

一、名稱 南滿洲油化工業株式會社（假稱）

二、所在地 阜新

三、組織 滿洲國特殊法人

四、事業目的

1.フイツシャー式瓦斯合成法ニヨルガソリン、機械油、白蠟等ノ製造竝販賣

2.右ニ附帶スル業務

五、資本金 五千萬圓

秘

關參平經第三五七號

南滿洲油化工業株式會社設立要綱送付ノ件

昭和十二年六月十八日

關東軍參謀長 東條英機

三井合名會社長三井高公殿

首題ノ件別紙ノ通リ決定セラレタルニ付通牒ス

三井合名会社文書課「諸報告」

この記事は、昭和12年（1937）6月18日付で関東軍参謀長東条英機が三井合名会社の社長・三井高公《たかきみ》にあてた人造石油会社の設立要綱（冒頭のみ）。この会社は「満州合成燃料株式会社」と名称を変更して設立されるが、三井鉱山は関東軍の要請をうけて、三井合名会社・三井物産とともに同社へ出資し、その工場建設・経営を担当することになる。石炭業で発展をつづける三井鉱山は、戦局が激しくなるにつれて、このような国策的な事業に資金を投入せざるをえず、その他軍需品生産の拡充や南方への進出など、軍との関係は切り離せないものとなっていく。

採炭の機械化

三井鉱山は、一九二〇年代以降、各炭鉱で機械を積極的に導入し、生産能率を増大させていた。特に、一九三〇年代には、石炭産業でもっとも遅れていた採炭部門での機械化がドラスティックに推し進められた。火薬を充塡する穴を掘るためのコールドリル、炭壁に「透かし」を入れるコールカッター（左上図）などが、採炭能率の上昇をもたらした。三井鉱山は、昭和十年（一九三五）に日本全体の一五％にあたる約六〇〇万トンの石炭を産出しており、経費も節減して高い収益をあげた。

戦時体制と炭鉱

昭和十二年の日中戦争の勃発によって、民需を抑制し、あらゆる物資・資金を軍需産業に集中することが求められた。その後、太平洋戦争下では労働（ヒト）、財（モノ）、金融（カネ）、に対する統制が全面的に行き渡り、国産エネルギー源である石炭の増産が奨励された。しかし、戦局の悪化とともに、労働者の不足、設備の摩耗、資材の欠乏が目立ってくる。そのような悪条件のなかでも、三井鉱山は昭和十九年まで採掘量を増やし、内地で一〇〇〇万トン近い石炭を掘っていた。

軍需への対応

戦時統制のもと、三井鉱山は軍需関係の生産や資源開発にも手を広げていく。冒頭図の解説でふれたように、人造石油事業（石炭などを原料にして人工的に石油を合成する事業）を成功させようと、軍の要請にもとづいて、満州合成燃料の工場建設・経営をひきうけた。石油の供給をアメリカに依存する日本は、国策としてこの大事業をすすめていった。三井の幹部内では、資財の入手難と計画の大幅な遅れなどから、消極的な意見も出始めるが、石油が極端に不足するなかで、軍との摩擦をかえりみず、同事業から撤退することはできなくなっていく。国内でも、三井は帝国燃料興業、三池石油合成、北海道人造石油、樺太人造石油などへ出資している。これらの人造石油事業には、合計約一億円もの資金が投入されたが、目覚ましい成果をあげることはできなかった。なかでも、満州合成燃料の工場は、試運転と修理を繰り返すなかで終戦を迎えるという惨憺たる結果であった。

　その他、三井鉱山の三池染料工業所では、軍の要請に応じるため、爆薬などの軍需品の生産を拡充していった。昭和十六年（一九四一）、三池染料工業所は三井化学工業として分離独立し、三井の化学事業は拡大の一途をたどる。

コールカッター（山野鉱業所）　採掘を容易にする機械。炭壁の下部をそぎ落として発破の能率をあげる。

占領地での事業

日中戦争の進展にともない、三井鉱山は戦火の広がる中国大陸にも進出し、占領地の鉱山経営を引き受けていった。また、航空機素材としてのアルミニウム需要が高まると、原料のボーキサイトを確保するため、南洋アルミニウム鉱業に出資し、実質的な経営権を握った。パラオ本島ガラスマオに設置された同社のパラオ鉱業所は、昭和十三年（一九三八）から採掘を開始した（下図）。

　太平洋戦争が勃発すると、日本政府は、南方の占領地域で接収した現地工場・鉱山を軍管理とし、一部を軍直営、大半を民間委託経営方式で運営しようとする。昭和十六年（一九四一）以降、三井鉱山も次々に経営の受託および軍直営事業への協力を命じられた。とりわけ、フィリピン（ルソン島）のマンカヤン銅山、マレーの錫鉱山、スマトラのブキットアサム炭鉱などが大規模な事業であった。南方には、多数の技術者や事務職員が派遣され、戦闘にともなう破壊と復旧を繰り返しつつ、現地労働者を雇用して資源の獲得に取り組んだ。

敗戦

三井鉱山は、戦時統制のもとで膨張し、化学工業部門を独立させた後も利益を出し続けた。ただ、占領地での経営は、激しい銃撃や空襲で多くの人員や設備を失うなど、苦難を強いられるものであった。敗戦時には、これらの海外資産のほとんどを喪失し、派遣された職員の多くが死亡者、行方不明者、残留者となった。炭鉱では、資材が欠乏するなかで、設備投資を行わずに無理な採掘をつづけたため、坑内を著しく荒廃させたまま、戦後復興に向かわなければならなくなる。

パラオ鉱業所職員社宅（昭和17年4月撮影）　昭和19年(1944)になると、同鉱業所は空襲に見舞われる。従業者が飛行場の建設や陣地構築などに駆り出されることとなり、生産は完全にストップする。

48 戦時下の事業再編

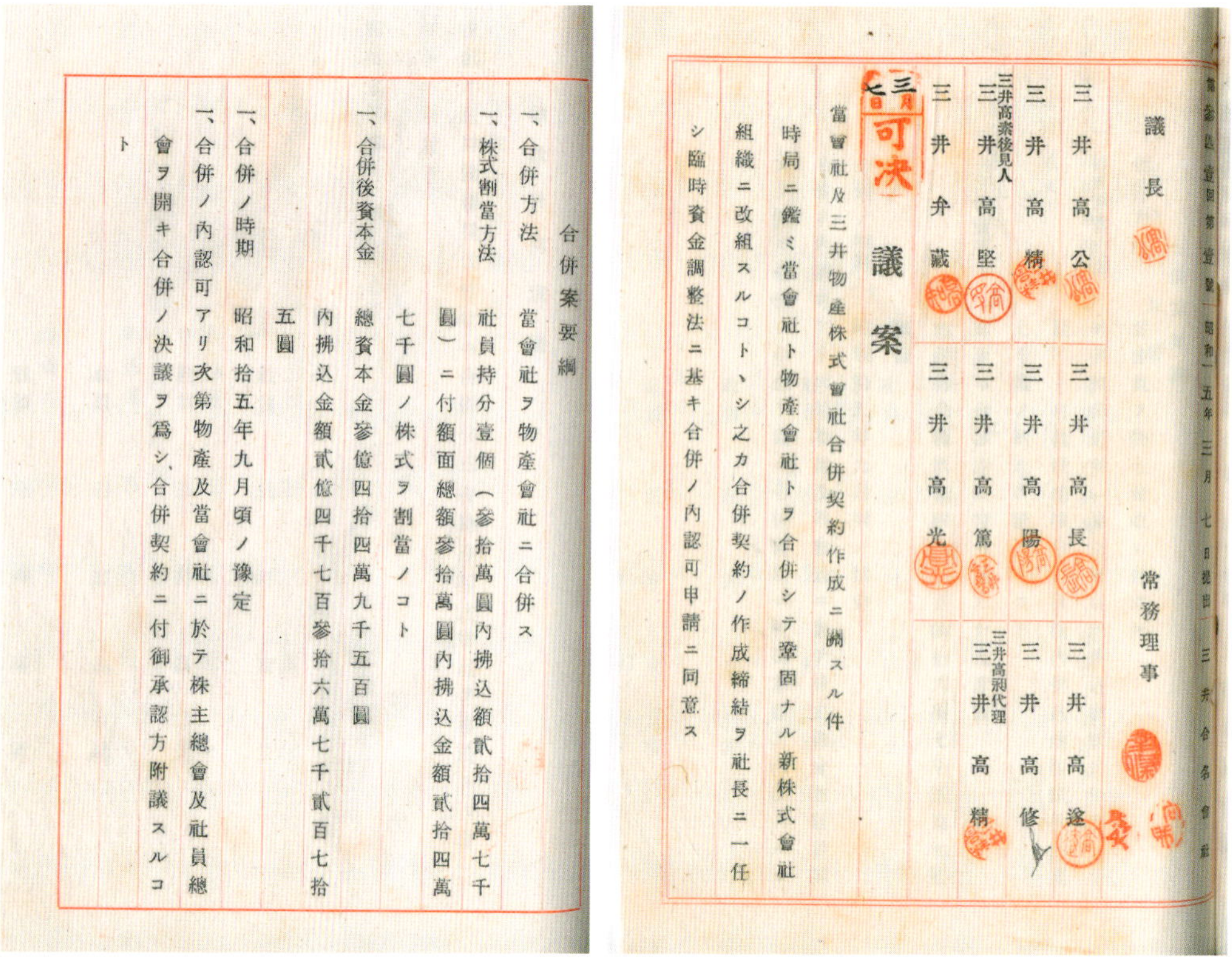
昭和一五年三月七日提出　三井合名會社

議長　常務理事

三井高公　三井高長　三井高遂
三井高精　三井高陽　三井高修
三井高秦後見人 三井高堅　三井高篤　三井高洞代理 三井高精
三井弁蔵　三井高光

可決　三月七日

議案

當會社及三井物産株式會社合併契約作成ニ關スル件

時局ニ鑑ミ當會社ト物産會社トヲ合併シテ鞏固ナル新株式會社組織ニ改組スルコト、シ之カ合併契約ノ作成締結ヲ社長ニ一任シ臨時資金調整法ニ基キ合併ノ内認可申請ニ同意ス

合併案要綱

一、合併方法　當會社ヲ物産會社ニ合併ス

一、株式割當方法　社員持分壹個（参拾萬圓内拂込額貳拾四萬七千圓）ニ付額面總額参拾萬圓内拂込金額貳拾四萬七千圓ノ株式ヲ割當ノコト

一、合併後資本金　總資本金参億四拾四萬九千五百圓内拂込金額貳億四千七百参拾六萬七千貳百七拾五圓

一、合併ノ時期　昭和拾五年九月頃ノ豫定

一、合併ノ内認可アリ次第物産及當會社ニ於テ株主總會及社員總會ヲ開キ合併ノ決議ヲ爲シ、合併契約ニ付御承認方附議スルコト

三井合名会社社員総会議案

三井合名会社を三井物産に合併する合併案を承認した三井合名会社社員総会の議案。この合併案による三井合名会社改組に対しては、同族の一部と専門経営者の一部に強い反対があったが、三井合名会社常務理事の向井忠晴は、社長・三井高公（→49）らの支持を背景に、大蔵省当局の意向を盾に、この合併案を実現させた。

この合併の目的は、戦時経済の進行とともに増税が推し進められる中で、三井の持株会社を合名会社の形態で維持しつづけると、三井家の相続税財源の確保が難しくなること、二重課税の負担が重いこと、新規事業資金の確保が難しくなることから、持株会社を株式会社化することにあった。

株式の公開

昭和恐慌からの回復過程に入ると、三井鉱山、芝浦製作所、北海道炭礦汽船、小野田セメント製造、大日本セルロイド、電気化学工業などでは新規投資が急増し、増資が繰り返された。三井合名会社（→38）は、これら直系会社・傍系会社への払込資金調達のために、所有する傍系会社株式の一部を売却した。こうした売却は昭和十一年度から本格化するが、当初は直系会社や直系金融機関による肩代わりも多く、財閥内での移動という側面もあった。

日中戦争期（昭和十二年以降）になると、三井鉱山・三井物産が資金需要増大による大規模な増資をおこない、芝浦製作所など傍系会社の増資も巨額になり、また三井合名会社自身も、満州合成燃料や北支那開発などの国策会社への新規投資を行ったため、三井合名会社の所要投資資金は急増した。こうした投資資金の増大は、三井財閥内部での資金蓄積を上回るペースであり、三井合名会社は、所有株式の売却を一層進めることになった。これまでは、金融機関は別として、直系会社の株式は全額を三井合名会社が所有していたが、昭和十四年末から、ついに三井鉱山の株式公開に踏み切った。その時点では、売却先は三井関係の縁故者に限定され、譲渡禁止条件付きであったが、譲渡禁止条件は、昭和十七年に撤廃される。三井財閥の基幹部分においても閉鎖的資本所有（↓38）の維持が困難になってきたのである。昭和十三年度からは借入金も生じている。

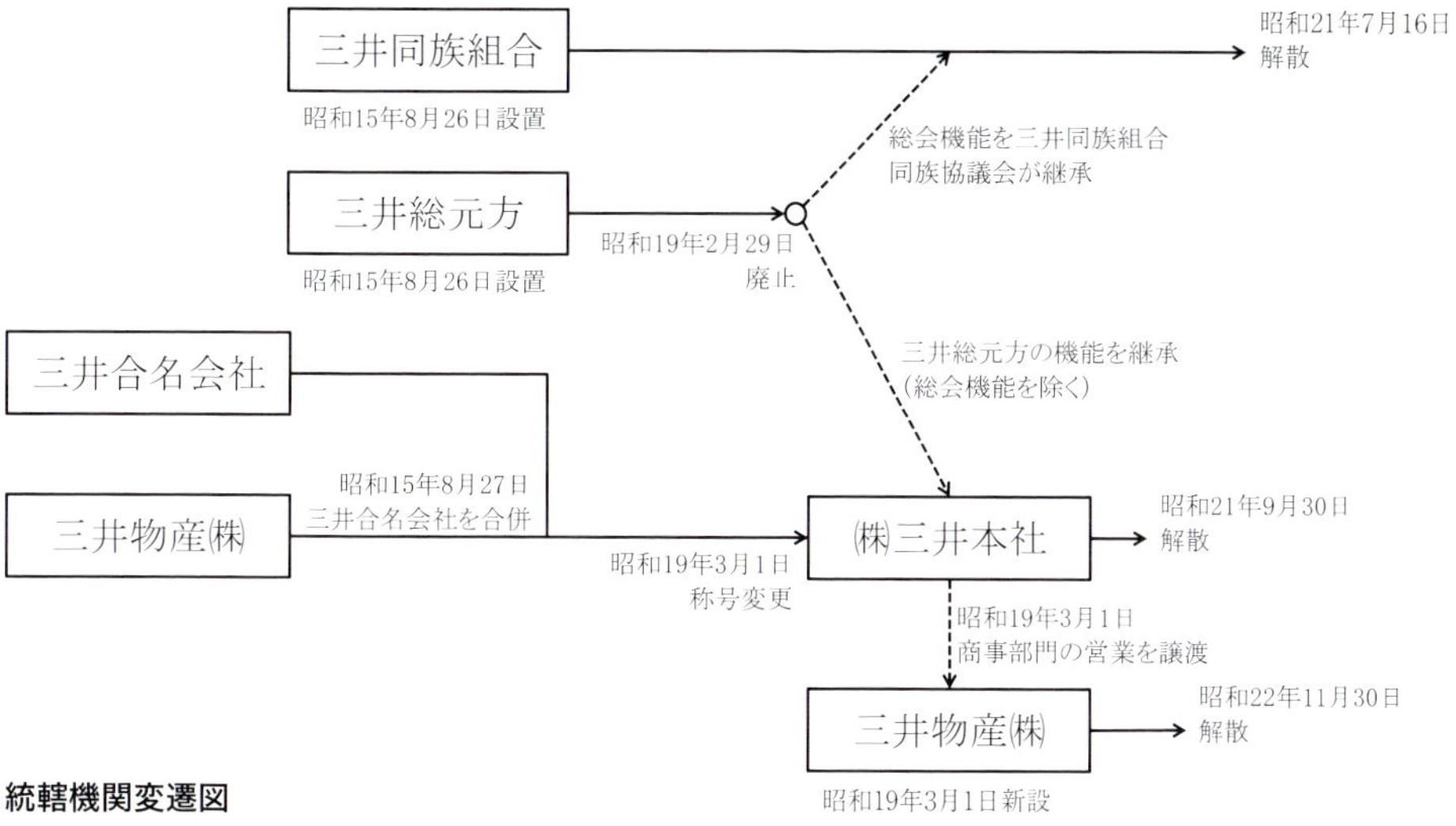

統轄機関変遷図

財閥統轄機関の変遷

昭和十五年（一九四〇）八月二十七日、三井合名会社は三井物産に吸収合併され解散した。それまで子会社の位置にあった三井物産が三井の事業の持株会社となった。合併に先立ち、金融三社（三井銀行、三井信託、三井生命）の株式は、三井合名会社から三井家同族へ譲渡された。

両社の合併の前日、三井十一家によって、三井同族組合と三井総元方が組織された。三井同族組合は、三井合名会社の解散後も、三井家同族の所有する事業資本を分割不可の統一資本として維持するための資産保有組織であり、三井総元方は、三井同族組合の委託を受けて、これまで三井合名会社がはたしてきた財閥の事業統轄をおこなう機関とされた。こうして、三井物産が傘下会社の持株会社ではあるが、三井財閥の統轄は三井総元方がおこなうという、変則的な体制が成立した。

しかし、こうした体制では、財閥の統轄には無理があり、昭和十九年三月一日、三井物産は商号を変更して三井本社となり、新たに設立した商事会社・三井物産に交易商事関係部門の営業を譲渡し、三井総元方の財閥統轄機能を継承して、統轄機関に変身した。

傘下会社の増大

三井総元方のもとで、三井傘下事業の再編成が進められた。昭和十六年に、三井不動産、三井化学工業、東洋軽金属（昭和十九年に三井軽金属と改称）が設立された。昭和十七年には、三井精機工業と三井船舶が設立され、玉造船所が三井造船に、東神倉庫が三井倉庫に改称した。昭和十八年には、昭和飛行機の経営権を三井が掌握している。また、この時期に、関係強化のため、東京芝浦電気、東京石川島造船所（現ＩＨＩ）への出資比率を高めようと試みるが、進展を見ずに敗戦を迎えた。

昭和十九年九月に、三井本社が、直系会社一〇社、準直系会社一二社の指定をおこなった。その頃の三井財閥傘下会社の広がりは、一〇四頁に掲載した図のようになっていた。

向井忠晴（一八八五―一九八二）　三井物産出身。三井合名会社常務理事、三井総元方理事長として、一連の事業再編を主導。昭和十九年（一九四四）一月、山西事件（三井物産の経済統制違反事件）の責任を取り、三井総元方理事長を辞任。戦後、第四次吉田内閣の大蔵大臣。

49 三井財閥の解体

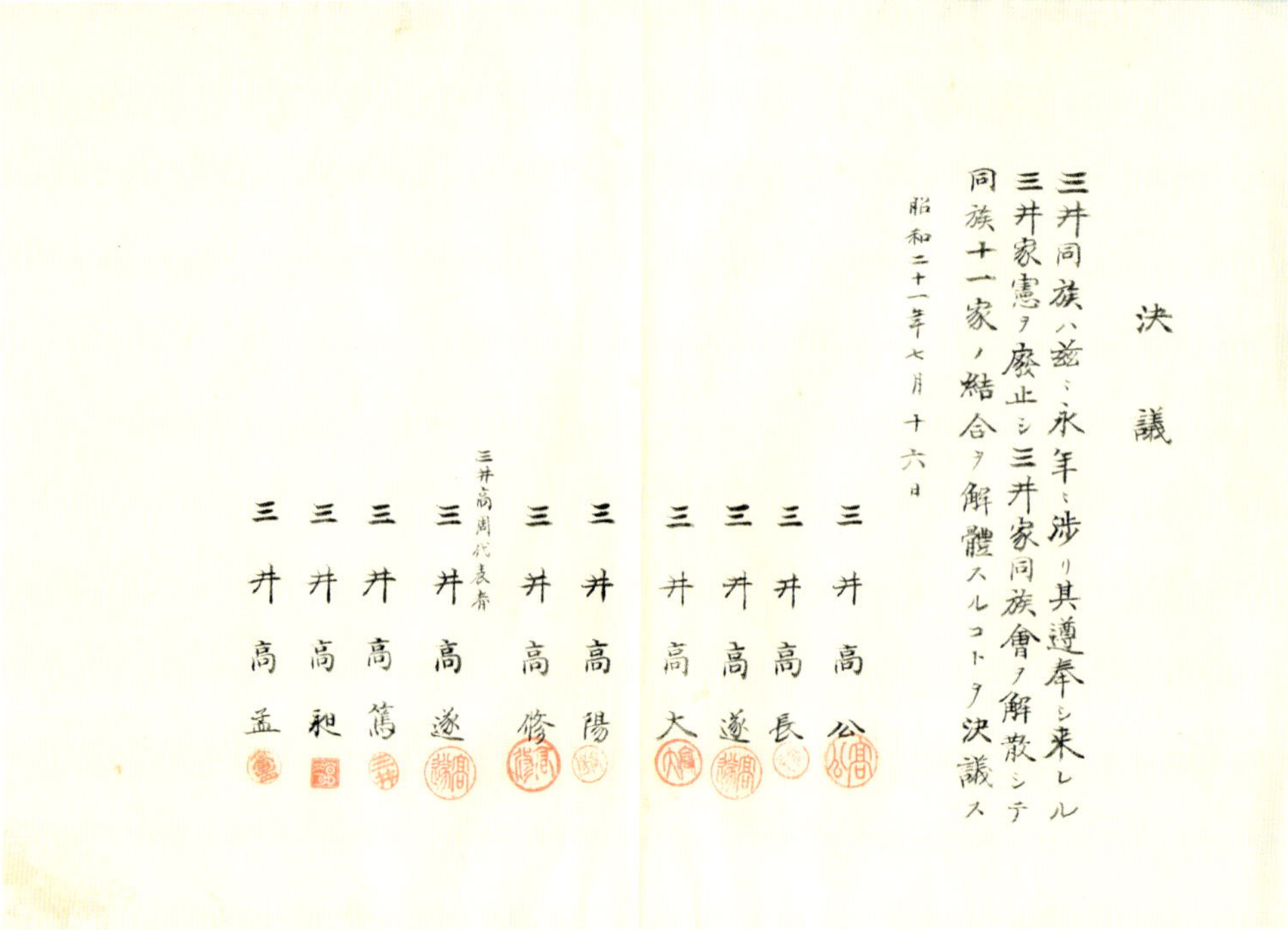
決議

三井同族ハ茲ニ永年ニ渉リ其遵奉シ来レル三井家憲ヲ廢止シ三井家同族會ヲ解散シテ同族十一家ノ結合ヲ解體スルコトヲ決議ス

昭和二十一年七月十六日

三井高公
三井高長
三井高遂
三井高大
三井高陽
三井高修
三井高周代表者 三井高遂
三井高篤
三井高昶
三井高孟

三井家同族会の解散決議書

本文で述べる法的な財閥解体措置とは別に、三井家同族会に対しては、GHQから解体を促す圧力がかかっていた。三井家同族会では、解散指令が発せられる前に解散することとし、昭和21年（1946）7月16日、三井家憲（→37）の廃止と三井家同族会の解散を決議した。同時に、三井家同族の財産保全組織である三井同族組合の解散も決議され、近世以来続いてきた三井の財産共有制が終焉を迎えた。

三井十一家のうち、一本松町家では、二代・高光《たかてる》の死去（昭和19年8月1日）後、相続人未定状態が続いていたため、決議は十家の当主によってなされている。また、松坂家十一代・高周《たかかね》は、成年に達していなかったので、その代表者として新町家の高遂《たかなる》が押印している。

三井本社の解散

昭和二十年（一九四五）八月十五日、日本は、ポツダム宣言を受諾して降伏し、第二次世界大戦が終結した。敗戦直後の三井首脳部は、戦後について楽観的な見通しを持っていたという。親米主義、自由主義などと目されて軍部などからの批判を受け、軍需産業部門が相対的に弱かった三井にとって、平和産業による戦後復興こそ、自分たちの力を十分に発揮できる場であるという意識もあったようである。

しかし、占領開始後間もなく発表された「降伏後における米国の初期の対日方針」の中で「日本国の商工業の大部分を支配し来りたる産業上及金融上の大コンビネーションの解体計画を支持すべきこと」がうたわれ、GHQ（連合国最高司令官総司令部）が財閥解体を進めることがあきらかとなった。GHQは、その第一歩として各財閥本社の解体を求めてきた。住井辰男《ときお》（三井本社常務理事）、松本季三志（同）、宮崎清（三井物産社長）らは、GHQ経済科学局長のクレーマー大佐との会談（左上図）などを通じて、三井本社の改革実施による生き残りの途を探ったが、GHQ側は三井本社の解体を強く求め、自発的に決定しなければ命令により解体させると通告してきた。住井らは、三井本社の解散やむなしとの結論に至り、昭和二十年十月二十二日、急遽招集された三井家同族の協議の場で状況を説明し、三井本社解散案への三井家同族の同意を得た。

　昭和二十年十一月六日、GHQは、三井・三菱・住友・安田の四財閥本社が「自主的」に解体することを発表した。それを受け、八日、社長の三井高公《たかきみ》（左下図）は、三井本社従業員を集め、三井本社の解散についての声明を読み上げた。十二月六日、同社取締役会は、「当会社解散方針之件」他の議案を可決し、自社の解散手続きを開始し、直系・準直系会社に対する統轄を停止した。三井本社は、昭和二十一年九月三十日をもって解散し、清算に入った。

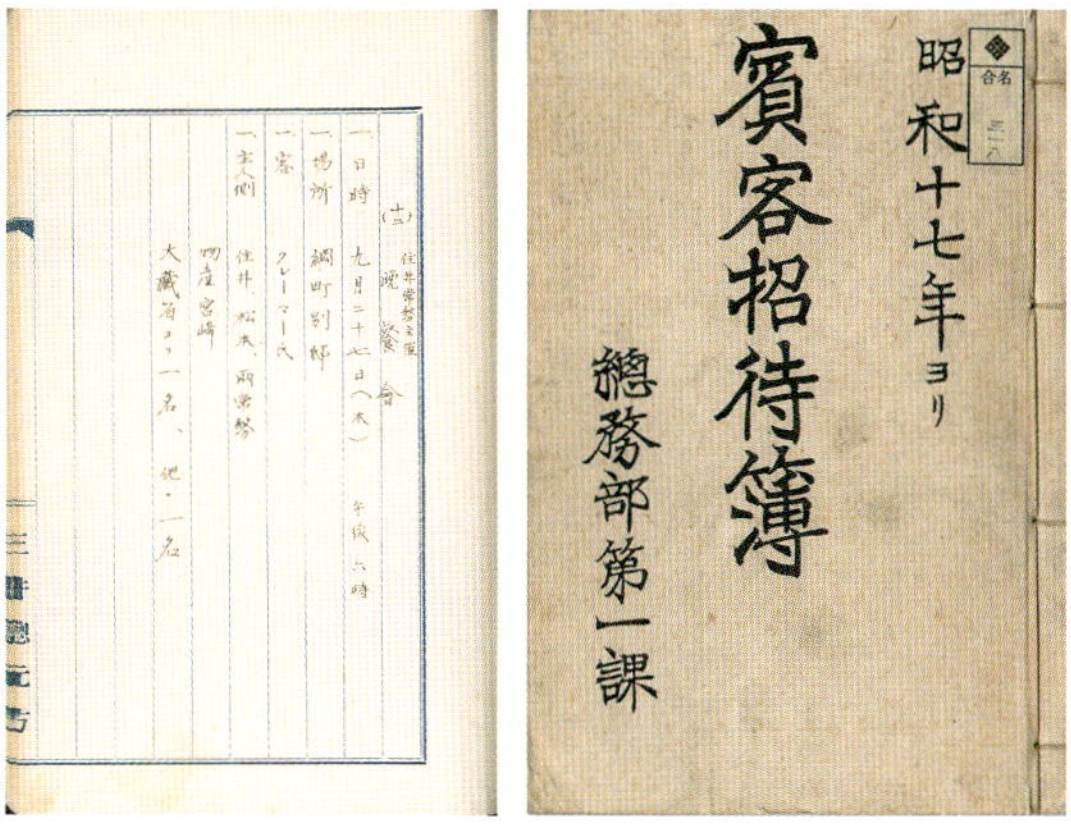

賓客招待簿　昭和20年9月27日、GHQ経済科学局のクレーマーを三田綱町の三井別邸（現、三井倶楽部）に招き第1回の会談（晩餐会）を行ったことが、記録されている。

所有構造と人的結合の解体

　財閥解体措置は、財閥における所有構造（同族—本社—傘下会社）の解体と人的結合の解体の両面で進められた。

　所有面では、まず持株会社が解体された。持株会社の解体は、財閥本社のみではなく、持株会社的な側面を持つ会社もその対象となり、財閥本社を含めて八三社が指定を受けた。三井系では、三井本社の他に、三井物産、三井鉱山、三井化学工業、三井造船、北海道炭礦汽船が指定を受けている。八三社のうち四二社が解散し、四一社が存続した。指定を受けた会社は、その所有する株式を、持株会社整理委員会（昭和二十一年八月に設置）に譲渡した。財閥家族も、所有する株式を、同委員会へ譲渡した。指定会社や財閥家族が譲渡した株式に対しては、その処分後、対価の弁済が国債でなされた。持株会社整理委員会は、譲り受けた株式を、発行会社の従業員・役員・地域関係者などへ優先的に売り出し、また一般投資家・証券会社などへの入札売り出しなどによって処分した。

　人的結合解体の面では、財閥家族ならびに財閥系諸会社で一定以上の地位にいた人物の、経済界からの追放措置がとられた。

財産税による打撃

　以上の措置により、三井家同族は、所有面においても、人的関係においても、三井系諸会社との一切の関係を断たれることになった。また、三井家同族会も解散し、三井十一家の紐帯も制度としては解体された（冒頭図解説）。

　三井家同族にとって、こうした一連の財閥解体措置とともに、壊滅的な打撃となったのは、財産税であった。財産税は、「国民財産の健全な再配分」を目的として、昭和二十一年三月調査時点での財産に対し、最高税率九〇％という高税率を適用するものであった。三井家同族の場合、十一家合計で、課税財産価格が約三億五千万円、それに対して、約八六％の税率が課せられ、残された資産は、四九〇〇万円程度であったと推測される。

三井高公《たかきみ》（一八九五—一九九二）　北家十代・高棟の次男。昭和八年（一九三三）「財閥転向」渦中に、高棟の隠居を受け家督を相続し、北家十一代となり、三井合名会社の社長となる。昭和十九年、三井本社の社長となり、財閥解体を迎える。

50

敗戦からの復興
——三井グループ再結集へ

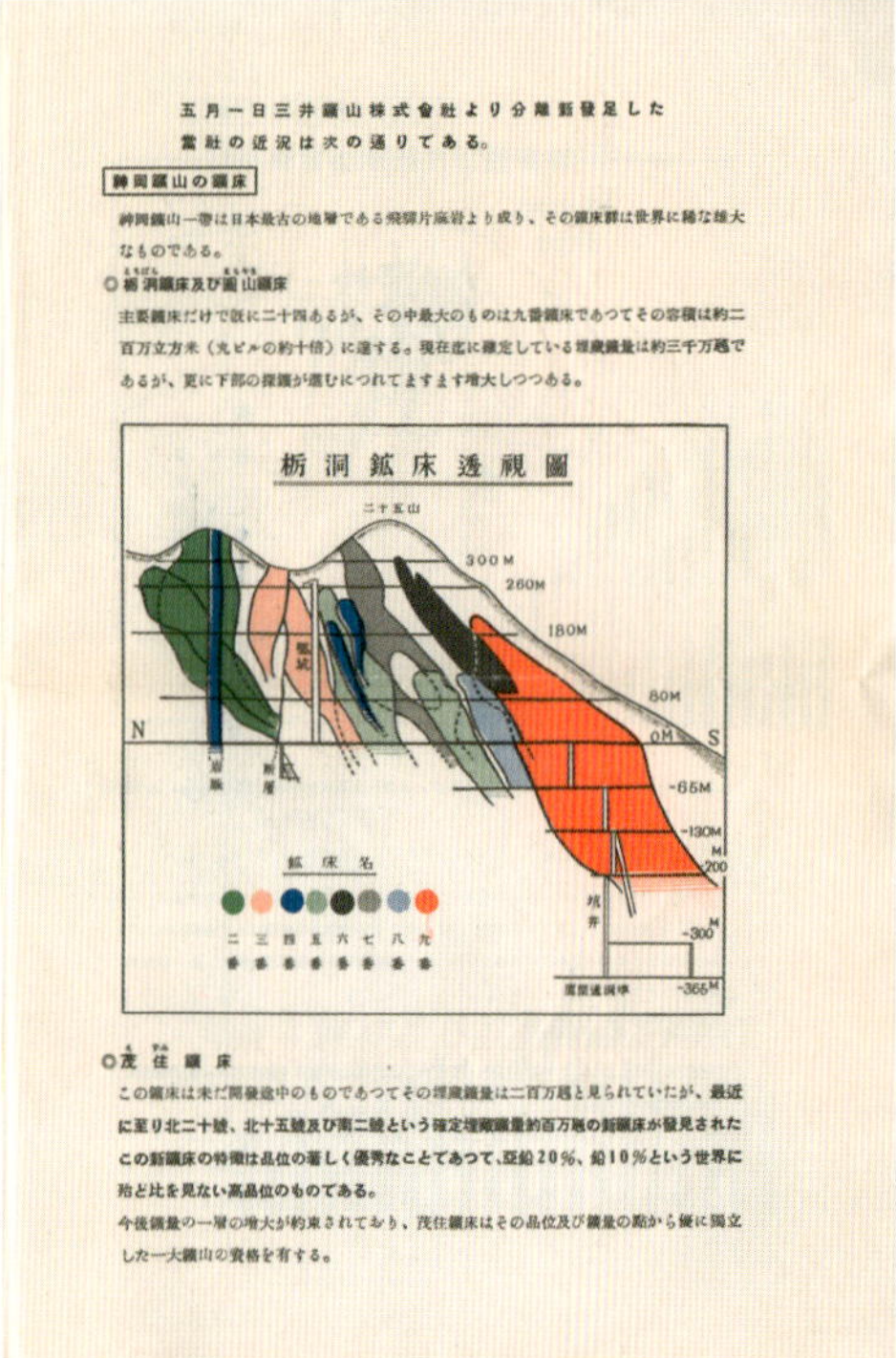

五月一日三井鑛山株式會社より分離新發足した
當社の近況は次の通りである。

神岡鑛山の鑛床

神岡鑛山一帯は日本最古の地層である飛騨片麻岩より成り、その鑛床群は世界に稀な雄大なものである。

○栃洞鑛床及び圓山鑛床

主要鑛床だけで既に二十四あるが、その中最大のものは九番鑛床であつてその容積は約二百万立方米（丸ビルの約十倍）に達する。現在迄に確定している埋藏鑛量は約三千万瓲であるが、更に下部の探鑛が進むにつれてますます増大しつつある。

○茂住鑛床

この鑛床は未だ開發途中のものであつてその埋藏鑛量は二百万瓲と見られていたが、最近に至り北二十號、北十五號及び南二號という確定埋藏鑛量約百万瓲の新鑛床が發見された
この新鑛床の特徴は品位の著しく優秀なことであつて、亜鉛20%、鉛10%という世界に殆ど比を見ない高品位のものである。
今後鑛量の一層の増大が約束されており、茂住鑛床はその品位及び鑛量の點から優に獨立した一大鑛山の資格を有する。

神岡鉱業の近況（昭和25年9月）

三井系企業では、三井鉱山が過度経済力集中排除法の適用企業となった。同社は、石炭部門と金属部門とを分離するようにとの指令を受け、昭和25年（1950）5月1日、金属部門が分離された。GHQ（連合国最高司令官総司令部）の財閥商号・商標・会社標章禁止政策に従い、分離した会社の社名は三井を冠さず、神岡鉱業株式会社とされた。ここに掲げたのは同社発足後、間もなく発行された同社のパンフレットである。神岡鉱業は、昭和27年に社名を三井金属鉱業と変更し、今日に至っている。

戦後の再出発

戦後、日本企業は、空襲による工場設備の破壊、船舶の喪失、外地資産の消滅、旧幹部の経済界からの追放など、厳しい状況のなかで再出発した。また、戦時補償も打ち切られ、多くの企業が、企業再建整備法にもとづいて再建の道を模索していった。三井系企業の場合は、親会社である三井本社の解散という新たな環境のもと、企業再建をはかることになった。

三井物産の解散

そうした中で、最も過酷な事態に遭遇したのが、三井物産であった。GHQは財閥本社ならびに持株会社の解体にとどまらず（→49）、さらに、独占的と認定した企業体の解体を進めようとした。その先駆けとして、徹底的な措置がとられたのが三井物産と三菱商事であった。両社は、昭和二十二年（一九四七）七月、GHQから即時解散の指令を受け解散した。両社の支店長クラス以上の社員には、共同して新会社を起こすことが禁じられ、また、同じ会社（新設、既設を問わず）に所属することについても厳しい制限が課せられた。そのため、三井物産の元社員は約二百数十社、三菱商事の元社員は約百数十社の新しい会社を作ることを余儀なくされた。その際に設立された第一物産などを中心とした大合同により、昭和三十四年（一九五

九)、解散した三井物産とは法人格の異なる現在の三井物産が誕生した。

大企業の分割

GHQは、自由な競争を実現するため、昭和二十二年(一九四七)四月、「私的独占の禁止及び公正取引の確保に関する法律」(独禁法)を公布させ、独占的大企業の分割に踏み出した。それを具体化するため、同年十二月、「過度経済力集中排除法」(集排法)が制定され、持株会社整理委員会(→49)が国内三二五社を独占的企業に指定し、分割の対象にした。この三二五社には、各部門の大企業がほぼ網羅されており、影響の大きさが懸念されたが、その後の占領政策の転換によって、対象が大幅に減らされた。結局、日本製鉄や三菱重工など、合計一八社が集排法適用企業となり、たとえば日本製鉄が富士製鉄と八幡製鉄ほか二社に、大日本麦酒が日本麦酒(現サッポロビール)と朝日麦酒(現アサヒビール)に分割された。三井系の企業では、三井鉱山が適用をうけた(冒頭図版解説)。

商号・商標の使用禁止問題

以上のような財閥解体・企業再編の措置がすすめられていくなかで、昭和二十四年、GHQの指示を受けた持株会社整理委員会は、三井・三菱・住友各社に対して、財閥商号・商標・会社標章の使用禁止を指示した。翌年一月には二つの政令が公布され、三井・三菱・住友の財閥商号・商標・会社標章を、同年六月三十日までに廃止することが義務づけられた。三井不動産の江戸英雄をはじめ、三井系各社の首脳は、住友・三菱とも協力し、使用禁止の取りやめもしくは実施延期を働きかけた。その結果、政令の実施延期が決定し、講和後の昭和二十七年(一九五二)には、政令の廃止措置がとられ、この問題は決着した。

それを受けて、すでに社名を変更していた財閥系企業が、次つぎに商号を復帰させた。三井系では、昭和二十七年に東洋精機工業が三井精機工業、東京信託銀行が三井信託銀行、三建工業が三井建設、日東農林が三井農林、中央生命保険が三井生命保険、神岡鉱業(冒頭図版)が三井金属鉱業にそれぞれ商号変更した。その二年後には、帝国銀行が三井銀行に改称し、三井系主要企業の一連の商号復帰が完了した。

三井グループ再結集へ

昭和二十五年、旧三井系企業の常務以上による親睦会「月曜会」が発足する。商号・商標禁止問題が、グループ結束のきっかけになったといわれている。また、日本経済が見事に復興を果たしていくなか、(現)三井物産の発足を契機として、昭和三十六年(一九六一)に、三井グループの社長会「二木会《にもくかい》」が結成された。高度成長期に三井グループ各社は飛躍を遂げ、グループの共同事業にも力を注いだ。昭和四十五年(一九七〇)、アジアではじめて開かれた日本万国博覧会(大阪万博)では、三井グループ三二社が、「創造の楽園」をテーマに三井グループ館を出展し、三井グループの再結集を内外に示した。

日本万国博覧会の三井グループ館 パビリオンの建築、企画、演出などを任されたのはアーティスト・山口勝弘(チーフプロデューサー)。直径40m、高さ約30mのドームを中心に、高さ50mのシンボルタワーが立つ。

三井グループ万国博出展者会記念碑 グループ各社に送られた記念品と思われる。32社の企業名が彫られている。製作は三井金属鉱業株式会社。

三井家略系図

注）高利から、財閥解体時もしくはその直後の当主までを記載。没した年月日と年齢（イタリック体は満年齢）を付記。

高利（宗寿）元禄七・五・六 73

- 高平（宗竺）元文二・閏一・二七 85 ─ 高房（崇清）寛延元・一〇・一七 65 ─ 高美（一成）天明二・一一・一五 68 ─ 高清（宗徹）享和二・三・二 61 ─ 高祐（宗節）天保九・一・三 80 ─
- 高富（宗栄）宝永六・五・五 56 ─ 高勝（宗以）明和三・三・八 75 ─ 高登（宗巴）寛政五・一〇・二七 65 ─ 高年（宗源）文化三・八・二九 45 ─ 高基（宗謙）明治四・一・一九 79 ─
- 高治（宗印）享保一一・六・一九 70 ─ 高方（宗億）寛保元・九・二〇 54 ─ 高弥（宗山）安永七・八・二 60 ─ 高典（宗龍）文化八・一〇・一 66 ─ 高雅（宗輝）文政一二・一〇・一 65 ─
- 高伴（宗利）享保一四・閏九・八 71 ─ 高遠（宗顕）享保一二・一・一一 36 ─ 高興（宗點）天明三・一・二八 59 ─ 高亮（宗空）安永六・四・一七 30 ─ 高民（宗覚）寛政一一・一一・一三 25 ─ 高光（智光）享和元・三・一 4 ─
- 高久（宗悦）享保一八・三・一九 62 ─ 高博（宗慶）安永三・三・一二 74 ─ 高邦（宗邦）安永七・三・二八 49 ─ 高業（嘉栗）寛政一一・四・二三 53 ─ 高英（宗雅）弘化四・三・一 81 ─
- 高春（宗信）享保二〇・九・一五 61 ─ 高副（宗全）宝暦二・一一・二七 60 ─ 高長（宗円）安永元・一〇・二五 52 ─ 高董（宗中）寛政一〇・八・一七 47 ─ 高経（宗湛）天保九・閏四・二四 62 ─
- 孝賢（了栄）享保六・六・一三 62 ─ 高邁（宗三）明和六・七・二九 75 ─ 高峙（宗恵）天明六・二・六 67 ─ 高岳（宗二）文政六・九・二 81 ─ 高行（宗幹）天保一〇・二・二五 74 ─
- 高古（一恕）寛保二・三・二四 79 ─ 高豊（宗刹）元文三・九・八 36 ─ 高路（宗融）寛政一一・一〇・二五 71 ─ 高蔭（宗養）天保一〇・一一・二四 81 ─ 高延（宗粛）天保八・五・一四 50 ─
- 孝俊（浄覚）享保六・四・一六 40 ─ 孝紀（宗安）安永五・一二・一四 69 ─ 孝本（浄遍）寛政七・一・一六 63 ─ 孝徴（浄光）文政九・一〇・一三 65 ─ 孝嗣（浄観）文政一一・一〇・一八 32 ─ 孝令（浄益）慶応二・一一・九 57 ─
- 政俊（自空）宝暦四・七・一一 48 ─ 政淵（自堅）安永五・一二・二七 52 ─ 政尚（宗雅）弘化四・三・一 81 ─ 政昭（自徹）天保六・一一・四 65 ─ 政由（自雲）文久二・九・二八 70 ─
- かち（寿養）元文五・六・二六 68 ─ 高陳（宗救）天明七・一一・一六 70 ─ 高義（宗冏）天保一一・九・六 85 ─ 伝蔵（智芳）享和元・三・四 3 ─

高就（宗陸）安政四・閏五・一七 72 ―― 高福（宗琢）明治一八・一二・二〇 78 ―― 高朗（宗徳）明治二七・二・八 58 ―― 高棟（宗恭）昭和二三・二・九 *91* ―― 高公（宗靖）平成四・一一・一三 *97*　北家（油小路北）

高映（宗潤）安政四・一・一 42 ―― 高生（宗峯）大正三・八・一二 72 ―― 高寛（宗寛）昭和一八・一二・一九 76 ―― 高長（宗長）昭和三四・七・二〇 *63*　伊皿子家（中立売・六角・二条）

高満（宗温）安政五・四・一五 51 ―― 高潤（宗吟）万延元・七・一七 23 ―― 高辰（宗辰）大正一一・五・二九 79 ―― 高堅（宗堅）昭和二〇・五・三一 79 ―― 高遂（宗遂）昭和六一・二・二二 *89*　新町家

高迪（宗本）文化八・四・一二 33 ―― 高茂（宗巌）天保五・九・一五 42 ―― 高良（蓮城）明治一九・七・三 60 ―― 高保（宗瀰）大正一一・一・四 73 ―― 高精（宗精）昭和四五・一〇・一 *89* ―― 高大（宗高）昭和四四・一一・二一 *61*　室町家（竹屋町）

高彰（宗修）天保四・三・一一 21 ―― 高愛（宗友）嘉永五・八・四 33 ―― 高弘（宗光）大正八・一〇・一 71 ―― 高徳（宗哲）昭和一二・一・七 64 ―― 高陽（宗陽）昭和五八・五・一九 *82*　南家（油小路南）

高益（宗和）安政五・二・二七 59 ―― 高喜（宗喜）明治二七・三・一一 72 ―― 高景（宗景）明治四五・四・六 63 ―― 高修（宗修）昭和三七・二・一一 *69*　小石川家（出水）

本家

高匡（宗韻）安政三・一・二六 68 ―― 高敏（無咎）明治一八・一二・二一 63 ―― 高復（宗順）明治三六・二・二六 45 ―― 高達（宗達）昭和九・四・一三 42 ―― 高素（宗素）昭和一九・四・三 23 ―― 高周（宗周）平成二二・一・一九 *80*　松坂家（松坂南・若松町）

高潔（宗雲）明治一四・一・一七 63 ―― 高猷（宗猷）明治五・五・三〇 33 ―― 高泰（宗泰）昭和二一・一二・一五 *71* ―― 高篤（宗篤）昭和四四・九・三 *69*　永坂町家（松坂北・横浜・鳥居坂）

孝信（覚源）明治三五・五・一八 67　小野田家 ―― 高尚（宗可）大正三・二・七 60 ―― 高昶（宗昶）昭和六〇・五・二九 *73*　五丁目家

政春（自徳）明治五・三・二七 52　家原家 ―― 高明（宗明）大正一〇・八・九 66 ―― 弁蔵（宗知）昭和一六・五・二一 55 ―― 高孟（宗孟）昭和五五・九・一四 *64*　本村町家（浜町）

高厚（宗阿）明治元・閏四・一四 63　長井家 ―― 高信（宗然）大正一一・八・一七 52 ―― 高光（宗光）昭和一九・八・一 47 ―― 高義（道義）昭和六二・一・三〇 *83*　一本松町家（壱番町）

連家

- 三井本社
  - 直系会社 10 社
    - 三井物産
      - 子会社 18 社
        - 三泰油房
        - 三泰産業
        - 営口三泰桟
        - 協和煙草
        - 東亜農産工業
        - 上海倉庫信託
        - 満州豚毛工業
        - 新興製油
        - 満州配合飼料
        - 三洞運輸
        - 康徳被服
        - 三豊
        - 朝鮮総督府専売局製造蔘精元売捌
        - 桜島組
        - 昭和組
        - 満州蓖麻蚕
        - 満州選鉱剤
        - 上海水泥経営処
      - 傍系会社 4 社
        - 揚子蛋業冷蔵
        - バリンタワック麦酒醸造
        - 東亜蛋業冷蔵
        - 海南物産
    - 三井鉱山
      - 子会社 14 社
        - 釜石鉱山
        - 三成鉱業
        - 北海道硫黄
        - 三宝鉱業
        - 東亜鉱山
        - 山門炭礦
        - 松島炭鉱
        - 三鉱坑木
        - 基隆炭礦
        - 九州火力発電
        - 太平洋炭礦
          - 孫会社
            - 釧路臨港鉄道
        - 南洋アルミニウム鉱業
        - 北海道石炭荷役
        - 日本亜鉛鉱業
    - 三井信託
    - 三井生命保険
    - 三井化学工業
    - 三井不動産
      - 子会社
        - 三信建物
    - 三井船舶
      - 子会社 9 社
        - 大洋興業
        - 蓬莱タンカー
        - 東洋海運
        - 三井近海機船
        - 北海船舶
        - 西海汽船
        - 明治海運
        - 朝日重工業
        - 今藤鉄工所
    - 三井農林
    - 三井造船
    - 三井精機工業
  - 子会社 33 社
    - 湯浅蓄電池製造
    - 東亜電気製鉄
    - 北鮮産業
    - 東亜織布
    - 東洋汽罐
    - 三喜糧油
    - 海州鉱業開発
    - 三洋油脂
    - 東洋商工
    - 東洋調気工業
    - 小倉殖産興業
    - 三鱗無煙炭
    - 三亜興業
    - 双栄造船
    - 南国煙草
    - 東亜塩業
    - 日本配合飼料
    - 静岡紅茶
    - 赤羽商店
    - 日本ゴム工業
    - 東洋護謨化学工業
    - 東洋化学染工
    - 東洋編織
    - 昭和整毛
    - 台湾蓖麻蚕
    - 東洋製糸紡織
    - 安索土木
    - 安全索道
    - 東洋造機工業
    - 日新製鋼
    - 周杖子水銀
    - 東洋合成工業
    - 三池石油合成

三井財閥の傘下企業

（昭和19年7月調）

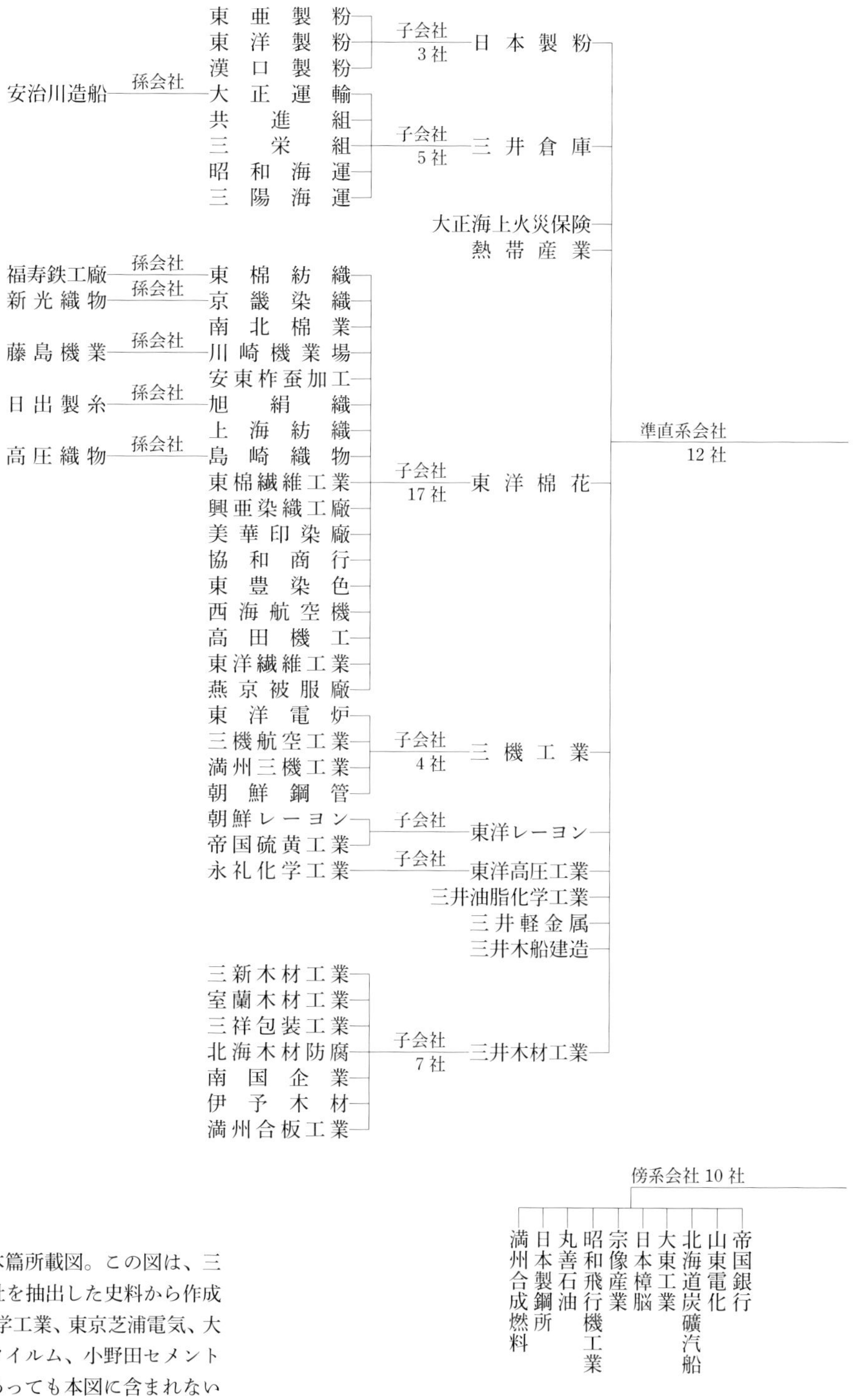

注）三井文庫編『三井事業史』本篇所載図。この図は、三井系持ち株率30％以上の会社を抽出した史料から作成しているため、三越、電気化学工業、東京芝浦電気、大日本セルロイド、富士写真フイルム、小野田セメント製造など、三井系の会社であっても本図に含まれない会社がある。

第II部

三井の修史と史料

旧三井文庫外観

一　三井の修史・史料保存と三井文庫

（一）近世の史料保存と修史

近世の史料保存

近世の日本は、文書が重視された社会であるといわれる。行政・裁判・商取引などが文書に基づいて行われたためで、前近代社会としては世界的にも稀有な量の歴史資料が、今日まで伝えられている。

三井も例外ではなく、膨大な文書を日々作成し、注意深く管理、保存していた。高利と子供たちが活躍した元禄・宝永期（テーマ01〜04参照）にすでに、複雑な帳簿組織の工夫、奉公人の手元控えの作成制限（業務文書の一元化）、火災時の重要書類の持ち出し規定、永久保存用の帳簿の存在など、文書の体系化と保存への意識がみられる。さまざまな規則が作成された享保期（テーマ08参照）には、文書体系に関してもかなり詳細な規定がなされた。現存する多くの帳簿が享保期に作成され始めており、文書の作成・保管の体系もこの時期にかなり整備されたものと考えられる。例えば金融部門では、膨大な書類のそれぞれについて、各店舗で永久保存、二〇年保存、一年保存などの指定がなされ、台帳（上図）にもとづいて管理がなされていた。こうした文書保存は事業上の必要により、業務として行われていたが、その結果、三世紀にわたる経営史料が、今日に残されたのである。

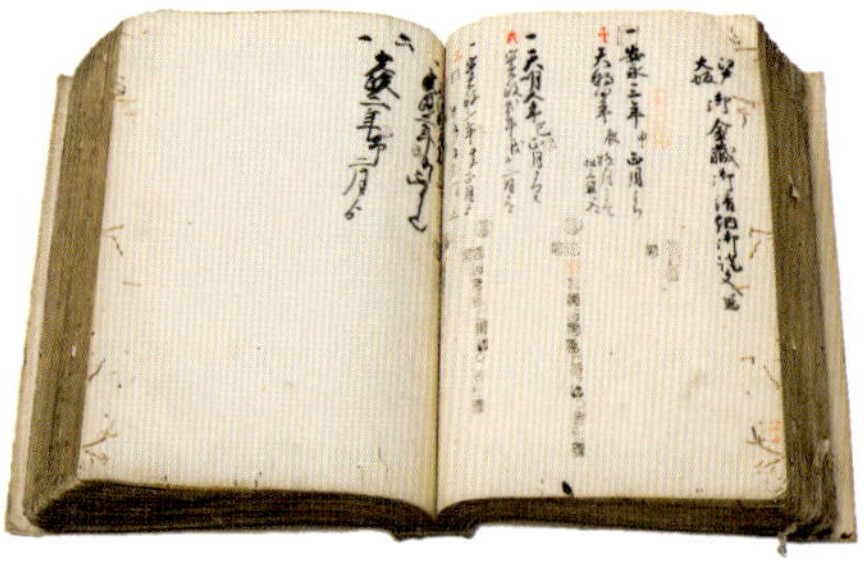

永除諸帳面控《えいよけしょちょうめんひかえ》　京両替店の帳簿。「永除」は永久保存の意で、同店で永久保存に指定された帳簿の管理台帳である。書類のシリーズ名が右端に記され、以下一冊ごとに収録年代が箇条書きで列記される。その下には、定期的に帳簿の所在を確認していたことを示す印が捺されている。他にもさまざまな史料管理のための帳簿が現存している。

近世の修史

業務書類の管理・保存に対して、三井の歴史研究・編纂は、意欲のある三井同苗によって行われた。宝永期には伊皿子家初代・高富《たかとみ》（高利二男）が家史を略述し、享保期には新町家初代・高治《たかはる》（同三男）、室町家初代・高伴《たかとも》（同四男）らがこれを本格化させた（テーマ04〜08参照）。それ以前の時代の書類が整理され、家の歴史が編纂され、重要な文書や研究成果はまとめて

享保期の重要記録保存箱　「宗寿居士古遺言」「宗竺遺書」「商売記」「家伝記」など、創業期の歴史にかかわる重要史料を納めた箱。同じセットを三ヶ所に置くと記される。享保期の高利の子供たち（箱に署名・捺印している）による修史活動の成果を示す。

保管された（右図）。こうした活動が行われた享保期は、不況と世代交代に直面した時期であったが、近世後期に同苗の内紛・分裂という危機（テーマ10参照）を迎えた時期にも、南家四代・高業《たかなり》や、本居宣長の門人であった永坂町家四代・高蔭《たかかげ》ら、同苗中の重鎮が、家史の研究に取り組んでいる。このように、危機的状況において立ち返るべき原点として家の歴史を考えることは、近世社会では広く見られる傾向であった。これらは現代まで続く三井の研究に先鞭をつけたもので、特に高利以前の時代については、今日なおこの時期の成果によるところが大きい。

（二）「三井家編纂室」時代

近代の修史事業の開始

本格的な修史事業は、明治二十四年（一八九一）二月に、三井銀行副長であった西邑乕四郎が、維新後の三井家同族の履歴調査を命じられ、担当者として三井家史料の収集・整理に着手したことから始まる。明治二十八年五月には「伝記取調掛」が新設された。翌二十九年には、三井高棟（テーマ38参照）が男爵を授与されたのを記念して『三井家奉公履歴』（明治二十九年四月刊）が出版された。

三井家編纂室の設置

これまで行われていた断続的な修史事業を恒常化するため、三井家同族会（テーマ38参照）議長三井高棟の発議によって、明治三十六年十月、三井家同族会事務局内に「三井家々史及事業史編纂方」が設けられた。この編纂方は日本橋駿河町（現在の中央区日本橋室町）の旧三井本館（テーマ38参照）内に一室を設け、「三井家編纂室」と呼称した。これが三井文庫の起源である。同編纂室の顧問として、日本史一般を三上参次（東京帝国大学教授）に、経済史・商業史関係を横井時冬（東京高等商業学校教授）に委嘱した。

編纂室がまず着手した仕事は、東京・京都・大阪・松阪等各地に散在する三井家関係史料の収集・整理と、東京帝大史料編纂掛の『大日本史料』にならった「三井家史料」の編纂であった。

史料収集は、当初三井家遠祖史料の採集に力点を置いたためもあって、遅々として進まなかった。この状況を克服する契機となったのが、明治三十九年（一九〇六）六月二日、三日にかけて有楽町の三井集会所でおこなわれた三井家第一回史料展覧会であった。三井各家より史料が集められ、その後、史料収集が進展していった。この直前の四月顧問の横井時冬が急逝した。「三井家史料」の編纂は、明治四十年一月に新たに編纂員（嘱託）を加え、総勢一五名ほどで、三上参次の指導のもと、まず三井十一家各家歴代当主の伝記史料編纂に本格的に取り組んだ。明治四十二年九月におこなわれる三井高安（テーマ02参照）三百回遠忌に間に合わせるようにこの編纂事務を促進するため、旧三井本館構内に専属の印刷場を設け、編纂物ができ次第印刷に付した。編纂事務打合せのため、毎週金曜日に下協議会を開き、翌土曜日に三上も出席して本協議会が開かれた（大正五年頃まで続く）。

明治四十二年（一九〇九）九月、予定どおり「第一稿本三井家史料」八四冊が完成し、特製本を三井家の祖霊を祀る顕名霊社に奉献し、十一月には仮製本のものを三井十一家に配布した。「第一稿本」としたのは編纂途中で三井部内各所より新旧史料多数を引き継いだが、これを利用して稿本を補修することができなかったためである（「第一稿本」は現在三井文庫閲覧室にて公開）。

「三井家史料」の編纂とは別に、三井家の顧問であった井上馨（テーマ37参照）の伝記編纂のため、明治四十一年十月二十九日三井家編纂室の分室が、やはり旧三井本館内の一室に設けられた。

「大三井家史」の編纂と「三井家記録文書目録」の作成

「第一稿本」の編纂がひと段落したあと、明治四十三年二月五日、新たな編纂計画が討議された。そこで「第一稿本」を根本素材として三井家一統の家史（家族史）と商家としての事業史の編纂計画が立てられた。最終的には、家族史と事業史を総合した「大三井家史」を編纂することが目指された。

家史については三上の紹介により、高津鍬三郎に委嘱し、執筆にあたらせた。約五年間の歳月を費やして稿本数冊を得たが、十分な成果が挙がらず、家史は一時中断した。

事業史については、まず三ヵ年計画が立てられ、顧問・三上参次、主任・岡百世以下、「大元方史」（第一部）、「呉服事業史」（第二部）、「両替事業史」（第三部）の編集分担が決められた。

この事業史を作成するために、執筆者が最も不便を感じたのは、目録台帳が不備・不完全なことであった。そこで編纂の事業に先立ち、明治四十三年（一九一〇）十月以降、一同こぞって記録文書の目録台帳の作成に全力を注いだ。この結果、明治四十五年三月までに「三井家記録文書目録」の「本号」、「別号」、「続号上巻」の三冊の目録台帳を作成した（目録の区分は引継順による）。この記録文書は三井家同族会事務局京都出張所、同事務局会計課、旧三井呉服店などより数回にわけて引き継がれたものである。

明治四十五年五月十一日、三友倶楽部において、三上参次は明治四十三年二月からの第一次三ヵ年計画の経過を、出席した同族会議長や同理事らに報告するとともに、将来の計画を述べた。この報告により三井家所蔵記録文書類の重要性が、同族・重役らに認識され、三井文庫建設の下地となった。この報告にもとづき、明治四十五年九月から第二次三ヵ年計画が開始され（二年間延長され五年となる）、本格的に各事業史の編纂に従事するとともに、同族会事務局京都出張所より再び多量の史料を引き継いだため、「目録」の作成を継続した（大正二年六月に「続号中巻」、同五年六月に「続号下巻」を完成）。これに加えて、大正四年（一九一五）七月には近世の奉公人の索引付名簿「店々役人名鑑」を作成した（「三井家記録文書目録」および「店々役人名鑑」は、現在三井文庫閲覧室で公開）。

この間、呉服事業史の部は大部分の草稿が作成されたが、両替事業史は基礎的研究より始めたため、各種の年表・図表・相場表等の作成は行われたが、本史の執筆は遅れ、大正四年五月にようやく起稿し、三上の校閲を経て同八年十一月に概説編四冊（うち年表一冊）、各史編（慶長～元文年間）五冊（うち付録一冊）と史料編を一応整えた。

大正五年（一九一六）十二月二十七日、従来の「三井家編纂室」（通称）は「同族会事務局庶務課記録掛」と改組され、所員六名が解雇され、井上侯伝記編纂にあたっていた分室も廃止されて本室に合併され、編纂事業が一時中断された。また専属の印刷場も閉鎖された。組織変更とともに、同年十二月に第三次の事業史及家史編纂の三ヵ年計画が立てられた。

（三）三井文庫の創設と事業

三井文庫の創立

これまで駿河町旧三井本館の屋根裏に事務所を構えていた「三井家編纂室」は、大正七年（一九一八）九月に荏原郡戸越の三井別邸構内に新築した建物に移転した（現東京都品川区豊町。現在は品川区立の公園「文庫の森」となっている）。この建物は大正五年に起工、同七年に竣工した。鉄筋コンクリート三階建の書庫一棟（総面積約三一四坪）と事務所一棟があり、総工費は約五万二〇〇〇円であった。大正七年十二月三日、これを「三井文庫」と称することに決定し、ここに名実ともに三井文庫の創立をみた。

その後、大正十一年九月に従来の書庫の北側に新庫一棟を増築・完成した（工期大正十年二月～十一年九月）。この書庫は「文庫の森」内に現存する（左図）。これまで主として保存してきた江戸時代の京都、江戸、大阪各店の記録類・帳簿類に加えて、今後は明治以降の新会社の記録類・帳簿類をも保管する方針をとったためである。大正十二年（一九二三）の関東大震災の際、駿河町の旧三井本館は内部に火が入り、当時そこに本社を置いていた三井合名会社、三井銀行、三井物産、三井鉱山などの保存書類・帳簿などが全焼した。幸い、明治三〇年代までの記録類・帳簿類の多くは、大震災前に戸越の三井文庫に移されていたため、難をのがれた。大震災後、防火設備の必要を痛感し、大正十五年三月にかけて約七万円をかけて、改築をおこなっている。

旧三井文庫・第二書庫（「文庫の森」内に現存）　早期の鉄筋コンクリート建築として、建築史上も重要な建物である。関東大震災にも耐え、さらに防火のための補強が加えられた。書庫内の構造など、現在の三井文庫の設計にも踏襲されている部分がある（写真提供：三友新聞社）。

　三井文庫創立後も、三井文庫の管理は三井家同族会事務局がおこなっていた。三井文庫職員は、主任の岡百世を除いて従来と同じ嘱託の地位にあったが、大正八年十二月三十一日付で五名が同族会事務局員となった。その後、昭和二年（一九二七）二月一日、三井文庫は制度上は三井合名会社調査課（昭和九年六月に調査部に改組）の所属となり、文庫員も調査課所属となった。しかし、三井文庫業務の管理は同族会事務局がおこない、実質的には旧来と変化はなかった。

三井文庫の事業

　新築移転後、三井文庫はその事業として、従来からの各事業史の編纂の継続などに加え、記録文書類の保管・整理、両替店関係旧帳簿類の組織的分類整理などをおこなった。

　各事業史の進捗状況をみると、大元方史は「大元方史料」など本史の素材となる編纂物が脱稿され、本史の編纂が継続しておこなわれた。「大元方史」（未定稿）の四冊の草稿がまとめられたのは昭和一〇年代も中頃になってからである。大元方成立までの前史（二冊）と本史（二冊）とからなり、本史は元文二年（一七三七）までで終っている。

　呉服事業史については新たな編纂方針を立て、旧稿全部の改修に着手した。全部で一六冊に及ぶ草稿（未定稿）が作成されたとされるが、今日に伝わるのはその一部である。

　両替事業史は、大正八年十一月に脱稿した概説編、各史編を全面的に書き換えることになり、その執筆準備が本格的に開始された。同時に記録文書の「受付番号」では研究上及び保管事務上も甚だ不便であるため、まず両替店関係から統一的整理に着手し、一二年間かけて次の二種類の目録草稿を試作した。①両替店決算勘定目録帳簿分類書目（全四冊、付表類）、②両替店古帳簿類別目録（全五巻、付表類）である。こうした基礎作業のうえに膨大な編纂史料が準備された。しかし、旧稿を全面的に改稿するはずであった本史そのものの草稿は残存していない。この間、職員の協力のもと、三井高維著『両替年代記』（一冊、テーマ16参照）、『両替年代記関鍵』（二冊）が昭和七、八年（一九三二、三三）に岩波書店より刊行された。

三井家史については、執筆が進められ、数度の改稿を経て、昭和十三年（一九三八）十月に創業より北家二代・高平《たかひら》までの草稿（未定稿）を完了した。

以上のような「大三井史」の構想にもとづく研究編纂事業のほか、三井文庫では三井家および三井各社の依頼による調査、史料蒐集、史料展示会、別途編纂事業などがおこなわれた。

三井文庫の所蔵史料は非公開を原則としていたが、大正九年（一九二〇）六月と同十一年十一月に「三井家奉公資料陳列会」が宮内省臨時帝室編修局明治天皇御伝記編纂掛のために開催され、昭和十年（一九三五）五月十二日には史学会（東大史料編纂所に事務局）大会に合わせ、同会の要望を入れて蒐集コレクションを中心とした「三井家主催展覧会」を開催した。

別途編纂事業としては、中断していた井上馨伝記編纂を没後一五年の昭和五年六月に再開し、丸ノ内昭和ビル内に「井上侯伝記編纂会」を設置し、三上参次が顧問となり、三井文庫からは主任の岡百世が参加した。昭和七年七月には事務所を麻布の三井集会所内に移転し、同九年九月に『世外井上公伝』を出版した。同十一年七月に編纂史料の全部を編纂会より三井文庫が引き継いだ。このほか新たな編纂業務として、三井合名会社考査課から使用人教育のための簡明な三井の歴史読本作成が提案され、昭和十年三月十一日に三友倶楽部において下相談がおこなわれた。三井各社から課長など数名と文庫から三名が出席した。

旧三井文庫時代の史料曝書・燻蒸風景　歴史資料、特に江戸時代のものは、虫が付きやすいので、定期的に殺虫のために虫干しと燻蒸を行っていた。

特殊コレクションの収集

三井文庫では、この間、以上のほか学術的価値のある諸文献の購入にも意を注ぎ、各種の貴重な文献コレクションを収集した。その主なコレクションには、つぎのようなものがあった。本居宣長・大平手稿本を含む本居文庫旧蔵本、土肥慶蔵博士（東京帝国大学医学部教授、雅号鶚軒）旧蔵の古医書・哲学・言語・漢詩文集など鶚軒文庫本、朝鮮法制関係古刊本など浅見倫太郎博士収集本、今関天彭氏収集本、宋・元版史書類など小川琢治博士旧蔵本、本邦古地図并地誌類など三井高堅氏収集本。

いずれも容易に入手し難い稀覯本を多数含んでおり、文化史的見地からも貴重であった。しかし、これらの特殊コレクションの大半は、敗戦後の混乱期にその他の図書類とともに売却されている。

戦時下の三井文庫の組織と活動

昭和十四、十五年は、三井文庫にとって大きな転換の年となった。これまで三井文庫の支柱となって勤務してきた職員三人が停年制（昭和十一年より全三井関係事業で実施）によって、昭和十四年四月三十日付で退職した。六月七日には三井文庫活動の指針を与えていた顧問の三上参次が死去した。事業活動の担い手は新たな世代へ移っていった。当時の三井文庫の人員構成は、職員九名、雇員十四名、嘱託一名であり（昭和十四年八月）、昭和初年（四年十月）の嘱託六名、雇員五名の人員より、戦時下であるにもかかわらずかなり増大していた。

この頃になると、史料と図書の合計で二五万冊にも達した。このため三井文庫では昭和十四年五月に書庫増築が急務であるとして、戸越の三井別邸内に間口五間、奥行七間の二階建書庫（各階三五坪）の設計案を作成して増築を要請した。増築が実現し、三井文庫分室として開設したのは、少しあとの昭和十八年（一九四三）一月十五日である。この間に三井文庫の所属は、三井合名会社が三井物産と合併し、新統轄機関として三井総元方が設立されたのに伴い（テーマ48参照）、昭和十五年八月二十六日付で三井総元方所属となった。さらに昭和十九年三月の三井本社設立により、三井本社所属となり「本社調査部戸越分室」が正式名称となった。この頃には、職員三名のほか、嘱託二人・雇員六人、準職員五人の計一六名が三井文庫の事業に携わっていた。

従来からの「大三井史」の編纂を、昭和十五年度には「家制史」と「事業史」に二分し、四名で担当することになった。このほか、この年度から「御東幸御用関係記録」の研究・出版計画が立案・開始された。既刊の「店々役人名鑑」（江戸～明治四年まで）の続篇（明治中期まで）の編纂にも着手した。昭和十八年度には北家初代・高利（宗寿）の「高利史料」の増訂・印刷、「宗寿大居士行状」の印刷を行なった。この間、益田孝伝記編纂、『三井読本』（亜細亜書房、昭和十八年刊）の援助もおこなった。昭和十七年には刊行準備を進めていた『御東幸御用記録』の全三巻のうち一巻が、三井高陽編、国際交通文化協会（会長三井高陽）刊として発行された。

三井本社へ所属替になると、業務規定によって「三井関係会社事業史ノ編纂並ニ関係史料ノ蒐集保管ニ関スルコト」が職掌として規定され、関係会社の史料の蒐集と事業史編纂に力点が移り、従来継続してきた大元方史、呉服事業史、両替事業史の改修・増訂などの作業は一時中止された。これらは結局復活することなく、「大三井史」の構想は完成しなかった。これに代って、当面関係会社事業史編纂の第一弾として「三井本社沿革史」の編纂が開始された（これは「三井本社史」稿本とは別で、完成を見ずに終った）。

以上の編纂作業とは別に、この間、依頼を受けてのさまざまな調査、三井家行事の調査・準備、三井家冠婚葬祭関係の準備、史料整理などの業務を行なっていた。

空襲と疎開

昭和十八年（一九四三）年頃には、戦局は大きく傾き、本土空襲が懸念される事態となった。このため、昭和十八年十月一日を第一回として数回にわたり古記録類の重要な部分を、神奈川県の大磯にある北家の城山荘へ疎開した。

昭和十九年十一月二十四日午後〇時四五分頃、戸越の分室（三井文庫）構内に爆弾が落下し、直径一四m、深さ四mの穴をあけ、事務室、社宅等に被害をもたらした。幸いにも、この時の被弾では書庫は無傷で、記録類等は無事だった。しかし、翌昭和二十年五月二十四日午前一時半の空襲は多大な損害をもたらした。十数個の焼夷弾が降り注ぎ、守衛社宅約一〇坪が全焼しただけでなく、土蔵一棟に命中して一〇七坪の土蔵が全焼し、そこに収蔵されていた記録類も焼失してしまった。未整理記録書類五梱、越後屋看板類二二枚、寄託図書類、三井物産や三井銀行の旧帳簿類、江戸時代の和算書一五六冊などの貴重な史料が灰燼に帰した。

三井文庫では五月二十四日の被弾の直前に、史料類・図書類の疎開先として山梨県東山梨郡神金村の矢崎邦之の土蔵を借受け、分室設置を予定していた。同村は中央線の塩山と勝沼の中間、塩山より北東六㎞の距離にあり、大菩薩峠の登山口にあたる。被弾後これ以上の史料、図書類の損害を防ぐため、早急に戸越にある残存史料・図書全部の同村への疎開を決定し、昭和二十年（一九四五）六月十八日付で、文部省教学局に対し「三井文庫蔵書疎開陳情書」を提出し、蔵書の価値の重要性を訴え、輸送の便を計るように依頼した。これらの史料・図書類が、すべて山梨県に疎開された。

（四）三井文庫の閉鎖と再建

財閥解体と所蔵史料の寄託

昭和二十年八月十五日の敗戦後、三井本社は解散（テーマ49参照）、母体を失った三井文庫は事実上その活動を停止した。昭和二十一年一月三十一日、三井本社解散事務の一環として調査部が閉鎖された（三井本社の解散は同年九月三十日）。これに伴って調査部分室であった三井文庫は、文庫の建物と敷地を所有していた三井不動産株式会社へ所管が移され、公称も三井文庫となった。疎開させていた史料・図書類は、山梨県の分を昭和二十年末に引取り（翌年二月二十日に矢崎との契約解除）、昭和二十一年三月十三日には城山荘分も引取った。しかし、今後三井文庫をどのように維持していくか、その方針は定まらず、財団法人案、三井家共同保管案、三井不動産会社の出版事業所案などの諸案が提起された。諸案議論のうえ、同年九月頃には次の方針が確定し、その後、最小限の人数を残して、三井文庫の活動は、事実上休止状態に入った。

一、文庫は一時その機能を停止閉鎖するけれども、記録の保管には万全をはかる。

一、図書は将来の編纂に必要なるものを除き漸次整理する。

一、人員は上記に必要な最低限に減じ、その人件費は別に考慮する。

一、家史并事業史料の蒐集整理は続行する。

昭和二十四年（一九四九）頃、文部省は三井文庫の土地・建物の譲受けを、その所有者である三井不動産に働きかけてきた。昭和二十四年に「史料館設置に関する請願書」が国会で採択され、各地から寄付や購入あるいは寄託によって集めた古文書を収容する書庫が、文部省では必要だったからである。文部省と三井不動産との交渉の結果、戸越の土地と建物については文部省に売却し、三井文庫内の史料・図書などの収蔵品については二棟中の一棟の書庫に収容して文部省に寄託するということで結着した。三井文庫の土地、建物を利用して昭和二十六年に文部省史料館（現在の国文学研究資料館。平成二十年に立川市へ移転）が設置された。

敗戦後の混乱期に、三井文庫所蔵図書の貴重本の多くが、売却等により文庫の手を離れた。昭和二十五年にカリフォルニア大バークレー校に売却された図書類は、約一〇万点であり、112頁に掲げた特殊コレクションの相当数が含まれた。本居文庫の大半は東京大学が購入し、一部がバークレーに渡った。また、史料の一部が処分された。しかし、三井文庫所蔵史料の中核である三井家の事業に関する史料群は、戦中戦後の困難な時期をのりこえ、その大半が消失・散逸をまぬがれた。

三井文庫再発足の準備

戦後の混乱も一応落ち着いた昭和二十八年（一九五三）頃、三井文庫を財団法人として再発足させる話が、三井不動産常務取締役（のち社長）であった江戸英雄から出始めた。この構想が具体化したのは昭和三十五年のことである。当時三井不動産の取締役・施設部長であった田口純が設立準備を担当することになった。最初の仕事は、文部省史料館に寄託してある三井文庫の史料・図書を返還してもらうことであった。当時、文部省では、文部省大学学術局の学術課長が史料館の館長を兼任していた。学術課長＝館長との交渉では、文部省側は当該史料等を永久寄託と受け止めていたため返還に難色が示された。しかし交渉の過程で寄託時の書類などにより事態がはっきりしたため、文部省側も返還やむなしと変っていった。この間、三井関係者は、さまざまな形で関係各方面へ返還実現に向けて働きかけた。

返還の見透しがついた段階で、第一回の三井文庫再建会議が、三井銀行重役会議室で開かれた。昭和三十五年（一九六〇）九月二十日のことである。出席者は次の一〇名であった。

三井銀行会長　佐藤喜一郎
三井信託常務取締役　伊藤興三
三井生命保険庶務部長　森馨
（現）三井物産文書部長　外山宣道
三井船舶社長　進藤孝二
三井鉱山常務取締役　佐藤健二
三井金属鉱業総務部長　播本福一
三井化学工業社長　榎本好文
三井不動産社長　江戸英雄
三井不動産取締役　田口純
（欠席　三井造船　三井倉庫）

この会議で以下の三井文庫再建基本方針が決定された。

①財団法人組織の三井文庫を設け、文部省に寄託中の「三井文庫」の返還を受ける。
②三井家提供申出の野方墓地の一部三〇〇坪の土地に延坪約二八〇坪の書庫と約四〇坪の事務室・消毒室等を建て、三井文庫の建物とする。
③上記土地三〇〇坪の三井文庫への寄付を三井家にお願いする。
④三井文庫の建物及び諸設備に要する創業費用を五〇〇〇万円とする。
⑤三井文庫の賛助会社を前記一一社のほか、三井農林、北海道炭礦汽船、東洋レーヨン、東洋高圧工業、大正海上火災、日本製鋼所の六社を加えて一七社とする。

第二回の三井文庫再建会議が開催されたのは、昭和三十六年一月三十日であった。この会議には一七社が参加した。この会議では建築費等の創業費を五〇〇〇万円から五五六〇万円に増加すること、三井文庫の賛助会社に三越を加えること、が決定され、また三井文庫建設予定地の三九〇坪（三井家所有）を財団法人三井文庫設立の際には三井家が同財団に寄付することを決定した旨報告された。その後、再建会議が何回も開かれ、設立準備が進められていった。この間、「三井文庫」所蔵品の返還交渉が進められ、昭和三十九年（一九六四）六月二十九日に「旧三井文庫収蔵史料等の返還に関する覚書」が文部省史料館長と三井十一家代表三井八郎右衛門との間に取り交され、史料等の返還が確定した。

財団法人三井文庫の設立

返還交渉が終了したあと、三井文庫設立の具体的準備にとりかかった。昭和三十九年十月二十六日には三井関係会社全体会議が開催され、賛助会社の新規加入、三井文庫の昭和三十九年度（昭和三十九年十月一日〜同四十年三月三十一日）、昭和四十年度の収支予算、三井文庫所要資金の各社分担額が決定された。新規に三井石油化学工業、三井建設、東洋棉花、三機工業の四社が加わり、賛助会社は次頁表のとおり二一社となった。

翌昭和四十年四月二十日には財団法人三井文庫の設立許可申請書が、文部省に提出された。五月十四日に設立許可がおり、二十一日に財団法人としての設立登記を完了した。昭和四十年七月二十二日には書庫ならびに事務所が竣工し、九月には文部省史料館からの史料等の搬入が始まり、同月中に完了した。ここに財団法人として三井文庫が再出発し、その事業活動が開始されたのである。

三井文庫再発足時の賛助会社（五十音順）

三機工業	三井鉱山
大正海上火災保険	三井信託
東洋高圧工業	三井生命保険
東洋棉花	三井石油化学工業
東洋レーヨン	三井倉庫
日本製鋼所	三井造船
北海道炭礦汽船	三井農林
三井化学工業	（現）三井物産
三井銀行	三井不動産
三井金属鉱業	三越
三井建設	

（五） 現在の三井文庫

新三井文庫の事業

新三井文庫の当初の陣容は、理事長に佐藤喜一郎、館長に柳川昇、主任研究員に中井信彦が就任し、このほか研究員四名（のちに五名に増員）、司書二名ならびに事務職員で構成された。その事業は、①旧三井文庫引継史料の整理と公開、②関係会社諸史料等の収集、③新たな「三井事業史」の執筆・刊行、④研究雑誌の発刊、⑤分類目録の作成、などにわたった。

①旧三井文庫引継史料や新規受入れ史料は、公開可能なものから順次整理のうえ公開していった。寄託史料についても、可能な史料については閲覧ができるように史料所有者と交渉した。史料の公開促進は、財団法人設立認可時の重要な要件であり、定款にも明記されていた。従来門外不出扱いで外部研究者には閲覧が許されなかった三井家の家政や事業の史料が公開された意義は大きく、近世・近代の社会経済史研究に多大な貢献をすることになった。

②関係会社諸史料の収集（寄贈・寄託）は、発足後から年次計画を立てて取り組まれ、三井文庫所蔵史料を補完・拡充するとともに、関係会社史料の散逸を防ぐ役割も果してきた。

③「三井事業史」は、旧三井文庫からの懸案であったが、新三井文庫が発足して間もなく、新たな陣容で一から立案・計画された。名称は、当初「本社史」とされたが、のちに「三井事業史」へ変更された。昭和四十六年（一九七一）から史料篇の刊行を開始し、昭和五十五年（一九八〇）までに史料篇五冊、本篇三冊（一七世紀の創業から二〇世紀の大正時代まで）が刊行された。その後、平成六年（一九九四）に、三井合名会社の改組合併までを扱う本篇一冊が、太平洋戦争期から財閥解体までを扱う本篇一冊が平成十三年（二〇〇一）に刊行され、史料編五冊、本篇五冊の『三井事業史』が完結した。

現三井文庫の外観

④再発足にあたり、力点を入れた活動の一つが、研究活動である。三井文庫研究員等の研究成果を公表する場として、発足後間もなく研究雑誌の発刊が企画された。昭和四十二年（一九六七）三月、その創刊号が『三井文庫論叢』の名で発刊され、以降、毎年一回発刊されている。その研究成果は、歴史学界において、高い評価を受けている。

⑤分類目録の作成も再発足後の重要な課題であった。三井家編纂室・旧三井文庫時代に作成された

「三井家記録文書目録」は受入れ台帳としての性格が強く利用には不便であった。そのため、分類目録作成事業を進め、平成五年（一九九三）の「一件書類目録（京本店等原所蔵分）」を皮切りに、「一件書類目録」「主要帳簿目録」「式目類目録」を、これまでに一三冊刊行した。なお、現在、目録のデジタル化とそのＷＥＢサイト上での公開準備を進めている。

三井文庫別館の開館

昭和五十九年（一九八四）には、三井家伝来の美術品等の寄贈を受けて、文化史研究部門（三井文庫別館）を併設し、専門の学芸員等を置いた。翌年に開館式を挙行し、国宝・重要文化財などの名品を展示した「開館記念特別展」を開催した。その後、定期的に特別展を開催するとともに、日本美術の研究に取り組んだ。

三井記念美術館の開館

同部門は平成十七年（二〇〇五）十月に日本橋の三井本館に移転し、三井記念美術館が開設され、平成二十七年（二〇一五）に一〇周年を迎えた。収蔵されている美術品は、日本・東洋の絵画・茶道具・工芸品が主で、江戸時代以来数百年におよぶ三井家の歴史のなかで収集され、今日まで伝えられた、日本でも有数の貴重な文化遺産である。

現三井文庫の書庫内風景

公益財団法人化

三井文庫は発足以来、文部省（文部科学省）から特に公益に資する機関としての認定を受けてきた（「特定公益増進法人」など）。

平成二十年（二〇〇八）に公益法人制度改革三法が施行されたことにともない、三井文庫も法人としての形態を改めることになり、内閣府より公益財団法人の認定を受け、平成二十二年（二〇一〇）四月一日より法人名称を「公益財団法人　三井文庫」に変更した。

史料の公開（利用）

所蔵史料の公開は業務の根幹の一つで、史料は整理でき次第、順次公開することを原則としている（寄託史料の一部などは非公開）。

史料公開の開始は、昭和四十一年二月十五日で、この時点で閲覧可能だったものは、現在の「三井家記録文書」（本号、別号、続号、追号）の大部分（追号の後半部分は後に追加登録）と、旧三井文庫から引継いだ刊本・地図・錦絵などを含む参考図書類であった。また、それらに少し遅れて昭和四十三年十一月から、「三井銀行会社資料」「三井物産会社資料」の、二史料群を公開した。その後に公開した史料を年代順に列記すると、次頁の表の通りである。なお、利用頻度の高い史料については、複製を作成し、原本の損傷を防いでいる。

史料の展示

所蔵史料の内容を紹介するために、適宜テーマを設定し、史料展示をおこなっている。これまで、以下の展示会を三井文庫内でおこなった。

第一回（昭和四十一年）「江戸時代の道中絵図」

史料公開リスト

史料名	公開年
井上侯爵家より交附書類	昭和55年11月～
A番号資料	昭和55年11月～
川村貞次郎資料	昭和58年6月～
井上侯爵家より交附書類中の「書簡」	昭和59年6月～
特番号資料	昭和60年9月～
中井三郎兵衛家資料	昭和61年10月～
高陽文庫	昭和62年7月～
殊番号資料	昭和62年7月～
三井物産資料のうち諸帳簿類	昭和63年8月～
台湾糖業調査資料	昭和63年8月～
三井銀行追加資料	平成元年8月～
高陽文庫追加資料	平成元年8月～
三井物産資料のうち「業務総誌」など	平成2年10月～
北三井家資料（新規寄贈分）	平成3年11月～、平成14年11月
三井物産資料のうち「取締役会決議録」など	平成4年10月～
三井物産契約書類	平成5年10月～、平成6年10月～、平成7年10月～、平成8年10月～（4回に分割）
新町三井家古記録	平成9年11月～
新町三井家資料	平成10年10月～
小石川三井家資料	平成11年10月～、平成12年10月～（2回に分割）
南三井家資料	平成13年10月～
永坂町三井家資料	平成15年11月～
北三井家資料（旧三井文庫引継分）	平成16年11月～、平成17年11月～（2回に分割）
三井物産資料のうち「廻議綴」など	平成18年11月～、平成19年11月～（2回に分割）
戦前期海外経済調査資料	平成20年11月～
三井合名会社資料	平成21年11月～、平成22年11月～、平成23年11月～（3回に分割）
三井総元方資料	平成24年11月～
三井本社資料	平成25年11月～、平成27年11月～（2回に分割）
傘下会社資料	平成26年11月～

第二回（昭和五十二年）「三井家の家法と家憲／三井家大元方の記録文書」
第三回（昭和五十五年）「近世三井家における記録文書の作成と保存」
第四回（昭和六十一年）「近世越後屋の奉公人史料展」
第五回（平成五年）　「没後三百年　三井高利展」

なお、三井文庫の紹介のために昭和六十一年に「企業史料の宝庫」というタイトルのビデオを作成した。

二　三井文庫の保存史料

三井文庫に保存されている史料は、全体で一〇万点を超える量があり、時期的にも一七世紀後半から二〇世紀末までの長期にわたり、種類も多様である。一方、目録については、受入台帳的な性格のものが基本で、外部の利用者には、どのような史料が、どのくらい保存されているのか、見当がつきにくい。そこで、利用者の便をはかるため、三井文庫の保存史料の概要について解説することにしたい。なお、現在、三井文庫では目録のデジタル化にむけて準備をすすめている。準備が整った史料の目録から、漸次、WEBサイトでの公開を予定している。

（一）所蔵史料

三井家記録文書

三井文庫の前身である三井家編纂室が、明治三十六年（一九〇三）から大正六、七年（一九一七、八）までの間に収集したものである。近世以降、明治三十三年（一九〇〇）頃までの三井の統轄機関および各営業店の史料が中心で、三井各家や関連会社の史料も含まれる。分量はおよそ六万六〇〇〇点である。

現三井文庫の閲覧室

「三井家記録文書」は、三井家編纂室での受入時期と整理登録の年代の順に、本号・別号・続号・追号の四分類に分けられている。受入史料のうち年代の最も新しいものは明治三十三年頃のものであり、この年限を目安として三井家編纂室への史料の引き継ぎがなされたものと推測できる。「三井家記録文書」は三井家編纂室から旧三井文庫に引き継がれた後、財閥解体にともない文部省史料館での寄託となる。その後、財団法人三井文庫の設立によって再び三井文庫の手に戻り、現在にいたっている。

量的には約七割が近世の史料である。特に数の多いのは京都の大元方・京本店・京両替店・大坂両替店（大坂三井組）・河内新田・江戸本店の史料である。江戸にあった営業店の史料の多くは度重なる火災によって失われた。大坂本店の史料も天保八年（一八三七）の大塩事件によって失われている。「三井家記録文書」は大別すると統轄機関（大元方）、呉服部門（三井越後屋）、金融部門（三井両替店）に整理できる。

大元方の史料で特に重要なのは三井の事業の決算帳簿「大元方勘定目録」（テーマ11参照）である。近世をつうじて三井家とその事業全体の資本、資産、負債の絶対額の変化のみならず、その内部構成の変化の詳細な検討を可能にする最重要史料である。そのほか、会合記録の「聞書帳」（テーマ07参照）や「寄会帳」（テーマ22参照）、各店・同族の統轄規定である「規矩録」（テーマ07参照）、大元方の三井家同族に対する統轄のあり方を示す「大元方定式」（テーマ10参照）などがある。

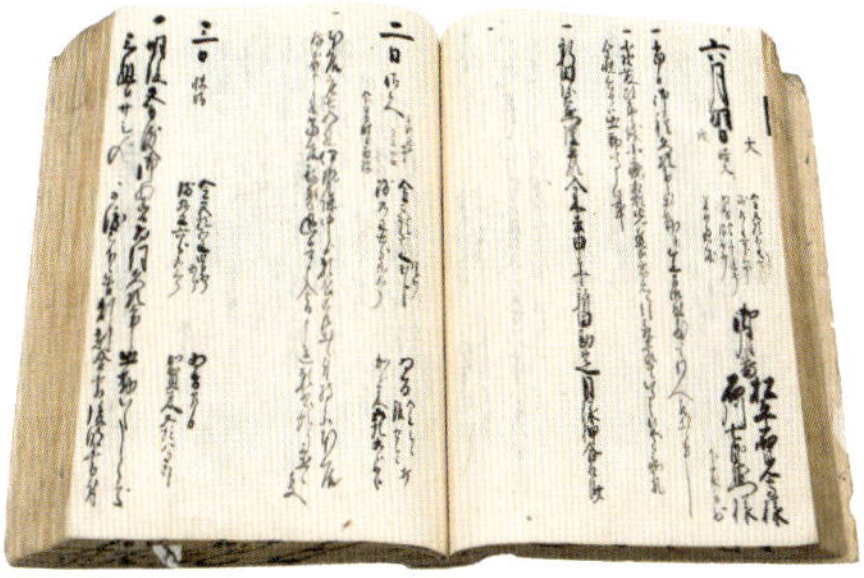

大坂両替店日記録　両替店の業務日誌で、享保2年（1717）から明治7年（1874）まで残る。日付の下に、金、銭、米などの相場情報が記されているのが特徴である。

三井越後屋の史料を大きく分けると、決算帳簿類、手代関係帳簿類、式目類、日記類、御用関係帳簿類、仲間関係帳簿類、証文類などに分類できる。

三井両替店の史料も、決算帳簿類、営業関係帳簿類、家方関係史料、菱屋新田関係史料、幕府御用関係史料、紀州藩ほか諸大名関係史料、町触・相場関係

史料、手代関係史料、式目類、書状類、仲間関係史料などに分類できる。
幕末から明治初年にかけての史料としては、西京大元方出張所・為替座三井組・東京三井組・東京大元方・三越呉服店・開墾会社などの史料が多い。

それ以降は、統轄機関関係（東京大元方、大元方京都出張所、三井元方、三井商店理事会、三井営業店重役会、三井家同族会事務局）史料と、三井物産と三井銀行の史料がまとまって残っている。なお、三井物産と三井銀行に関する史料は、後述する会社別史料群と、この三井家記録文書内の史料とに分かれている。統轄機関関係では、大元方制度の廃止から三井合名会社の設立に至る過程の統轄機関系譜の史料が中心となる。三井銀行の史料は、創立前後の時期を中心として、合名会社三井銀行へ改組するまで（明治九〜二十六年）のもので、諸官庁とのやりとりが中心をなしている。

「三井家記録文書」には特号、殊号という分類の史料群もある。特号の史料は、三井家編纂室時代から昭和十四、五年頃までに、「大三井史」（未完）編纂のための三井文庫の調査・研究に伴い収集・作成されたもので、およそ三〇〇〇点ある。殊号の史料は三井家同族の書簡・辞令類で、およそ九〇〇点ある。

三井関係会社事業史料

三井合名会社・三井総元方・三井本社・三井物産・三井銀行・三井鉱山の史料が残されている。三井合名会社・三井総元方・三井物産・三井銀行などより旧三井文庫が引き継いだものと、新三井文庫発足後に、当該会社もしくはその清算人等から受け入れたものに分けられる。三井鉱山については、新三井文庫が発足間もない時期に受け入れた史料である。

三井合名会社資料　主な史料は、決算表、「理事会記録」および理事会への提出議案である。三井財閥の傘下各社が三井合名会社と三井総元方に対して、大正十二年（一九二三）から昭和十九年（一九四四）の間に提出した報告書、「議案」（テーマ39参照）も残されている。

三井総元方・三井本社資料　三井総元方の史料としては、「三井総元方総会議事録」「三井総元方理事会記録」などがある。三井本社の史料としては、「日誌」「理事会記録」「投資会社調査表」などがある。その他に各投資先会社ごとのファイルもある。

三井銀行資料　諸規程類、職員録、報知、各地出張員報告、決算諸表、それに各種帳簿類が中心となっている。株式会社へ改組後の三井銀行資料については、三井住友銀行よりの寄託史料もある。なお、その一部は『三井銀行史料』（全六巻、日本経営史研究所）として刊行されている。

三井物産の帳簿

三井物産会社資料　三井物産関係の史料の大半は、三井物産会社原所蔵史料であり、三井家同族会経由で旧三井文庫が受け入れたものと、新三井文庫発足後に三井物産＝清算人から寄贈されたものとがある。そのほかには、当主が三井物産重役に就任していた三井各家の旧蔵史料などもここに繰り入れられている。主な史料としては、三井物産設立前後からの動静を伝える「日記」類をはじめ、支店長会議議事録や取締役会の決議録、各種の契約書類、事業報告書および膨大な帳簿類などである。三井物産の史料は、量・質ともに充実した史料の一つである。

三井鉱山資料　この史料は、昭和十四年から昭和十九年にかけて、三井鉱山が社史（『三井鉱山五十年史』）刊行のために収集・編纂した史料と、三池鉱業所に保管されていた「三池鉱業所資料」に分けられる。前者は、未公刊に終わった社史「三井鉱山五十年史稿」（全二〇巻）を含め、社史のもとになった各事業所「沿革史」が大部分を占める。後者は、官営期から戦時期までの三池鉱業所の秘書課および庶務課などの書類群である。

三井関係会社刊行物　旧三井文庫よりの引き継ぎ史料。明治期から昭和二十年代にわたる各社の社報、職員録、規則類、営業報告書などが主なものである。

その他

旧大蔵省文庫筆写資料　旧三井文庫よりの引き継ぎ史料。三井と関係が深かった井上馨（一八三五〜一九一五）の伝記編纂のために設置された三井家編纂分室（明治四十一年編纂事業開始、大正五年中止、昭和五年六月再興）により筆写されたもの。大蔵省にあった原本が焼失しており、大変貴重なものとなっている。

井上侯爵伝記編纂会引継書類

井上侯爵伝記編纂第一期編成資料　旧三井文庫よりの引き継ぎ史料。大蔵省などから収集した史料をもとに、旧三井文庫が稿した原稿類、年表、談話筆記など。

井上侯爵伝記編纂会引継書類　旧三井文庫よりの引き継ぎ史料。『世外井上公伝』（昭和九年刊）編纂のため収集された筆写史料で、編纂終了後の昭和十二年（一九三七）に旧三井文庫に移管された。井上関係者の談話類、書簡類、関係事蹟史料など。

井上侯爵家より交付書類　旧三井文庫よりの引き継ぎ史料。三井家顧問であった井上馨（テーマ37参照）が所蔵していた書類の一部で、昭和二年（一九二七）に旧三井文庫に移管された。井上に提出した三井関係重要問題に関する報告書類と井上宛書簡類など。書簡類では益田孝、有賀長文のものが多い。

川村貞次郎関係資料　三井物産取締役・初代三井物産造船部長であった川村貞次郎（一八七〇〜一九四二）が所蔵していた書類で、昭和四十五、五十年（一九七〇、七五）に寄贈をうけた。川村が部長を勤めた三井物産船舶部・造船部関係の史料が多い。

南三井家「高陽文庫」　昭和五十八年（一九八三）に南家から寄贈をうけたもの。著名な切手収集家で交通史研究家でもあった南家十代・三井高陽《たかはる》（一九〇〇〜一九八三）が長年にわたり収集した交通・通信史関係の図書・史料・雑誌・パンフレット類のコレクション。

中井三郎兵衛家資料　京本店に代々つとめた中井三郎兵衛家に伝来したもので、昭和五十四年（一九七九）に購入。京本店の別家中の組織である「相続講」に関するものが大部分。

台湾糖業調査資料　昭和五十四年（一九七九）に購入したもの。

三井本館建築関係資料　平成八年（一九九六）に三井不動産から寄贈をうけたもの。昭和四年（一九二九）落成の三井本館の建築図面など。

三井各家資料　三井各家に伝来した史料として、「新町三井家古記録」、「新町三井家資料」、「小石川三井家資料」、「南三井家資料」、「永坂町三井家資料」、「北三井家資料」がある。

その他　三井グループの大阪万国博、沖縄海洋博、筑波科学博などの関係史料。

（二）所蔵参考史料

参考図書

社会経済史関係を中心とする研究参考用の図書（史料類を含む）。三井文庫独自の主題別分類（A～Z）がなされている。旧三井文庫よりの引き継ぎ部分と、現在の三井文庫発足以降購入した部分からなる（旧三井文庫の参考図書は、現在の三井文庫が発足する際に、文部省史料館との間で折半されている）。

海運橋第一国立銀行　明治時代、小林清親筆。明治5年、三井組から第一国立銀行に譲渡された通称「海運橋三井組ハウス」（テーマ25参照）を描いたもの。

旧三井文庫より引き継がれた参考図書のうちで、特筆すべきものを以下にあげる。

写本・版本・古文書類　江戸期のものとしては、江戸・京都の地誌関係がまとまっている。また三井家編纂室・旧三井文庫による写本も多く、貴重なものとしては「諸問屋再興調」「諸色調類集」「市中取締続類集」などの旧幕府引継書類や、「京都御役所向大概覚書」「唐蘭通商取扱」などの謄写本がある。商業関係の古文書も含まれる。

地図　古地図、特に江戸図のコレクションが豊富。このうち「羊皮紙地図（日本航海図）」（左頁）は平成七年六月重要文化財の指定を受けた。

錦絵　豊春「浮絵駿河町呉服屋図」、広重「東都名所駿河町之図」、芳虎「東京駿河町三井正写之図」など駿河町の越後屋、三井組ハウスを描いたものが多い（右上図）。

双六　国輝「寿出世双六」、貞秀「出世娘寿古録」など。

雑誌類

おもに三井文庫再発足以降『三井文庫論叢』との交換により入手したもの。

その他

参考史料のうちには、旧三井文庫より引

扇子と手拭　店開きで配られた記念品。右の扇子と青地の手拭は大坂本店。左の扇子と白地の手拭はライバル店のもの。

き継がれた、①三井家同族・重役の肖像、三井関係建築物、墓碑などの写真、②貨幣・藩札、③印判・天秤・銭枡など商業用器具、④「三井高利夫妻画像」「三井本店之図」など三井関係の絵画、⑤三井同族の筆になる書、⑥賞牌・標章・褒状などがある。これらは通常一般の閲覧には供していないが、出版掲載のための写真撮影などには応じている。

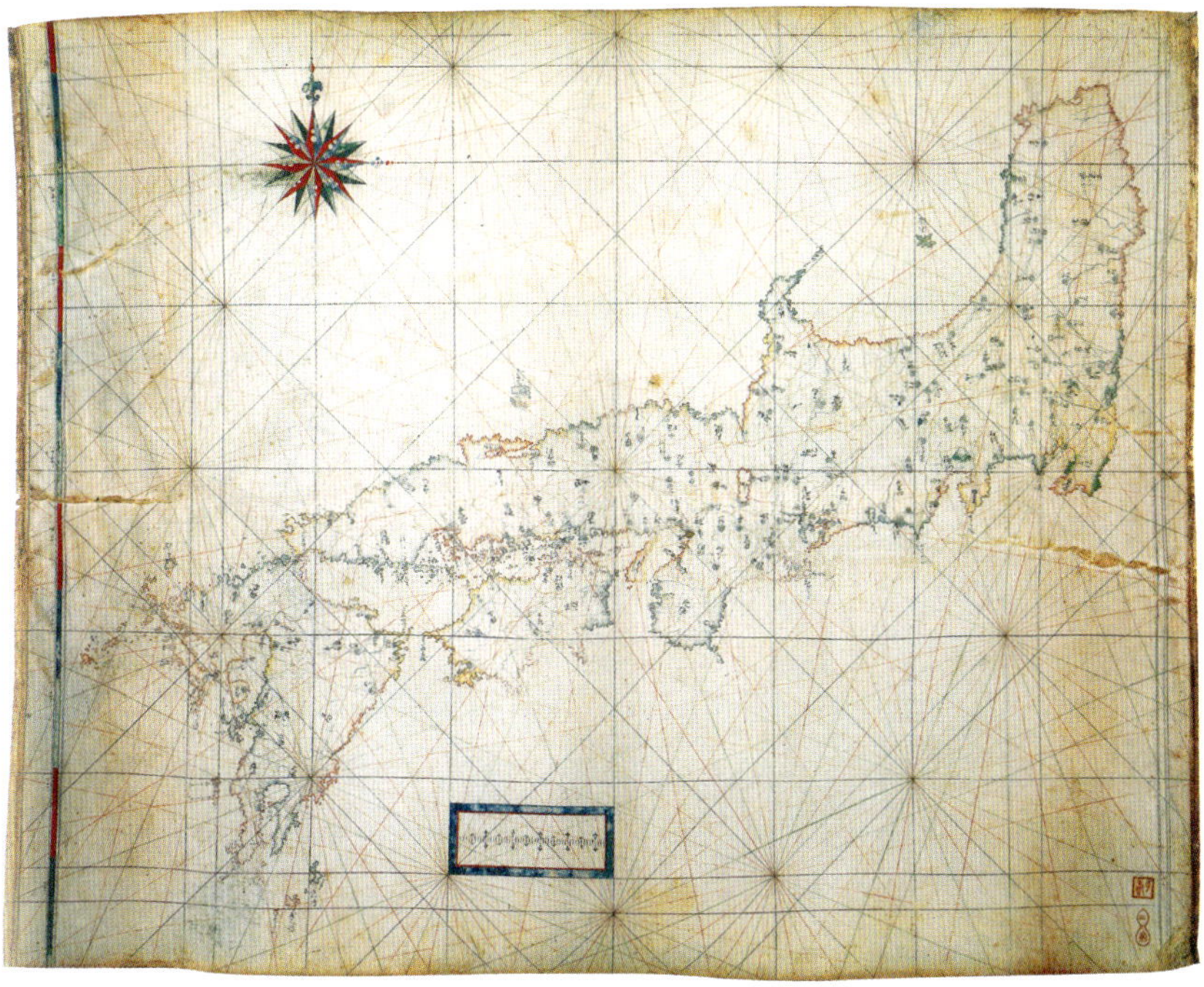

重要文化財　羊皮紙地図（日本航海図）　17世紀。方位線を細かく記すポルトラーノ型と呼ばれる海図。こうした海図は稀で、特に羊皮紙に書かれた日本航海図は他に1点しか現存しない。西洋流の測量術が用いられ、列島の形状は整っている。

三井文庫略年表

年号　（西暦）	事　　歴
明治24年（1891）	三井家史料の整理・収集に着手（2月）
明治29年（1896）	『三井家奉公履歴』刊行（4月）
明治36年（1903）	三井家同族会事務局内に「三井家々史及事業史編纂方」設置、三井本館内に編纂室を設ける（通称**三井家編纂室**、三井文庫の前身）（10月）
明治41年（1908）	三井家編纂室分室設置（井上馨伝記編纂のため）（10月29日）
明治42年（1909）	「第一稿本　三井家史料」（84冊）印刷（12月）
明治43年（1910）	事業史編纂に着手（2月5日）
大正５年（1916）	「三井家編纂室」は「同族会事務局庶務課記録掛」となる。分室は廃止し本室に合併、井上馨伝記編纂事業中止（12月27日）
大正７年（1918）	戸越三井別邸構内に3階建書庫と事務所一棟完成
	駿河町本館より移転を完了（9月28日）
	戸越新館組織の名称を「三井文庫」と決定（**三井文庫の創立**）（12月3日）
大正11年（1922）	書庫一棟増築（文庫の森公園に現存のもの）（9月）
昭和２年（1927）	三井文庫員の所属を、三井合名会社調査課に移籍（2月1日）
昭和５年（1930）	井上馨伝記編纂委員会再興（6月）
昭和9年　（1934）	『世外井上公伝』出版（9月、11年7月編纂資料全部を三井文庫が引継ぐ）
昭和15年（1940）	三井合名会社の解消により、三井文庫員は三井総元方に所属（8月29日）
昭和18年（1943）	神奈川県下の北三井家城山荘へ古記録類を疎開（10月1日より数回、引き取りは昭和21年3月）
昭和19年（1944）	三井本社設立に伴い、「本社調査部戸越分室」となる（3月1日）
昭和20年（1945）	焼夷弾十数発被弾、土蔵一棟全焼（5月24日）
	山梨県東山梨郡神金村へ図書類を疎開（6月、引き取りは12月）
昭和21年（1946）	三井本社解散事務により調査部閉鎖、本社分室解消し再び三井文庫となる（1月31日）
	三井文庫閉鎖（8～9月）
昭和24年（1949）	戸越三井文庫の土地と書庫等建物を文部省に売却、収蔵資料を寄託
昭和35年（1960）	第1回三井文庫再建会議開催（9月20日）
昭和39年（1964）	文部省と三井家代表との間で旧三井文庫収蔵資料等の返還に関する覚書交換（6月29日）
昭和40年（1965）	**財団法人三井文庫設立認可**（5月14日、文部省への申請は4月20日）
	三井文庫の書庫・事務所竣工（7月22日、収蔵資料の搬入完了は9月）
昭和42年（1967）	『三井文庫論叢』創刊（3月31日）
昭和46年（1971）	『三井事業史　資料篇四上』の刊行（8月、昭和52年2月に資料篇全5冊完結）
昭和55年（1980）	『三井事業史　本篇』3冊の刊行（9月、平成13年3月本篇全5冊完結）
昭和59年（1984）	三井文庫別館竣工（9月7日）、文化史研究部門設置
昭和60年（1985）	別館開館式挙行（5月24日）
平成17年（2005）	文化史研究部門を日本橋に移転し、三井記念美術館として開設（10月8日）
平成22年（2010）	内閣府より公益財団法人の認定を受ける（4月1日）
平成27年（2015）	財団設立50周年

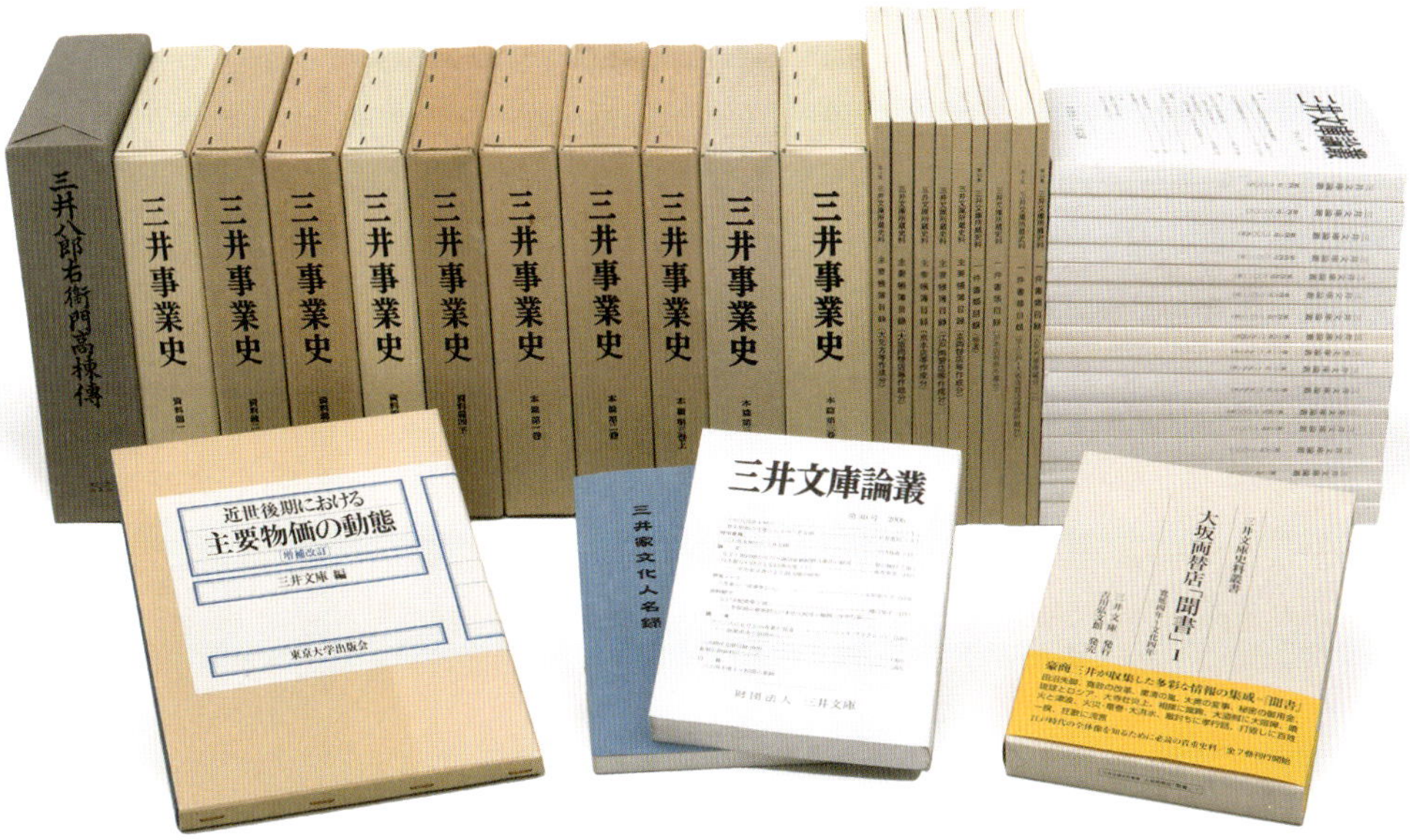

三井文庫の刊行物一覧

三井文庫論叢
創刊号（一九六七年）より以下年刊、二〇一五年までに四九号を発刊

三井事業史
本篇三巻五冊、資料篇四巻五冊（一九七一年〜二〇〇一年）

三井八郎右衛門高棟伝
同編纂委員会編、東京大学出版会発売、一九八八年

近世後期における主要物価の動態〔増補改訂〕
三井文庫編、東京大学出版会、一九八九年

三井文庫所蔵史料目録
既刊一三集（一九九三年〜）

三井家文化人名録
（二〇〇二年）

旧「三井物産支店長会議議事録」
全一六巻（丸善、二〇〇四年〜二〇〇五年）

旧「三井物産事業報告書」
DVD全四枚（丸善、二〇〇七年）

三井文庫史料叢書　大坂両替店「聞書」
既刊一巻（三井文庫編、吉川弘文館発売、二〇一一年〜）

最新の情報、および問い合わせ先等につきましては、
三井文庫HPをご覧ください。

年表

三井のあゆみ

＊この年表は、三井高利の誕生から、二木会結成までを記載する。
＊「項目」には、本文第Ⅰ部の関連するテーマ番号を記す。
＊赤字は、三井に関わるできごとで、特に重要な事項を示す。

和暦	西暦	三井の歴史	項目	日本のうごき
元和8年	1622	**高利、伊勢・松坂で誕生**	01	幕府、キリシタン五五名を処刑（8月）
寛永9年	1632			大御所秀忠没（1月）
寛永12年	1635	高利、江戸に出て、長兄・俊次の店に勤務	02	
寛永14年	1637			島原の乱はじまる（10月）
寛永16年	1639			幕府、ポルトガル人の来航を禁止（鎖国の完成）（7月）
慶安2年	1649	高利、母の世話のため松坂へ帰京	02	
慶安4年	1651			三代将軍家光没（4月）
寛文年間	1661〜1672	このころ、高利、松坂で金融業などを営む	02	この時期、全国的な海運の整備進む
延宝元年	1673	**高利、江戸に呉服店、京に呉服物仕入店を開く（8月）**	03	初代市川団十郎、江戸で荒事を演じる（5月）
延宝8年	1680			徳川綱吉、五代将軍となる（7月）
天和3年	1683	**高利、江戸の店を駿河町に移す。両替店を併設（4〜5月）**	03	
貞享元年	1684	越後十日町に縮布の買宿を設置	15	
貞享3年	1686	高利、京に両替店を新設。奥を居宅とする（秋）	05	
貞享4年	1687	**高平、幕府の払方御納戸御用を拝命（翌年、元方御用も合わせて拝命）** 江戸駿河町に綿店を新設	05	生類憐みの令（1月）
元禄元年	1688		01	井原西鶴「日本永代蔵」刊
元禄2年	1689	江戸両替店、本両替仲間に加入（3月18日）	05	

元禄3年	1690	**高平・高伴の名で幕府の大坂御金蔵御為替御用を拝命（7月17日）**	05	
元禄7年	1694	**高利没（5月6日）**	06	
元禄15年	1702			赤穂浪士、吉良義央を討つ（12月）
宝永2年	1705	**呉服店五店で、本店一巻を組織**	05・12	
宝永3年	1706	富山大黒屋と安売り競争（秋） このころ「高富草案」「此度店々江申渡覚」成る	06 14	
宝永4年	1707			富士山噴火（11月）
宝永6年	1709	高富没（5月5日）	06	将軍綱吉没（1月）／正徳の治はじまる
宝永7年	1710	**大元方を設立（1月）**	07	
享保元年	1716			徳川吉宗、八代将軍となり、享保改革はじまる（8月）
享保2年	1717			大岡忠相、江戸町奉行となる（2月）
享保4年	1719	**三都の両替店、両替店一巻を組織（1月）** 「親分」を設け、高平が就任	06 05・17	
享保7年	1722	上州藤岡に絹綿買所を設置（3月） **「宗竺遺書」「家伝記」「商売記」成る（11月1日）**	08・09 15	
享保11年	1726	このころより同一七年にかけ、両替店重役ら、不況乗り切り策を提言	07	幕府、物価の引き下げを命じる（12月）
享保14年	1729	江戸綿店を江戸向店と改称、本店一巻に編入	12	
享保15年	1730	高房、女婿家原政俊を連家に取り立てる（6月）	06	
享保17年	1732	河内の菱屋新田を入手（9月）	17	西日本、ウンカの襲来により大凶作／江戸最初の打ち壊し（1月）
元文元年	1736	**三井組、新旧貨幣の引換御用を拝命（5月）**	18	幕府、貨幣改鋳をおこなう（5月）
延享2年	1745	本店一巻の売上のピーク	12	
元文2年	1737	**高平没（閏11月）**	06	
元文3年	1738	高房、三男高陳を連家（長井家）に取り立てる（7月）	06	西陣の織物技術、桐生に伝わる
宝暦元年	1751			大御所吉宗没（6月）

宝暦4年	1754	江戸呉服店、亀屋・恵比寿屋と販売競争	14	
宝暦10年	1760	両替店一巻の純益金のピーク	17	
宝暦12年	1762	幕府に御用金五万両を上納	21	
明和3年	1766	江戸芝口店を設置	12・14	
明和4年	1767			米沢の上杉鷹山の改革はじまる
明和6年	1769	紀州徳川家への御用金が累積で三六万両に達する	18	
安永3年	1774	大元方の総資産最高額を記録 **安永の持分け**	10 11	「解体新書」刊行(8月)
天明2年	1782	伯耆木綿の仕入を開始(10月)	15	
天明3年	1783			浅間山大噴火(4月)、天明の大飢饉はじまる
天明8年	1788	京都大火で各店舗類焼(1月)	21	田沼意次失脚(8月)／松平定信、寛政改革をはじめる
寛政4年	1792	三井組、幕府勘定所の貸付金御用を拝命(11月)	16	ラクスマン、大黒屋光太夫を連れ来航(9月)
寛政9年	1797	**寛政一致(5月)** 八郎右衛門、伊豆七島島方産物会所頭取を拝命(6月23日)	10・21 16	
文化元年	1804			ロシア使節レザノフ来航(9月)
文化5年	1808	蝦夷地御為替御用を拝命	16	
文化11年	1814			伊能忠敬の全国地図、完成(9月)
文政元年	1818	三都の両替店、新旧貨幣の引換所に指定(5月)	18	
文政6年	1823	**紀州徳川家の銀札発行を請け負う(4月)**	18	
天保8年	1837	大塩の乱で襲撃され、大坂の店舗焼失(2月19日)	21	大塩平八郎の乱(2月)
天保13年	1842	**幕府の物価引き下げ令により大打撃をうける(6月)**	12・17	天保の改革はじまる
嘉永2年	1849	家原家・長井家を切り離す(7月)	06	
安政元年	1854			日米和親条約締結(3月)

安政2年	1855	長崎奉行の紅毛方御用を拝命（7月） 大地震により江戸の店舗大破（10月2日）	21 16	安政江戸地震（10月2日）
安政5年	1858			日米修好通商条約締結（6月）／安政の大獄はじまる
安政6年	1859	幕府の外国方御金御用を拝命（5月） 横浜店開店（6月）	22	神奈川・長崎・箱館を開港（6月）
万延元年	1860			大老井伊直弼、桜田門外で暗殺される（3月）
文久3年	1863	将軍上洛費用の請払御用をつとめる（文久2年10月拝命）	16	14代将軍家茂、上洛（3月）
元治元年	1864	禁門の変で、京の店舗類焼（7月18日）	21	池田屋騒動（6月）／第一次長州戦争（7月〜）
慶応元年	1865	薩摩藩の琉球通宝引換業務を請け負う（8月）	23	第二次長州戦争（5月〜）
慶応2年	1866	**大元方、三野村利左衛門の登用を決定（11月）**	22	薩長同盟成る（1月21日）
慶応3年	1867	50万両の御用金のうち32万両が免除となる（3月25日）	22	15代将軍慶喜、大政奉還を乞う（10月14日）
明治元年	1868	三井・小野・島田、新政府の会計局為替方を拝命（2月3日） 三井・小野・島田、新政府の金穀出納所に一万両を献納（1月15日） 薩摩藩に京で千両を献納（1月2日）	23	鳥羽・伏見の戦い。戊辰戦争はじまる（1月3日）
明治4年	1871	三井組、新貨幣鋳造にともない「新貨幣為替方」を拝命（6月） 東京大元方を設置（10月）	24 25	新貨条例公布（5月） 廃藩置県（7月）
明治5年	1872	井上馨、三井首脳に対して呉服業の分離を勧告（1月） 小野組と協力して銀行創立願書を提出（6月） 「海運橋三井組ハウス」竣工（6月）	25 26	国立銀行条例の公布（11月）
明治6年	1873	第一国立銀行、「海運橋三井組ハウス」で開業（7月）	25	地租改正条例布告（7月）
明治7年	1874	「駿河町三井組ハウス」竣工（2月） 井上馨、先収会社を設立（3月） 三井組国産方開業（8月）	30 28	「抵当増額令」布告（10月） 小野組破綻（11月）、島田組破綻（12月）
明治9年	1876	**三井銀行発足（7月）** **三井物産会社設立（7月）**	30 28	
明治10年	1877	三野村利左衛門死去（2月）		西南戦争（2－9月）
明治11年	1878	**三井高朗、八郎右衛門を襲名（北家九代）（11月）**		

明治12年	1879	三井物産、ロンドン支店を開設	31	
明治14年	1881			国会開設の勅諭（10月）
明治15年	1882			日本銀行開業（10月）
明治18年	1885	**三井高福八男・高棟、八郎右衛門を襲名（北家十代）（3月）**		
明治21年	1888	三井組、官営三池鉱山を佐々木八郎名義で落札（8月）	33	
明治22年	1889	**三池炭礦社創立（1月）**	33	大日本帝国憲法発布（2月）
明治24年	1891	中上川彦次郎、三井銀行へ入行（8月）	29	足尾鉱毒事件問題化
明治25年	1892	三井鉱山合資会社設立（4月）	33	
明治26年	1893	三井物産、三井鉱山、三井銀行、合名会社として営業開始（7月） 三越呉服店を合名会社三井呉服店に改組（9月） 三井高保名義で富岡製糸所の払下げをうける（10月） 三井家同族会発足、三井組は三井「元方」と改称（11月）	38 36 26	
明治27年	1894	三井元方に工業部を新設（10月）	36	日清戦争勃発（8月）
明治28年	1895			日清講和条約調印（4月）
明治29年	1896	三井八郎右衛門高棟、男爵となる（6月） 三井物産、ニューヨーク支店を再開（7月） 三井商店理事会発足（9月）	38 32	
明治31年	1898	三井元方、工業部を廃止（11月）	36	
明治32年	1899			商法公布（3月） 治外法権撤廃（7月）
明治33年	1900	**三井家憲施行**、三井元方が三井家同族会事務局と改称、三井商店理事会は営業店重役会に改組（7月）	37	義和団事件（6月）
明治34年	1901	中上川彦次郎死去（10月）	36	
明治35年	1902	三井家同族会事務局に管理部を新設（4月） 三井鉱山、三池築港工事に着手（11月） 旧三井本館落成（11月）	35 38	日英同盟締結（1月）

明治37年	1904	**株式会社三越呉服店の設立(12月)**	26	日露戦争勃発(2月)
明治38年	1905			ポーツマス条約調印(9月)
明治40年	1907	三井家同族の重鎮である三井高景、益田孝と欧米見学へ(6月)	38	
明治41年	1908	三池港開港(4月)	35	
明治42年	1909	**三井合名会社設立(10月)** 三井鉱山、三井合名会社鉱山部となる(10月) 三井銀行、三井物産、株式会社に改組(10月) 東神倉庫株式会社設立(10月)	38	
明治43年	1910	三井高棟、団琢磨とともに欧米視察に出発(4月)	40	韓国併合(8月)
明治44年	1911	三井鉱山株式会社設立(12月)	33	関税自主権回復(7月)
明治45年	1912			中華民国建国(1月) 明治天皇崩御(7月)
大正3年	1914	三井合名会社、理事長制を設置。理事長に団琢磨就任(8月) 三井合名会社、不動産課を設置(8月)		シーメンス事件(1月) 第一次世界大戦勃発(7月)
大正4年	1915	元老井上馨死去(9月)		
大正5年	1916	三井鉱山、日本初の合成染料(アリザリン)を本格的に販売	42	
大正6年	1917			ロシア革命(10月)
大正7年	1918	三井物産、大正海上火災保険株式会社を設立(10月)		米価の暴騰、米騒動へ(8月)
大正8年	1919			ベルサイユ講和条約調印(6月)
大正9年	1920	三井物産棉花部分離、東洋棉花株式会社設立(4月)		国際連盟第1回総会(11月)
大正12年	1923	旧三井本館、関東大震災で被災(9月)	38	
大正13年	1924	三井信託株式会社設立(3月)	43	
大正14年	1925	三井物産、三機工業株式会社を設立(4月)	41	普通選挙法公布(5月)

大正15年	1926	三井物産、東洋レーヨン株式会社を設立(1月) 三井鉱山、インジゴの工業化に成功(4月) 三井合名会社、高砂生命保険株式会社を買収(翌年2月に三井生命保険会社と名称変更)	41 42 43	大正天皇崩御(12月)
昭和2年	1927			昭和金融恐慌(3-4月)
昭和3年	1928	三井物産、日本製粉株式会社を傘下におさめる		張作霖爆殺事件(6月)
昭和4年	1929	**三井本館完成(3月)**	44	ニューヨーク株式市場で株価暴落(10月)
昭和5年	1930			金輸出解禁(1月)、昭和恐慌
昭和6年	1931	三井鉱山、三池窒素工業株式会社を設立(8月)	42	満州事変勃発(9月-) 金輸出再禁止(12月)
昭和7年	1932	**三井合名会社理事長団琢磨、血盟団員により射殺される(3月)**	45	井上準之助前蔵相、血盟団員に暗殺される(2月) 満州国建国宣言(3月) 五・一五事件(5月)
昭和8年	1933	三井高棟、三井合名会社社長、三井家同族会議長を辞任、北家家督を嫡子高公に譲る(3月) 三井鉱山、東洋高圧工業株式会社を設立(4月)	45 42	日本、国際連盟脱退(3月)
昭和9年	1934	**財団法人三井報恩会の設立(4月)**	45	
昭和11年	1936	三井合名会社、停年制を実施(5月) 三井合名会社、日東拓殖農林株式会社を設立(7月)		二・二六事件(2月) 日独防共協定(11月)
昭和12年	1937	東洋高圧工業、三池窒素工業を合併(2月) 三井物産造船部、株式会社玉造船所として分離独立(7月)	42 41	盧溝橋事件(7月)、日中戦争開始
昭和13年	1938			国家総動員法公布(4月)
昭和14年	1939			第二次世界大戦勃発(9月-)
昭和15年	1940	**三井総元方の設置(8月)** **三井物産が三井合名会社を合併(8月)**	48	日独伊三国同盟調印(9月) 大政翼賛会発足(10月)
昭和16年	1941	三井化学工業株式会社設立(4月) 三井不動産株式会社設立(7月)	47 48	アメリカが在米日本資産凍結を実施(7月) ハワイ真珠湾攻撃(12月)、太平洋戦争開戦

昭和17年	1942	株式会社玉造船所、三井造船株式会社に商号変更（1月） 東神倉庫、三井倉庫株式会社に商号変更（3月） 三井物産船舶部、三井船舶株式会社として分離独立（12月）	48	ミッドウェー海戦（6月）
昭和18年	1943	株式会社帝国銀行発足（4月）	46	ガダルカナル島撤退開始（2月） イタリア、無条件降伏（9月）
昭和19年	1944	三井総元方廃止（2月） 三井物産が株式会社三井本社に商号変更、**三井本社の設立（3月）** 三井本社から商事部門と木材部門を分離し、三井物産株式会社と三井木材工業株式会社を設立（3月）	48	サイパン島陥落（7月） 東条内閣総辞職（7月）
昭和20年	1945	ＧＨＱが、「持株会社の解体に関する件」を公表（11月） 三井高公、三井本社従業員を食堂に集めて解散表明（11月）	49	ポツダム宣言受諾（8月） 国際連合発足（10月）
昭和21年	1946	**三井家同族会、解散を決議（7月）** **三井本社解散（9月）**	49	日本国憲法公布（11月） 財産税公布（11月）
昭和22年	1947	三井十一家、財産税を申告（2月） ＧＨＱ、日本政府に対して三井物産の解体を指令（7月） 三井物産解散（11月）、第一物産の設立（7月）	49 50	過度経済力集中排除法公布（12月）
昭和23年	1948	帝国銀行から旧第一銀行を分離（9月）	46	大韓民国成立（8月）、朝鮮民主主義人民共和国成立宣言（9月）
昭和24年	1949			中華人民共和国の成立（10月）
昭和25年	1950	三井グループ企業の懇談会「月曜会」発足（2月） 持株会社整理委員会の決定により、三井鉱山から金属部門を分離、神岡鉱業株式会社設立（5月）	50	朝鮮戦争開始（6月）
昭和26年	1951			サンフランシスコ平和条約・日米安全保障条約調印（9月）
昭和27年	1952	財閥商号使用禁止等の政令廃止	50	日本、ＩＭＦに加盟（8月）
昭和29年	1954	帝国銀行、三井銀行に改称（1月）	46	
昭和31年	1956			日本、国際連合加盟（12月）
昭和34年	1959	第一物産を中心に三井物産大合同、（現）三井物産の誕生	50	
昭和36年	1961	**三井グループ企業の社長会「二木会」発足（10月）**	50	

図版一覧

I　三井のあゆみ

II　三井の修史と史料

執筆分担

村　和明（三井文庫研究員）　第Ⅰ部　テーマ01〜09、16〜18、20、21
下向井　紀彦（同）　第Ⅰ部　テーマ10〜15、19、22、23
木庭　俊彦（同）　第Ⅰ部　テーマ24〜29、33〜36、40、42〜47
吉川　容（同主任研究員）　第Ⅰ部　テーマ30〜32、37〜39、41、48〜50
社会経済史研究室　第Ⅱ部

三井文庫賛助会社一覧

（平成28年3月25日現在　50社）

株式会社IHI
エームサービス株式会社
SMBC日興証券株式会社
SMBCフレンド証券株式会社
王子ホールディングス株式会社
株式会社カネカ
三機工業株式会社
JA三井リース株式会社
株式会社商船三井
昭和飛行機工業株式会社
新日本空調株式会社
太平洋セメント株式会社
株式会社ダイセル
デンカ株式会社
株式会社東京放送ホールディングス
株式会社東芝
東レ株式会社
トヨタ自動車株式会社
株式会社日本製鋼所
日本製紙株式会社
日本製粉株式会社
日本ユニシス株式会社
富士フイルムホールディングス株式会社
三井化学株式会社
三井金属鉱業株式会社
三井情報株式会社
三井住友海上火災保険株式会社
三井住友カード株式会社
株式会社三井住友銀行
三井住友建設株式会社
三井住友トラスト・ホールディングス株式会社
三井住友ファイナンス＆リース株式会社
三井製糖株式会社
三井生命保険株式会社
三井石油開発株式会社
三井倉庫ホールディングス株式会社
三井造船株式会社
三井不動産株式会社
三井不動産住宅リース株式会社
三井不動産商業マネジメント株式会社
三井不動産ビルマネジメント株式会社
三井不動産ファシリティーズ株式会社
三井不動産リアルティ株式会社
三井不動産レジデンシャル株式会社
三井不動産レジデンシャルサービス株式会社
三井物産株式会社
三井ホーム株式会社
株式会社三井三池製作所
株式会社三越伊勢丹ホールディングス
室町殖産株式会社

利用案内

三井文庫

開館時間　午前一〇時～午後四時三〇分

休館日　土曜・日曜・祝日・年末年始（十二月二十八日～一月五日）
毎月末日（土・日曜に当たる時はその翌週月曜）
三井文庫創立記念日（五月十四日）
その他あらかじめ公示する臨時休館日（庫内燻蒸等）

利用資格　原則として二〇歳以上の研究者
※詳しくは三井文庫までお問い合わせ下さい。

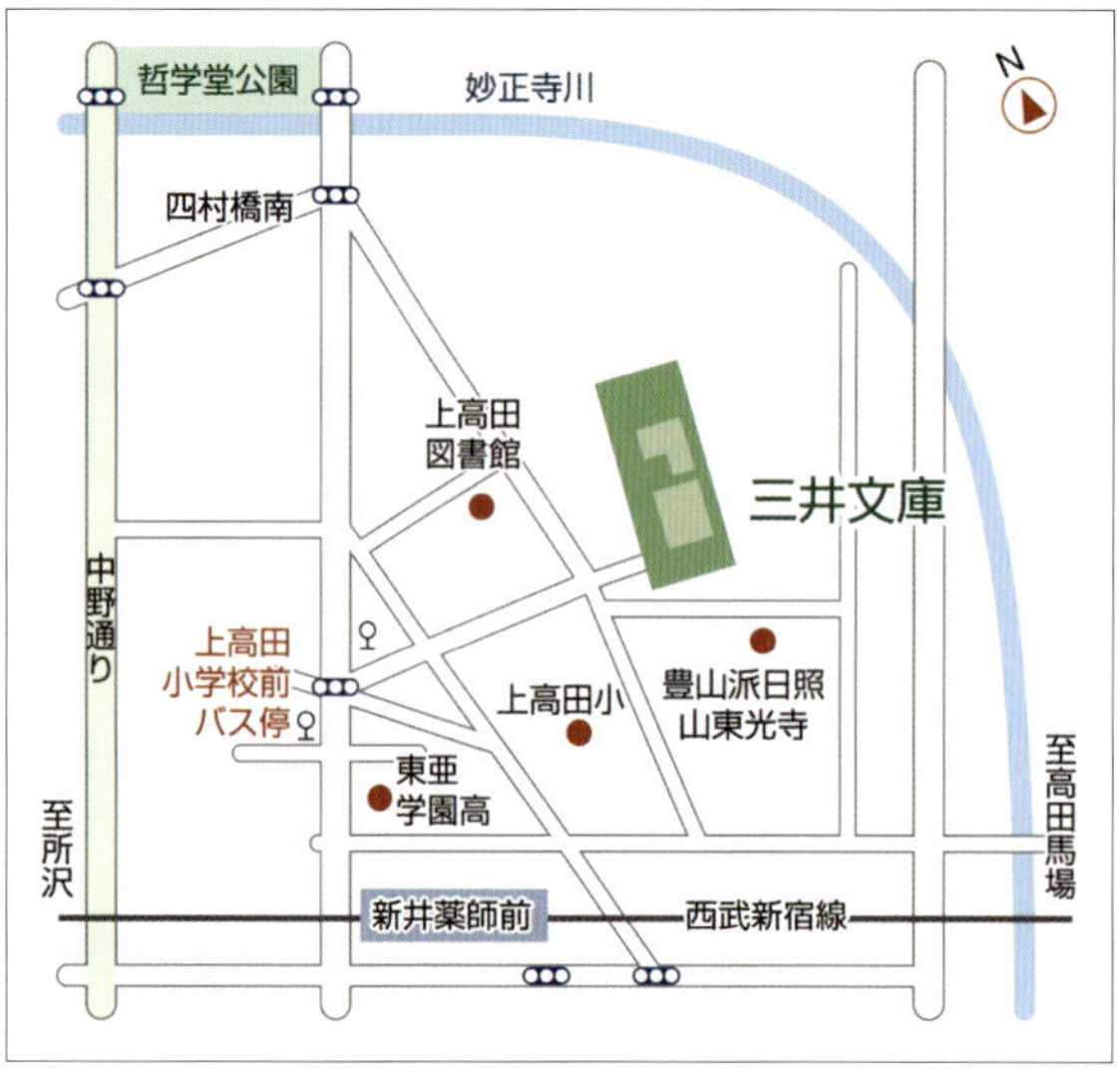

交通案内　西武新宿線「新井薬師前駅」下車徒歩6分
JR「中野駅」北口より、バス「江古田駅」行きにて
「上高田小学校前」下車徒歩4分

東京都中野区上高田 5—16—1
電話　03—3387—9431
FAX　03—3387—9432

三井記念美術館

開館時間　午前一〇時～午後五時
（入館は午後四時三〇分まで、展覧会によっては夜間開館あり）

休館日　月曜日（月曜日が祝・休日の場合は開館し、翌平日休館）
展示替期間・年末年始・臨時休館日

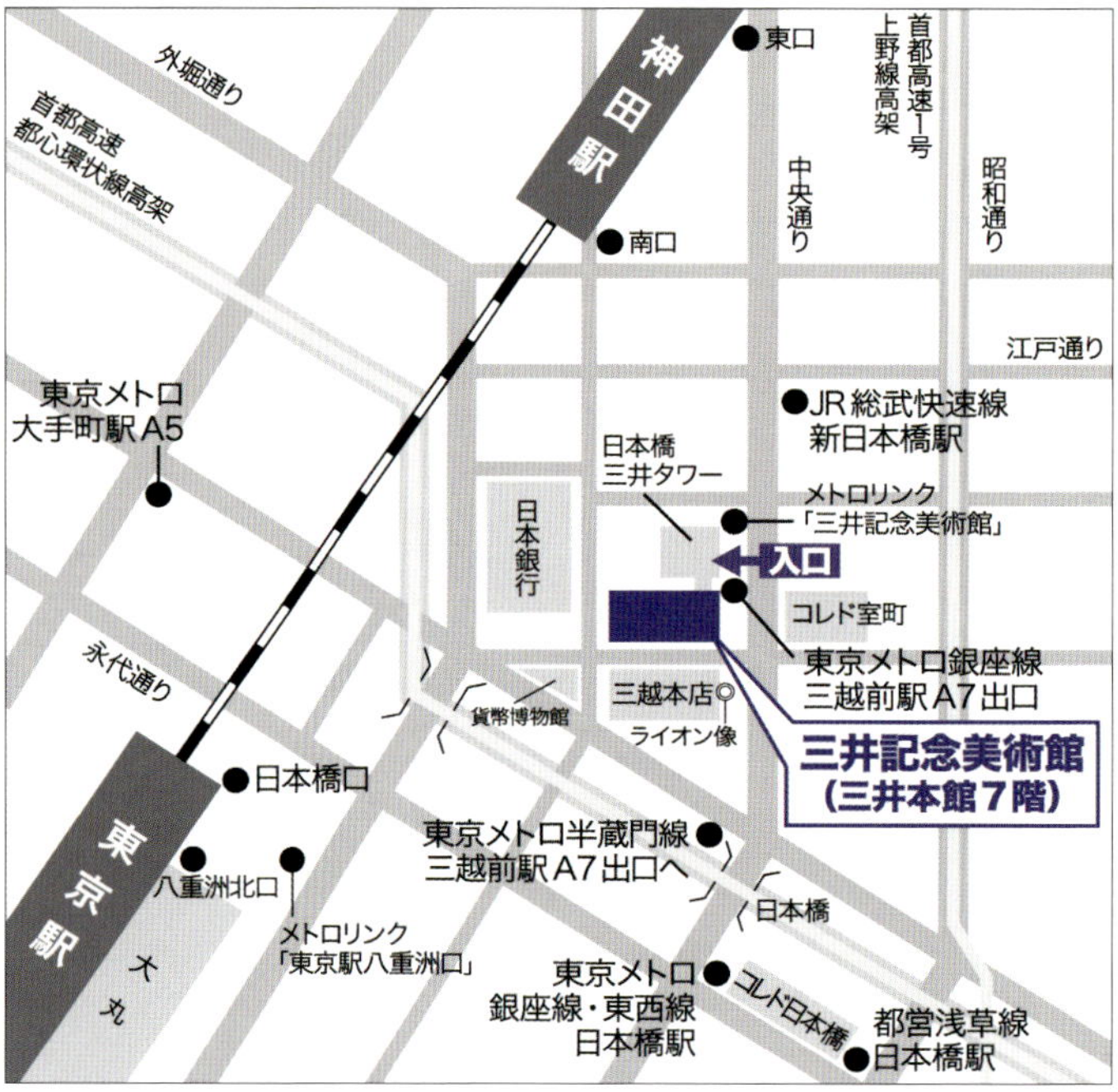

交通案内　東京メトロ銀座線三越前駅A7出口より徒歩1分
東京メトロ半蔵門線三越前駅徒歩3分A7出口へ　など

東京都中央区日本橋室町2—1—1　三井本館7階
（入口＝日本橋三井タワー1階）

電話　03—5777—8600（ハローダイヤル）

史料が語る　三井のあゆみ

越後屋から三井財閥

平成二十七年四月　一日　第一刷発行
平成二十八年三月二十五日　第二刷発行

編集
発行　公益財団法人　三井文庫
郵便番号一六四―〇〇〇二
東京都中野区上高田五丁目一六番一号
電話〇三―三三八七―九四三一
http://www.mitsui-bunko.or.jp

発売　株式会社　吉川弘文館
郵便番号一一三―〇〇三三
東京都文京区本郷七丁目二番八号
電話〇三―三八一三―九一五一〈代表〉
振替口座〇〇一〇〇―五―二四四
http://www.yoshikawa-k.co.jp/

印刷／製本＝株式会社三秀舎　装丁＝黒岩二三
撮影＝スタジオ・ブルームルーム

ISBN978-4-642-08277-8